Paris, den 15. 1. 2005

alte Themen –
neue Sichtweisen,
hier eine orientalisch
geprägte ...

auf einen produktiven
neuen Lebensabschnitt!

Herzlichst
Rosi Huhn

nrf essais

*Levent Yılmaz*

# Le temps moderne

## Variations sur les Anciens et les contemporains

*Gallimard*

*J'ai essayé d'inventer de nouvelles fleurs, de nouveaux astres, de nouvelles chairs, de nouvelles langues.*

Arthur Rimbaud,
*Une saison en enfer.*

*Il était une fois...*

Voltaire tenait qu'un dossier resterait longtemps sur un bureau : celui de la Querelle des Anciens et des Modernes qui avait secoué l'Europe et la France au début de son siècle. Depuis lors, il est vrai, ce dossier a été maintes fois déplacé, rangé, ressorti, déposé sur d'autres bureaux, puis de nouveau oublié. Les historiens en ont fait leur miel. Certains aiment à exhumer les dossiers apparemment négligés, pour y verser des éléments jugés nouveaux, des pièces dites à conviction, voire d'authentiques compléments. D'aucuns, dans le procès du monde moderne par eux instruit, exaltent un retour aux Anciens, lesquels, dans leur concordance des temps, peuvent n'être que les modernes, ancêtres récents des contemporains, plutôt que ceux qui vécurent dans l'Antiquité.

Il est une autre forme d'histoire possible, qui privilégie la sémantique et les formes que prennent les concepts dans des contextes historiques définis. Il s'agit alors de fixer le sens des événements dans la double perspective de comprendre ce que crurent vivre et faire leurs contemporains et de mesurer l'importance rétrospective de ces événements qui demeura évidemment cachée à ceux qui les traversèrent. Dans les deux cas, tel est le privilège de l'historien : être un joueur qui risque sa mise une fois connu le résultat des courses. Sous cet angle, il apparaît vite que le dossier évoqué par Voltaire n'est pas rangeable de sitôt. L'étiquette est demeurée, mais la nature des objets qu'elle recouvre a changé.

Aujourd'hui, dans notre culte de l'hypercontemporain, les Anciens sont les Modernes de la veille, et les Anciens de l'Antiquité semblent relégués dans une autre galaxie temporelle. Quant à l'acception de Moderne, chacun s'imagine savoir ce qu'elle recouvre. « Certains croient qu'ils le sont, certains souhaitent désespérément l'être, certains sont déçus de l'être ; certains le regrettent, s'y opposent, ont peur, ou encore désirent aller au-delà[*1] » : Clifford Geertz souligne par ces propos que le substantif « moderne » est devenu un adjectif universel — l'art moderne, la femme moderne, la guerre moderne, etc. — incitant à faire sans cesse du nouveau. Présent au sein même des entreprises qui proclament son dépassement — le postmodernisme —, le moderne postule ainsi une continuité, voire une continuation, de l'identique qui se niche au foyer d'une tension contradictoire.

Or déplace-t-on la perspective à partir du substantif « Ancien » qu'il apparaît alors que ni l'étymologie du mot « moderne » ni les usages qu'on en a faits ne permettent de penser que le qualificatif « moderne » désignerait un certain type de société. Et rien avant le XVe siècle ne permet de deviner que ce mot, en usage depuis le Ve siècle dans la langue latine, désignerait l'essence même d'un univers culturel à venir. Le mot « moderne » dérive de l'adverbe *modo* et indique avant tout une brève mesure du temps, renvoyant ce qui est récent ou actuel. Mais le mot s'est très vite chargé d'autres significations qui ont dépassé cette première acception. Le monde qui se constituait par la double différenciation interne — les hiérarchies sociales et culturelles nouvelles qui à terme conduiront à nommer Ancien le Régime précédent — et externe — la confrontation avec des terres dites Nouveau Monde, alors que leurs différences d'avec l'univers des conquérants les renverraient bientôt au stade de survivances de l'Antiquité — entendit fonder une légitimité qui lui serait propre sur le temps présent en projetant dans l'avenir sa représentation de soi.

Dans le dossier de Voltaire, ce qu'en termes savants on pour-

* Les notes sont regroupées en fin de volume, p. 211.

rait appeler un processus d'autoacculturation nous a retenu, parce que trop enfoui sous les feuillets de commentaires. Les historiens n'ont pas manqué de souligner qu'un rapport différent au temps s'est constitué à l'intérieur même d'une structure temporelle qui paraissait immuable. Elle se caractérisait jusqu'alors par la supériorité démontrée du passé et l'autorité reconnue de la Tradition. Après d'autres, je rappelle qu'il ne s'agit pas d'un miracle culturel, mais d'une contingence, complexe et problématique. En revanche, j'établis une chronologie longue pour présider à la révolution anthropologique qu'est l'émergence du temps moderne — ce rapport nouveau à l'existence et à l'occupation du monde qui présida à l'émergence des sociétés occidentales dites des « Temps modernes » : en Europe, entre le XIVe et le XVIIIe siècle, la temporalité des sociétés est bouleversée en profondeur. Un revirement des valeurs temporelles met en place une autre manière d'habiter l'histoire.

Mais ce choix d'une chronologie longue pour un événement fait de glissements continus qui se vêtirent des apparences d'un basculement pour les contemporains de la Querelle européenne des Anciens et des Modernes oblige à rendre compte de certains paradoxes. Tels ceux professés par Paul Valéry : « La Grèce antique est la plus belle invention des temps modernes », note-t-il dans ses *Cahiers* (1922. S, VIII, 696). La formule sonne haut, mais comment l'entendre ? Si l'histoire « est le produit le plus dangereux que la chimie de l'intellectuel ait élaboré » parce qu'il « fait rêver, il enivre les peuples, leur engendre de faux souvenirs, exagère leurs réflexes, entretient leurs vieilles plaies, les tourmente dans leur repos, les conduit au délire des grandeurs ou à celui de la persécution et rend les nations amères, superbes, insupportables et vaines » ; si « l'histoire justifie ce que l'on veut, n'enseigne rigoureusement rien, car elle contient des exemples de tout et donne des exemples de tout[2] », on ne saisit guère certains des enthousiasmes de nos contemporains pour l'Antiquité réinventée.

Assurément, de plus en plus imaginaires, reconstruits ou fictifs, les Anciens sont présents grâce à l'industrie cinématographique : de *Spartacus* à *Troie*, ils divertissent encore, tandis que les recherches académiques dont ils font l'objet continuent à remplir les étagères des bibliothèques. Pourtant, ils demeurent résolument absents de notre espace public, de notre champ d'expérience et de notre horizon d'attente. Nous sommes assurés que la liberté des Anciens n'avait guère à voir avec celle des Modernes[3], en sorte qu'ils n'ont plus de leçons à nous donner. Voilà pourtant que certains esprits en attendent encore de précieux enseignements. Si la meilleure des républiques est celle de Platon, soutient feu Allan Bloom, il faut donc sur la base de ces préceptes remodeler la politique pédagogique des États-Unis, qui se vide de son âme. Il faut s'inscrire à l'École martiale des Anciens : « Comme les valeurs ne sont pas rationnelles et qu'elles n'ont pas de fondement dans la nature de ceux leur sont soumis, elles doivent être imposées ; autrement dit, elles doivent vaincre d'autres valeurs opposées, de sorte qu'un combat est nécessaire. On ne peut les rendre crédibles par la persuasion rationnelle : produire de telles valeurs et y croire, ce sont des actes de volonté[4]. » Il est vrai que ce professeur éminent de l'université de Chicago fut l'élève de Leo Strauss. Celui-ci s'était fixé pour tâche de revenir, contre la politique moderne née des œuvres de Machiavel et caractérisée par le relativisme historicisé des valeurs, à la philosophie politique des Anciens attachée à la définition du Bien moral. Il voulait rien moins que « réveiller cette querelle [des Anciens et des Modernes] aujourd'hui que la réponse moderne a eu tout le loisir de révéler ses vertus et de faire le plus de mal possible à la réponse ancienne pendant plus de trois siècles[5] ».

Dans l'actuel climat d'*imposition de valeurs*, on assiste, une fois encore, à la réouverture du dossier de la Querelle des Anciens et des Modernes : « Les néoconservateurs straussiens [P. Wolfowitz, A. Shulsky, etc., qui furent les élèves de Bloom, disciples indirects donc de Strauss] adoptent une position particulière dans la Querelle des Anciens et des Modernes. Selon eux, les libéraux modernes sont des nains myopes qui n'ont aucun support philosophique — et certainement aucune épaule de prédécesseurs géants sur laquelle grimper et se jucher. Pour les adeptes de Strauss, la modernité a versé dans le nihilisme où toute conception de vertu politique a été perdue, ainsi que le respect pour la hiérarchie sociale enraciné dans les valeurs aristocratiques. Pour comprendre la véritable signification de la Vertu, il faut rentrer à l'École des Anciens[6]... »

Les vacances sont finies, vive la rentrée ? Mais à quelle école s'inscrire ? Salvatore Settis nous promet, quant à lui, un autre avenir. Il invite à redécouvrir le « classique » ni comme un avenir radieux, moins encore comme un héritage mort, mais comme un Autre, étranger et surprenant, dont la radicale différence stimulera la définition de l'identité contemporaine.

La généalogie de la révolution anthropologique moderne comme révolution temporelle conduit à la définition du statut fait au futur dans les démocraties contemporaines — si nous admettons la formule magique de l'Extrême-Occident qui veut que modernité égale démocratie. Nous semblons vivre comme si déjà nous connaissions l'avenir ; comme si notre présent, dans ses principes mêmes, était immuable ; comme si l'histoire accélérait de plus en plus sa marche vers un horizon dont les contours seraient dessinés depuis longtemps : la modernité universelle, c'est-à-dire la propagation globalisée de notre régime de valeurs et d'institutions. Le futur, en quelque sorte, a cessé, selon la formule de Reinhart Koselleck, d'être « sur un mode bien connu, inconnu ». Il paraît désormais étrangement familier. Comment dès lors parler aujourd'hui de la « non-contemporanéité du contemporain », des sociétés, histoires et cultures qui n'ont pas cheminé à la manière de cet Extrême-Occident dominateur, sinon en jetant sur leur passé, donc leur identité, un « voile d'ignorance » dans l'espoir que cela leur permette un nouveau départ à notre suite[7] ?

On doit à Dostoïevski *Un cœur faible*, un récit, court et poignant, qui m'a toujours paru signifier métaphoriquement le rapport occidental contemporain au passé : le devoir de mémoire à l'horizon d'attente des nouvelles générations y côtoie la nécessité de l'oubli des histoires autres que celle de l'Extrême-Occident. Un petit employé de bureau, Vassia, parce qu'il a une belle écriture, est chargé de recopier les écrits de son chef ; il rend le texte présentable, net, lisible, beau. Mais les chagrins d'amour, les soucis d'argent et le désir de reconnaissance, toutes préoccupations du présent, lui font un jour perdre la tête. Son ami Arkadi le trouve rivé à sa table et à sa tâche, recopiant frénétiquement : « Il continuait d'écrire. Soudain, Arkadi remarqua avec épouvante que Vassia grattait la feuille avec une plume sèche, qu'il tournait des pages entièrement blanches et qu'il était pressé, pressé de remplir ces feuilles, comme s'il accomplissait sa tâche de la plus merveilleuse, de la plus extraordinaire des façons[8] ! » Toutes à l'exaltation du présent, configuration déjà avérée du futur, les sociétés occidentales oublient que leurs fonts baptismaux furent, au contraire, la projection dans le futur d'attentes qui pour autant ne donnaient pas tous ses traits à l'avenir.

Dostoïevski achève le récit, deux ans après le coup de folie de Vassia, par la rencontre de Liza, sa fiancée, et d'Arkadi : « Ils se saluèrent et cherchèrent longuement à éviter de parler du passé. »

Du passé du temps moderne, les variations qui suivent feront table pleine.

## *1. Lundi, 27 janvier 1687 : « Je vois les Anciens sans plier les genoux »*

Paris, le 27 janvier 1687. Chaque lundi, l'Académie française tient une séance privée pour travailler au *Dictionnaire*. Or ce lundi 27, l'illustre Compagnie se réunit pour une séance publique en vue de marquer « publiquement » sa joie pour la parfaite guérison du roi, qui vient d'être opéré de sa fistule. Au cours du mois de janvier, l'événement fut massivement salué partout en France[1].

La Compagnie se rencontre à la chapelle du Louvre. C'est l'abbé de Lavau qui célèbre la messe. On commence par chanter le *Te Deum* « en musique », selon une composition de M. Oudot. On l'applaudit. Ensuite, M. Boyer ouvre la séance publique par un très bref discours et nomme l'orateur choisi : M. l'abbé Tallemant le Jeune. Le discours, « plein de grâce et de force », charme toute l'assemblée. Le reste de la séance est réservé à la lecture de divers ouvrages conçus à la gloire du roi. L'abbé Régnier commence en récitant son poème « sur les travaux de la rivière d'Èvre » ; on écoute ensuite un « fort agréable » madrigal de M. Doujat Doyen, puis une paraphrase de M. Charpentier sur l'*Exaudiat*, une « très belle ode » de M. Le Clerc et la lecture du petit ouvrage du duc de Saint-Aignan par l'abbé de Lavau. L'abbé Tallemant l'Aîné récite ensuite trois sonnets. M. Quignaut, outre un sonnet sur la santé du prince, propose la lecture d'une description faite en vers libre d'un tableau de Charles Le Brun. M. de Benserade, « dont le génie est toujours galant & enjoué », raconte sous forme de lettre comment la ville de Paris fête la guérison du roi. Un second discours en prose prononcé par M. Daucour prolonge la journée. Tout le monde est fatigué. On attend la fin : la lecture de deux derniers ouvrages doit clore la séance.

Le premier est de M. de La Fontaine, *Sur l'avantage que les Anciens ont sur les Modernes*. L'abbé de Lavau se charge de le réciter. On rend justice à M. de La Fontaine sur bien des points. Le deuxième, *Le siècle de Louis le Grand*, est de Charles Perrault. L'abbé de Lavau commence à le lire[2] :

> La belle Antiquité fut toujours vénérable ;
> Mais je ne crus jamais qu'elle fût adorable.
> Je vois les Anciens sans plier les genoux,
> Ils sont grands, il est vrai, mais hommes comme nous ;
> Et l'on peut comparer sans craindre d'être injuste,
> Le Siècle de LOUIS au beau Siècle d'Auguste.

On compte dans l'assistance les deux historiographes du roi : Despréaux (Boileau) et Racine. Boileau, irrité, gronde longtemps tout bas, puis s'élève et déclare que c'est une honte de faire ici, à l'Académie, une telle lecture qui blâme les plus grands hommes de l'Antiquité. Pierre-Daniel Huet[3], alors évêque de Soissons, lui dit de se taire pour l'instant et de prendre la défense des Anciens s'il le désire, mais après[4]. La lecture prend fin ; Racine se lève et vient féliciter Perrault pour ce magnifique jeu d'esprit qui, à n'en pas douter, ne présente point ses véritables pensées. Perrault s'irrite du sarcasme : « Je fus fâché qu'on ne crût pas ou du moins qu'on fît semblant de ne pas croire que j'eusse parlé sérieusement, de sorte que je pris la résolution de dire sérieusement en prose ce que j'avais dit en vers, et de le dire d'une manière à ne pas faire douter de mon vrai sentiment là-dessus. Voilà quelle a été la cause et l'origine de mes quatre tomes de *Parallèles*[5]. »

C'est ainsi que s'achèvent les *Mémoires de ma vie* de Perrault, comme si, avec les quatre tomes du *Parallèle*, avait alors commencé pour lui une autre vie. De fait, *Le siècle de Louis le Grand* et l'écho qu'il allait susciter lui insufflèrent une nouvelle vitalité. Mais en même temps, la fureur qu'il avait attirée sur lui et l'obligation faite à l'honnête homme de fournir des preuves pour étayer les thèses du poème le contraignaient à un grand travail : il allait devoir examiner toutes les disciplines et sciences. Les maîtrisait-il ? À peine : « Si je suis blâmable en quelque chose, c'est de m'être engagé dans une entreprise au dessus de mes forces » (I, XXII[6]).

Cet examen, qui allait voir le jour à partir du 1688, porta le titre de *Parallèle*. Le privilège du roi, accordé le 23 septembre 1688, a été enregistré le 5 octobre ; le premier tome, intitulé *Parallèle des Anciens et des Modernes, en ce qui regarde les arts et les sciences*, fut achevé d'imprimer le 30 octobre, enrichi de deux poèmes : *Le siècle de Louis le Grand* et *Le Génie, épître à M. de Fontenelle*.

## 2. « *Il s'élève à Paris depuis quelque temps une savante & fameuse querelle* »

Le premier tome a été donc écrit en quelque vingt mois, et sous la pression d'un public affamé de controverses ; ces divergences de sentiments, le public les nommait *querelles*, et elles étaient à la mode[1] : déjà, juste après l'événement du 27 janvier, plusieurs auteurs avaient pris la plume pour réfuter les propos de Perrault[2]. Au premier rang des plus acharnés, on trouvait André Dacier et sa préface du sixième tome des *Remarques critiques sur les œuvres d'Horace* et Longepierre avec son *Discours sur les Anciens*, manifestement écrit en toute urgence, entre février et juillet 1687. Toujours la même année, paraît le livre de François de Callières, *Histoire poétique de la guerre nouvellement déclarée entre les Anciens et les Modernes*. Pas un mot de Boileau, pas un mot de Racine.

Dans la préface du premier tome de son *Parallèle*, Perrault ne nommait pas Dacier, mais chacun le reconnut sous ces traits : « Il est vrai qu'un célèbre Commentateur m'a foudroyé dans la

Préface de ses Notes, où ne me jugeant pas digne d'être seul l'objet de son indignation, il s'adresse à tous les profanes qui se contentent comme moi de révérer les Anciens sans les adorer, & là, du haut de sa science il nous traite tous *de gens sans goût & sans autorité* » (I, V-VI). Dans sa préface du sixième tome de ses *Remarques critiques*, le philologue érudit, traducteur de l'œuvre d'Horace et de bien d'autres, traitait Perrault en ces termes, sans jamais le nommer : « Mais j'espère que le faux goût de quelques Particuliers sans autorité, ne sera pas imputé à tout un siècle, & ne donnera pas la moindre atteinte aux Anciens[3]. »

Selon Dacier, Perrault se moquait de ces grands auteurs, contestait leur autorité unanimement partagée depuis des siècles et voulait, dans sa grande ignorance, leur ôter leur couronne faute que les beautés célestes de leurs livres pussent jamais le charmer. Dacier, tout à l'inverse, admirait et vénérait ces « génies divins ». Ils étaient ses juges incorruptibles, ses lecteurs idéaux, ses précepteurs ; il fallait être dans leur « goût » et suivre leurs règles ; s'éloigner d'eux, c'était s'éloigner de la nature et de la vérité. La raison, le bon sens et la droiture d'esprit, il fallait les puiser dans les écrits d'Homère, de Platon et d'Aristote. Si quelques Modernes faisaient honneur à leur siècle, nul parmi eux qui ne songeât à admirer les Anciens. Quelle grossièreté que celle d'un siècle qui trouvait Homère fade, Platon ennuyeux, Aristote ignorant, Démosthène et Cicéron des avocats ordinaires ! Même les barbares qui avaient ravagé la Grèce et l'Italie, habités de fureur et avides de détruire les beautés, ne s'étaient pas portés à de telles extrémités. De Perrault, la postérité se souviendrait qu'il était odieux.

Le numéro d'octobre 1687 de l'*Histoire des Ouvrages des Sçavans* publia un compte rendu de Dacier. Après avoir cité la préface du livre, l'auteur essayait de frayer une voie intermédiaire : « On doit du respect aux Anciens, & il est impossible de se passer de leurs lumières & de leurs secours. Mais il n'est pas nécessaire de les adorer partout, & de borner tous ses soins à y découvrir un bon mot, ou un trait d'esprit à quoi ils n'ont peut-être jamais pensé. » Pour bien expliquer son propos sur les excès d'admiration, l'auteur prenait l'exemple du barbon donné par Guez de Balzac, qui portait sur sa robe la graisse du siècle dernier et la crotte du règne de François I^er^, ayant peur d'« effacer ces titres d'antiquité ». Par là, l'auteur anonyme du journal, presque involontairement, malgré son souci d'intermédiaire, se rangeait du côté de Perrault[4].

La deuxième attaque vint de Longepierre avec un *Discours sur les Anciens*. Perrault ne le prit pas au sérieux : « Ensuite il a paru un Livre fait exprès pour détruire les erreurs contenues dans mon Poème ; on a ouvert le livre, & on a vu qu'il ne faisait rien de ce qu'il promettait. Il prouve que les Anciens étaient de très grands hommes, & que si quelques faiblesses leur ont échappé, il ne faut pas s'en prendre à eux, mais à leur siècle dont le peu de politesse ne leur permettait pas de mieux faire. Ai-je dit autre chose [...] ? » (I, VI). En effet l'auteur du *Discours* annonçait son dessein dès le début : il devait beaucoup aux Anciens et n'hésiterait pas un seul moment à prendre leur défense contre ceux qui oseraient les déchirer. Selon Longepierre, on profitait de leurs lumières, l'acquisition du bon goût se faisait à travers leur commerce, et il était inadmissible qu'ils soient insultés publiquement. Il était fâché, blessé, non pas seulement par Perrault mais tout autant par le silence qu'observaient d'autres illustres défenseurs des Anciens — Racine et Boileau notamment.

Dans l'ouvrage de Longepierre, une lettre d'un personnage anonyme est insérée tout au début. Il s'agit d'une réponse à une lettre de l'auteur, qui avait sans doute voulu connaître les raisons du silence de cet illustre destinataire — probablement Racine[5]. M. D***, qui « fait paraître au dehors » son indignation, est, évidemment, Despréaux. Voici la réponse de Racine : « [...] *vous êtes surpris de ma modération & de mon silence*. Je croyais, *me dites-vous*, que vous aviez plus besoin d'être retenu qu'excité dans une si belle occasion. D'abord que j'eus ouï parler de la déclamation de M. Perrault, mon premier mouvement fut d'y répondre sur le champ ; & je ne sentis peut-être pas moins d'indignation dans le fond du cœur, que M. D*** en avait fait paraître au dehors. Mais quand cette première chaleur fut un peu ralentie, & que j'envisageai les choses avec plus de sang froid, je pensais qu'il entrait peut-être plus de vanité, que d'amour pour les Anciens dans le dessein de me charger d'une semblable cause [...][6]. »

Vint ensuite le livre de François de Callières, achevé d'imprimer le 25 octobre 1687 ; il raconte la guerre déclarée à la suite de la lecture du poème. Du côté des Anciens se regroupent Homère, Virgile, Démosthène et Cicéron. Or les choses ne sont pas si simples du côté des Modernes : tout le monde se dispute la suprématie. Corneille devient le chef du domaine des poèmes épiques, faute d'autre auteur célèbre ; Ronsard murmure alors d'indignation et se plaint de toutes ses forces, tandis que Italiens et Espagnols choisissent Le Tasse comme leur chef. Les préparatifs de guerre continuent : Homère, le vieux rusé, pense à fortifier les passages faibles de son *Odyssée* contre les attaques des Modernes. Et survient le combat général. L'avant-garde de Corneille est taillée en pièces, Le Tasse livre bataille à Virgile, les œuvres de Balzac sont foudroyées par celles de Démosthène. Le livre s'achemine vers la défaite totale des Modernes. La paix ne serait rétablie que grâce aux deux ambassadeurs modernes, historiographes du roi, Boileau et Racine, sous l'égide d'Apollon[7]. Pourtant, le livre de Callières reconnaît la validité des propositions de Perrault dans le domaine des mathématiques, de la physique et de la médecine. Mais les Modernes ne maîtrisent pas l'art de guerre ! Et Perrault traite M. de Callières avec indifférence : « [...] rien n'est plus permis ni plus agréable que la diversité d'opinions en ces matières » (I, VII).

Au cours du mois de février 1688 paraît un petit livre étonnant de 282 pages, par M. de Fontenelle, déjà célèbre pour ses poèmes galants[8]. C'est un recueil de poésies pastorales, mais à la fin se trouve insérée une *Digression sur les Anciens et les Modernes* que Perrault récompensera avec une *Épître à M. de Fontenelle, Le Génie*. Ainsi Perrault trouve-t-il son compagnon de guerre.

Le premier tome du *Parallèle*, comme on l'a dit, est achevé d'imprimer le 30 octobre 1688. Dans la préface, Perrault assure que ces dialogues ne trouvent en aucun cas leur origine dans les attaques de ses adversaires et il en révèle la vraie raison qui s'apparente à la fin des *Mémoires de ma vie* : « Quand on examinera encore de plus près toutes ces critiques, on conviendra qu'elles ne méritent pas de plus amples réponses, aussi n'est-ce pas à l'occasion des Auteurs qui ont écrit contre moi que j'ai travaillé à ces Dialogues, ce n'a été que pour désabuser ceux qui ont cru que mon Poème n'était qu'un jeu d'esprit, qu'il ne contenait point mes véritables sentiments, & que je m'étais diverti à soutenir un paradoxe plus dépourvu encore de vérité que de vraisemblance » (I, XIV-XV).

De tous les critiques, Perrault ne prit au sérieux que Racine — bien que les satires de Boileau le blessassent —, et il était prêt à lui répondre sur tous les points, par des réflexions et preuves sérieuses, à travers son *Parallèle*[9].

### 3. *Les desseins de Perrault*

Dès la préface du premier volume du *Parallèle des Anciens et des Modernes*, Perrault prétend répondre aux critiques de ses adversaires et, plus généralement, traite du problème que soulève la confrontation des Anciens et des Modernes. Il veut, par exemple, s'en remettre du « coup de dent » qu'il a reçu de « l'homme aux Factums » (I, IX). Il s'agit de Furetière, et la dispute porte sur le nom géographique du lieu où se situe le fleuve Méandre. Furetière, dans son troisième *Factum*, publié en 1687, accusait Perrault de le situer en Grèce[1]. Et Perrault de répondre : l'Asie Mineure ne s'appelle-t-elle pas en effet la Grèce asiatique ? Que son contradicteur se reporte aux écrits de Cluverius ou d'Ovide.

En vue de convaincre son public, Perrault souhaite passer en revue toutes les connaissances que le monde a pu produire dès ses commencements afin de conclure que le siècle de Louis a atteint la perfection[2]. Ainsi ce texte, avec ses lacunes et ses audaces, devient-il la clef de voûte de la Querelle des Anciens et des Modernes. Mais le titre ? Parallèle[3] ? Le mot est emprunté de manière explicite à Plutarque. Perrault est un lecteur de Plutarque et il l'estime (IV, 13). Le parallèle chez Plutarque, rappelle François Hartog, « présuppose et vérifie à chaque fois que Grecs et Romains participent d'une même nature, reconnaissent les mêmes valeurs et partagent, sinon la même histoire, du moins un même passé (fournissant des exemples valant pour les uns et les autres)[4] ».

Or, c'est une altérité radicale qui réside dans l'ouvrage de Perrault qui rend le parallèle intenable puisque les Modernes l'emportent, en tout, sur les Anciens : la perfection des Modernes diffère de celle des Anciens. Il n'y a plus, entre eux, de monde commun, Perrault n'en doute pas.

L'ancienneté passe pour être un vrai mérite des choses. Il prend l'exemple de la jurisprudence, où règne la prééminence de l'ancienneté des lois. « C'est ce sentiment si juste et si universel qui redouble l'amour & le respect que nous avons pour nos Ancêtres, & c'est par là que les Loix et les Coutumes se rendent encore plus authentiques & plus inviolables » (I, I). On pourrait croire que la tradition est exaltée, telle que *La République* de Platon la définissait : si les ancêtres sont excellents, c'est parce qu'ils furent plus proches des dieux.

Les meilleures choses, ajoute cependant Perrault, ont pour destin de devenir « mauvaises » par leur excès ; ainsi, cette vénération si louable pour l'ancienneté « s'est changée dans la suite en une superstition criminelle, & a passé même quelquefois jusqu'à l'Idolâtrie » (I, II). Perrault prend pour exemple le cas des « princes extraordinaires ». « Ils furent bénis pendant leur vie, & leur mémoire fut révérée de la postérité, mais dans la suite des temps on oublia qu'ils étaient hommes, & on leur offrit de l'encens & des sacrifices » (I, II). Si les choses de ce monde méritent une sorte de gloire, celle-ci ne doit en rien se transformer en choses sacrées, c'est-à-dire immuables. Perrault, dès sa préface, soutient que, dans les choses de l'homme, ni l'immobilité ni l'immutabilité n'ont cours : le sacré relève du domaine de la seule religion.

Selon Perrault, une étrange divinisation est arrivée « aux hommes qui ont excellé les premiers dans les Arts & dans les Sciences » (I, II) : leur grandeur s'est transformée en une consécration aveugle. La moindre action ou parole de ces hommes a été jugée « incomparable » ou « inimitable » par la postérité ; cet excès constitue « une espèce de Religion » en vogue « parmi quelques Savants » qui préfèrent « la moindre production des Anciens aux plus beaux ouvrages de tous les Modernes » (I, IV).

Il entend que les yeux de ses contemporains s'ouvrent « sur la beauté de notre Siècle à qui le Ciel a départi mille lumières qu'il a refusées à toute l'Antiquité ». Perrault et avant lui Desmarets, bien avant Voltaire au siècle suivant, intitulent leur époque : le siècle de « LOUIS LE GRAND ». Louis est le serviteur du « Ciel » sur cette terre dont il est l'« auguste Protecteur ». L'excellence du siècle est donc avant tout celle de ce roi « très-chrétien »[5].

« Il y a longtemps que ma thèse n'est plus nouvelle », écrit Perrault (I, XVI). Cette remarque donne à penser qu'elle le fut à un moment précis. Mais quand ? « Horace et Cicéron l'ont avancée de leur temps, où l'entêtement pour les Anciens n'était pas moindre qu'il l'est aujourd'hui, elle a été soutenue ensuite par une infinité d'habiles gens que la prévention n'avait pas aveuglés, & je ne prétends rien à la grâce de la nouveauté. » Et de convoquer Horace[6]. Une citation des *Épîtres* (livre 2, I) permet de mesurer la durée nécessaire pour que les auteurs deviennent respectables et parfaits : « Un auteur, dit-il [Horace], qui est mort il y a cent ans, doit-il être mis entre les Auteurs modernes & méprisables, ou parmi les Auteurs anciens & parfaits ? » (I, 18).

Perrault déplace la question : les vrais Anciens sont les superstitieux qui perpétuent l'idolâtrie. Les érudits, ces admirateurs de l'Antiquité, « ce peuple tumultueux de savants », ne font que répéter d'inépuisables gloses à propos de passages obscurs dénués de sens à force de ratiocination : « Toutes ces richesses n'auraient plus de cours en l'état qu'elles sont, il faudrait les refondre et leur donner une nouvelle forme et une nouvelle empreinte » (I, XX). Seul le génie est apte à ce travail de re-présentation qui évite la répétition ; seul il est apte à la « nouveauté ».

Perrault espère montrer l'« exemple » à ceux — hommes d'esprit et de bon sens — qui souhaiteront utiliser leurs propres lumières en vue d'évaluer le passé à sa juste mesure. Le premier volume du *Parallèle* s'ouvre par une belle journée du dernier printemps ; l'Abbé, le défenseur des Modernes, le Président, champion des Anciens, et le Chevalier, l'inconditionnel des Modernes, courageux mais souvent outranciers, « résolurent de se donner le plaisir de voir exactement toutes les beautés de Versailles », ils se mirent en route.

## 4. « *Il en est des livres comme des voyages* »

Le deuxième volume du *Parallèle* paraît seize mois plus tard, le 15 février 1690. Les trois mêmes personnages cheminent toujours vers Versailles. Dans la préface de ce tome, Perrault veut dissiper tous les doutes les concernant : il dit soutenir l'Abbé, trouver le Chevalier extravagant dans ses paradoxes « trop contraires aux opinions reçues » — « Quoique ces propositions puissent être vraies dans le fond » (II, XII). « Socrate et Platon sont deux saltimbanques qui ont monté l'un après l'autre sur le théâtre du monde » ou bien encore : « Mézeray narre plus nettement que Thucydide », soutient le Chevalier. Autant de propositions assurément insoutenables, mais qui rendent celles de l'Abbé plus recevables encore.

La préface du deuxième tome s'achève sur une réponse à André Dacier selon lequel les Modernes sont des « envieux ». Perrault l'accuse de prononcer des anathèmes au lieu de continuer cette « agréable dispute où nous nous amusons », laquelle oppose deux clans : « Les uns qui trouvent que les anciens Auteurs tout habiles qu'ils étaient, ont fait des fautes, où les Modernes ne sont pas tombés, qui dans cette persuasion louent les ouvrages de leurs confrères, & les proposent comme des modèles aussi beaux, & presque toujours plus corrects que la plupart de ceux qui nous restent de l'Antiquité ; les autres qui prétendent que les Anciens sont inimitables, & infiniment au dessus des Modernes, & qui dans cette pensée méprisent les ouvrages de leurs confrères, les déchirent en toute rencontre, & par leurs discours & par leurs écrits » (II, xv). À n'en pas douter, la Querelle oppose « deux espèces de gens de lettres ».

En 1692, André Dacier publie à Amsterdam sa nouvelle traduction de la *Poétique* d'Aristote ; dans ses *Remarques*, il critique vivement Perrault[1]. La préface du troisième tome des *Parallèles,* qui sort de chez l'imprimeur le 20 septembre 1692, est exclusivement réservée à Dacier. C'est un *Parallèle* « en ce qui regarde la Poésie » ; et comme le tome précédent, il constitue un écart par rapport au plan initial de Perrault qui voulait mettre en scène « les Arts où les Modernes sont constamment supérieurs aux Anciens ». Il s'en explique par une fort belle sentence : « Il en est des livres comme des voyages ; on ne suit presque jamais exactement, en faisant & les uns & les autres, la route qu'on s'était proposée. » De fait, au lieu de parler des « connaissances dont les secrets & les beautés sont calculables », Perrault traite de l'éloquence et de la poésie dont les beautés sont pour la plupart arbitraires : « Je déduis les raisons que j'ai de prétendre que *si les Poëtes Anciens sont excellents, comme on ne peut pas en disconvenir, les Modernes ne leur cèdent en rien, & les surpassent en bien des choses* » (III, III).

Il se propose, dans un dernier dialogue, d'entrer dans le détail afin de prouver sa proposition à partir d'exemples tirés des Anciens et des Modernes. Ce dialogue ne verra jamais le jour ; les raisons en seront données dans la préface du dernier tome qui doit paraître cinq ans plus tard, en 1697[2]. Le domaine où les Modernes surpassent les Anciens est celui des connaissances « mesurables et calculables ». C'est de ce postulat que part Perrault : la poésie est à la fois un objet esthétique et un outil de savoir.

La lettre ouverte à « M. Despréaux en luy envoyant le présent Livre » figure en annexe[3]. Elle est datée du 25 novembre, c'est-à-dire deux mois après l'impression du livre. « Monsieur, dit Perrault, Quelques-uns de mes amis qui ont lu le Livre que je vous envoie, ont cru y voir quelque chose qui pourrait vous déplaire, & moi j'ai soutenu que non, connaissant votre amour pour la vérité » (III, 333). La vérité que défend Perrault est que Boileau est un meilleur poète satirique qu'Horace. Mais il a refusé de suivre l'avis de ses amis qui lui conseillaient d'envoyer le livre avant impression à Boileau, en tant que confrère : « Je soutiens dans mon *Parallèle* que les choses qui sont de vous dans vos *Satires* valent mieux que les morceaux d'Horace que vous y avez insérés, & que votre versification est meilleure & plus agréable que la sienne. [...] moi qui trouve que cet endroit fait infiniment au bien de ma cause, j'aurais voulu absolument le conserver » (III, 335). Boileau ne se laissera pas contenir : deux ans après, en 1694, il publie ses *Réflexions critiques* contre Perrault.

Le quatrième tome paraît incomplet, des années plus tard. Il ne comporte pas la deuxième partie du dialogue sur la poésie que Perrault avait promise ; d'autre part, le lecteur est d'emblée averti de ce que ce cinquième dialogue sur les sciences (qu'il rédige avec l'aide de Huygens) sera le dernier.

C'est qu'un traité de paix a été signé : « J'avais promis au Public dans le volume précédent de faire dans celui-ci un examen exact des plus beaux endroits des Poëtes Anciens & des Modernes, & de les comparer ensemble. [...] mais, l'amour de la Paix m'a fait abandonner cet ouvrage, & j'ai mieux aimé me priver du plaisir de prouver la bonté de ma cause d'une manière qui me paraissait invincible, plaisir qui n'est pas indifférent à un homme qui écrit, que d'être brouillé plus longtemps avec des hommes d'un aussi grand mérite que ceux que j'avais pour adversaires, & dont l'amitié ne saurait s'acheter trop cher. Peut-être que le Public qui en pareille rencontre aime toujours mieux la guerre que la paix, se plaindra de ne pas voir le travail que je lui avais promis [...] » (IV, V-VI).

Depuis la parution du tome quatrième, des amis communs de Perrault et de Boileau avaient entrepris de les réconcilier par l'intermédiaire du grand Arnauld. Antoine Arnauld, le patriarche janséniste, est en exil à Bruxelles. L'homme est respecté et infiniment estimé de deux côtés. Voici le déroulement des événements : Boileau publie en 1692 sa dixième *Satire* contre les femmes, Perrault lui répond en 1694 par une *Apologie des femmes*. Et, sans attendre, il envoie l'ouvrage à Arnauld. Arnauld lui répond par une lettre datée de 5 mai 1694[4], qui devait lui être transmise par l'intermédiaire des amis de Racine. Bien que la lettre porte sur les accusations de Perrault contre la *Satire* de Boileau et ne concerne guère le procès des Anciens et des Modernes, elle est une désagréable surprise pour Perrault, qui ignore que depuis quelques mois Antoine Arnauld négocie son retour en France par l'intermédiaire de Racine. C'est aux amis de ce dernier qu'il revient de faire connaître la missive d'Arnauld condamnant Perrault, lequel n'en prend connaissance que le 21 juin 1694. Nous connaissons la date avec précision car Perrault commence aussitôt un cahier de *Pensées chrétiennes*[5].

En décidant de ne pas publier le volume promis sur la poésie, il remplit ses devoirs envers Arnauld ; en traitant des sciences, il n'abandonne pas le combat[6]. Arnauld, à la fin de sa lettre, l'invitait, en effet, à prier Dieu pour qu'il donne aux protagonistes « un esprit de charité et de paix, qui est la marque la plus assurée des vrais chrétiens[7] ». Selon Perrault, le *Parallèle des Anciens et des Modernes* n'était qu'un amusement « honnête & agréable » (IV, I). Le sujet était un des plus beaux qu'un homme de lettres pût traiter parce qu'il l'incitait à examiner tous les arts et les sciences pour établir les différents degrés de perfection « où ils sont parvenus dans les différents âges du monde » (IV, II). L'entreprise de Perrault, dans son ensemble, est une pensée sur le temps : « Ces Auteurs étaient éloignés de moi d'un si long espace de temps » (IV, III). Entre le présent et l'Antiquité s'installe une distance critique : « D'excellents hommes de notre temps dont j'ai cité les ouvrages comme des preuves incontestables de la supériorité de notre siècle, ont mieux aimé se fâcher de l'injustice qu'ils prétendent que j'ai faite aux Anciens » (IV, IV). Défenseur des Modernes, conclut Perrault, « il fallait qu'un aventurier comme moi qui n'avait rien à perdre, rompît la glace, pour enhardir des gens sages & en réputation d'hommes savants à faire un tel aveu. J'ai eu encore la satisfaction que personne ne m'a convaincu ». Mais finalement, dit-il, « je me suis bien amusé ». Et il ajoute : « Je serai d'accord pour revenir sur la bonne voie, si on me fait voir que j'ai tort » (IV, IX-X).

## 5. *Géants épaules et tremplins*

C'est ainsi que chemine en France la fameuse Querelle des Anciens et des Modernes. Par les problèmes qu'elle pose, par l'étendue des concepts qu'elle implique et par ses arguments, elle n'appartient pas seulement à l'histoire littéraire de la France mais à la longue durée de la République des lettres. De fait, son importance fut telle que nombre d'hypothèses furent formulées sur les causes proches comme lointaines. On en vint à dégager dans les siècles antérieurs des confrontations qui n'avaient jamais pris le nom de Querelle. D'autres firent de la « Querelle des Anciens et des Modernes » le paradigme intemporel des confrontations dichotomiques.

Traitant de l'identité insulaire de l'Angleterre, Carlo Ginzburg fait débuter la *querelle des anciens et des modernes* (en italique et en français dans le texte), non pas en France mais en Angleterre[1]. La *querelle* en question consistait en un débat sur la rime en poésie, déclenché dans un climat intellectuel visant à redéfinir les rapports de l'île avec le continent, avec la France et, plus symboliquement, avec l'Italie. Selon Ginzburg, le refus par les Anglais du vers métrique, fondé sur la quantité prosodique des syllabes (selon les modèles grec et romain), en faveur de la rime était en somme une déclaration d'indépendance intellectuelle par rapport au continent.

Autre exemple d'un usage commun de la Querelle des Anciens et des Modernes, celui qu'en fait Umberto Eco. Il soutient (à l'occasion d'un article destiné au grand public, « Quand les fils dévorent leurs pères : nous les Modernes sur les épaules des Anciens », *La Repubblica* du 19 juillet 2001) que « toute Querelle des Anciens et des Modernes se place toujours sous le signe d'une lutte symétrique », celle qui oppose les générations. Un survol de l'Antiquité tardive jusqu'au terme « *modernus* » et au lieu commun des « nains sur les épaules des géants » cher à Bernard de Chartres, et rapporté par Jean de Salisbury dans son *Metalogicon* (1159)[2], conforte la thèse du conflit entre générations, que ce soit le désir des fils de tuer leur père ou leur mère, ou, à l'inverse, Saturne qui dévore ses fils.

Outre son usage dans le *Metalogicon*, le lieu commun des nains juchés sur les géants désigne également les quatre évangélistes sur les épaules des prophètes de l'Ancien Testament, tels que les figure un vitrail de la cathédrale de Chartres où Jean de Salisbury exerçait ses fonctions[3]. Ici, il n'est pas question des Anciens et des Modernes, mais de la complémentarité du Nouveau Testament et de l'Ancien, telle qu'affirmée par les Évangiles (le Nouveau est la réalisation des prophéties de l'Ancien) avant que la continuité entre les Écrits soit établie de manière définitive par saint Paul[4].

Il ne fait guère de doute pour Eco que la Querelle ne pouvait advenir qu'à l'intérieur de l'histoire occidentale. Il rejoint la thèse de Donald Kelley : « La nouveauté est un des plus vieux *topoi* de l'histoire de l'Occident. Au moins depuis Tacite, les Anciens ont combattu et rabaissé les Modernes, et les Modernes leur ont rendu la pareille. Cette querelle de générations a continué dans les universités du Moyen Âge, dans les polémiques des humanistes de la Renaissance, dans la Querelle qui a éclaté au XVIIe siècle et dans les mouvements de la jeunesse des XIXe et XXe siècles[5]. »

Hans-Georg Gadamer, quant à lui, met en évidence la tension qui existe toujours entre l'ancien et le nouveau et désigne la Querelle des Anciens et des Modernes de 1687 comme le moment de prise de conscience de cette relation temporelle équivoque : la qualité du nouveau ne réside pas dans la nouveauté, mais dans le fait qu'il prend place dans notre horizon d'attente.

En sorte que même le vieux peut être nouveau. De l'homme nouveau (« *homo novus* ») ou de l'avidité pour des choses nouvelles (« *novarum rerum cupidus* ») romains, l'Occident est passé à une confrontation constante de l'ancien et du nouveau qui s'est exprimée explicitement d'abord dans la Querelle de 1687, puis dans tous les domaines de la culture. Et Gadamer de conclure que cette dispute, de nos jours, faute de modèles à imiter, se poursuit selon d'autres paramètres de valorisation[6].

Le physicien Stephen Hawking, qui, à Cambridge, occupe l'ancienne chaire de sir Isaac Newton, donne à une anthologie de textes classiques sur la physique et l'astronomie, de Copernic à Einstein, le titre familier : *Sur les épaules des géants*[7]. Dans son introduction, il justifie ce choix en puisant dans la correspondance de Newton : dans une lettre écrite en 1676 à Robert Hooke, Newton s'explique sur ses travaux sur l'optique et dit avoir vu plus loin grâce aux épaules des géants. Hawking ne spécifie pas qui furent ces géants, mais il soutient que Newton aurait plutôt dû écrire : « J'ai utilisé les épaules des géants comme des tremplins. » Parce que, selon Hawking — fidèle en cela à Thomas Kuhn —, les écrits réunis dans cette anthologie montrent comment la science ne progresse pas selon une construction continuelle et lente à partir des œuvres précédentes. À en croire Hawking, du moins dans la physique, les nains sont tous d'une manière ou d'une autre des nano-géants.

### *6. Du nouveau sous le soleil*

La Querelle de 1687 est l'avènement d'un processus qui débute avec Pétrarque. Elle n'est pas un débat ou un conflit entre les Anciens et les Modernes, mais une polémique publique entre deux factions de Modernes. Le *modernus* d'autrefois renvoyait à la perpétuation d'un héritage. Or, pour la première fois, dans la dichotomie entre ancien et moderne, un troisième terme apparaît, qui est le contemporain, voire le futur, et qui peut à son tour être rejeté comme ancien.

D'où vient la « volonté du nouveau », monnaie courante dans plusieurs domaines, tels la poésie, le roman, le théâtre, mais aussi dans les recherches sur la structure des cellules, sur l'ADN, sur les quarks ou bien sur l'élargissement de l'univers, ou dans d'autres processus tels le design, les formes de gouvernement, et même finalement dans l'accomplissement de soi ? Ce phénomène présente-t-il les mêmes caractéristiques d'un artefact à l'autre, d'une œuvre de l'esprit à l'autre, quelle que soit la période, y compris dans les temps les plus reculés de l'histoire ? Ou est-il le propre d'une certaine phase de l'histoire et d'un certain type de société ?

Il me paraît que la Querelle est le symptôme d'une distance qui se creuse entre le passé et le présent et peut-être même, ce qui est plus important, de la cohabitation conflictuelle de diverses temporalités dans une même société. Ce long débat traverse un type de société en passe de devenir socialement plus complexe[1], plus diversifiée dans ses conditions, et dont le rapport à la tradition délitée d'individus de plus en plus autonomisés lui vaudra, chez les historiens et sociologues, le qualificatif de moderne[2]. La Querelle advient précisément alors que la société se partage et elle met aux prises deux attitudes antagoniques à l'égard du passé. Pour les Anciens, l'ancienneté, la continuité et la hiérarchie sont les fondements de la légitimité, tandis que les Modernes privilégient la nouveauté et la différenciation fonctionnelle. La Querelle est donc un terrain idéal pour une enquête sur l'impact d'une transformation radicale des structures de la temporalité d'une société.

Les structures sociales de la temporalité peuvent s'observer à partir de la distinction posée par Claude Lévi-Strauss, entre sociétés froides et sociétés chaudes[3], qu'il substitue à l'ancienne distinction entre sociétés sans histoire et sociétés historiques : « les unes cherchant, grâce aux institutions qu'elles se donnent, à annuler de façon quasi automatique l'effet que les facteurs historiques pourraient avoir sur leur équilibre et leur continuité ; les autres intériorisant résolument le devenir historique pour en faire le moteur de leur développement[4] ». Les sociétés « froides » ont pour but d'essayer de faire en sorte que l'ordre des successions temporelles n'ait pas d'influence sur l'ordre et le contenu de leur représentation du monde. Ainsi, le cycle annuel des saisons, la naissance, les étapes de la vie, la mort, les échanges de biens ou de services se répètent périodiquement dans la durée sans que la structure sociale soit altérée. Sont donc « froides » les sociétés qui veulent rendre « aussi permanents que possible des états, qu'elles considèrent "premiers", de leur développement[5] ». Elles vivent dans un temps « sans fracture », étendu sur le passé, le présent et le futur ; pour elles, il n'y a pas de distinction radicale entre le présent et le passé, seule existe la perpétuelle répétition d'un passé fondateur. Le changement, quel qu'il soit, est assimilé et adopté dans ce cadre, sans devenir une valeur en soi. Les sociétés « chaudes », en revanche, acceptent de bon ou de mauvais gré le changement historique et, « par la conscience qu'elles en prennent, amplifient ses conséquences (pour elles-mêmes et pour les autres sociétés) dans d'énormes proportions[6] ».

Cette distinction, qui a suscité de grands malentendus[7], n'est pas une polarité organisatrice d'une mise en ordre des sociétés. Il n'existe pas de société sans passé ni changement. Il existe, en revanche, une diversité des attitudes à l'égard du temps historique, qui permet, selon l'insistance qu'une société met sur le changement ou la continuité, de distinguer certaines sociétés des autres.

Peut-on, pour autant, et quoi qu'en ait dit Claude Lévi-Strauss[8], supposer qu'à certaines périodes de leur histoire, des sociétés se caractérisent par la coexistence, voire le conflit, des deux attitudes à l'égard du temps ? Lévi-Strauss prend l'exemple des Aranda septentrionaux. Selon le témoignage de T.G.H. Strehlow, les Aranda « reproduisent les coutumes que leurs ancêtres totémiques sont toujours censés pratiquer[9] » : l'indigène respecte à ce point la tradition qu'il reste fidèle aux armes primitives qu'employaient ses lointains aïeux, et l'idée ne lui vient pas de les améliorer[10]. Lévi-Strauss y voit le propre de la pensée sauvage : intemporelle, « elle veut saisir le monde, à la fois comme totalité synchronique et diachronique, et la connaissance qu'elle en prend ressemble à celle qu'offrent, d'une chambre, des miroirs fixés à des murs opposés et qui se reflètent l'un l'autre (ainsi que les objets placés dans l'espace qui les sépare), mais sans être rigoureusement parallèles[11] ». Le passé n'est en rien dissocié du présent, puisqu'il le règle et le futur est chose déjà connue puisqu'il est une phase de la répétition. Un argument unique justifie le caractère répétitif de chaque règle, de chaque coutume et de chaque technique : les ancêtres l'ont transmis. Dans le cas du passé mythique, nous dit Lévi-Strauss, il y a un paradoxe : il est, par rapport au présent, simultanément conjoint et disjoint. Disjoint puisque les ancêtres étaient d'une autre nature que les hommes du présent : ils furent des créateurs quand les hommes du présent ne sont que des copistes. Conjoint, puisque depuis l'apparition des ancêtres « il ne s'est rien passé sinon des événements dont la récurrence efface périodiquement la particularité[12] ». Le rituel intègre et articule passé mythique et présent, dans la mesure où, comme le souligne Jean-Pierre Vernant à propos de la religion grecque, le culte « n'a besoin d'autre justification que son existence même : depuis le temps qu'on le pratique, il a fait ses preuves[13] ».

En 1952, trois ans après l'article de Lévi-Strauss (« Histoire et ethnologie »), Claude Lefort définissait le concept d'historicité en ces termes : « le rapport général que les hommes entretiennent avec le passé et l'avenir[14] ». Cette importance de l'historicité est le grand héritage que nous laissent les travaux de Lévi-Strauss. Marc Abélés insiste sur « le repérage qu'ils opèrent d'une forme d'historicité spécifique. Ce faisant, ils nous incitent à réinterroger notre propre régime d'historicité, c'est-à-dire la relation que nous entretenons avec le temps[15] ». Ce régime, François Hartog et Gérard Lenclud le définissent comme le type de rapport que toute société entretient avec son passé, la manière dont « elle le traite et en traite avant de (et pour) l'utiliser, et constitue cette sorte de chose que nous appelons histoire ». Il y aurait ainsi toute une échelle d'attitudes liées à la variabilité culturelle : ici le passé est « magistère de vie », là un fardeau intolérable, ailleurs une ressource inépuisable. Le régime d'historicité définirait « une forme culturellement délimitée, donc conventionnelle, de relation au passé[16] ».

L'historiographie est une des formes de cette relation avec le passé et « un élément symptomatique d'un régime d'historicité englobant[17] ». Lorsqu'au XVIII^e^ siècle, l'Antiquité devient un objet d'histoire, on doit y voir le fruit d'une nouvelle relation avec le passé. Si la vraie nouveauté est un présent sans passé ou qui affiche sa différence avec le passé, c'est qu'alors une altérité temporelle est postulée. Entrent en jeu les catégories qu'utilise l'herméneutique depuis Augustin : l'expérience et l'attente. Quand le passé a cessé d'éclairer l'avenir, il est devenu histoire[18]. Le rapport au temps se centre alors sur la notion de devenir, l'univers cesse d'être organisé par le jeu répété des symboles[19], et le nouveau devient une valeur positive, consciemment recherchée[20]. Rien ne l'illustre mieux qu'un anecdotique épisode de l'Académie royale de peinture.

## 7. *La distance critique : où sont passés les chameaux ?*

Lévi-Strauss aime Poussin[1]. Il propose une lecture anthropologique de l'énigmatique *Éliezer et Rébecca*. Exécuté en 1648 (au plus tard en 1649) pour Jean Pointel, ce tableau, qui est aujourd'hui au Louvre, met en jeu la notion de représentation historique et le rapport passé-présent qui guide et gouverne la Querelle des Anciens et des Modernes.

Poussin reprend ici le récit de la Genèse (24, 15-27). Abraham décide de marier son fils Isaac à une fille de son pays d'origine, la Chaldée. À cette fin, il envoie à Nakhor son fidèle serviteur, Éliezer, avec une caravane composée de dix chameaux. Ce dernier demande de l'aide à Dieu : la jeune fille destinée à Isaac se désignera en offrant à boire à Éliezer ainsi qu'à ses chameaux. Ce détail, à savoir les chameaux de la Bible, ceux dont Rébecca étanche la soif, est absent de la composition. Il existe trois tableaux de Poussin qui traitent du même sujet. Le premier qui date des années 1620 (avant 1627) appartenait à Cassiano del Pozzo[2]. Le dernier, datant des années 1660, était destiné à un collectionneur inconnu. Or des chameaux figurent effectivement sur les premier et dernier tableaux. La même scène est représentée sur les mosaïques de l'église de Monreale en Sicile. Là aussi, figurent des chameaux. Mais la représentation, comme dans le cas de ces deux toiles de Poussin, est symbolique, c'est-à-dire qu'au lieu de dix, il n'y en a que deux.

Or Philippe de Champaigne s'irrite de ce tableau. S'il accepte que l'on ne peigne qu'un ou deux chameaux au lieu de dix, en revanche, ce qui lui paraît intolérable, c'est la liberté que Poussin prend par rapport au texte de l'Ancien Testament. Si le peintre a comme sujet une scène biblique, il doit la suivre en tout. Pourtant, cette version d'Éliezer et Rébecca, peinte pour Pointel, achetée par Richelieu après son décès en 1660 et offerte à Louis XIV cinq ans plus tard, n'est pas fidèle au texte : les chameaux n'y sont pas. Le débat a lieu à l'Académie le 10 octobre 1682 en présence de Colbert ; la conférence de Philippe de Champaigne[3] et les arguments qu'il avance résument en un sens les questions que je me pose : comment la distance entre passé et présent s'opère-t-elle au XVIIe siècle ? Jusqu'à quel point le passé affecte-t-il le présent ?

Poussin est le peintre classique par excellence, qui imite la nature et l'Antiquité. Ses modèles sont la peinture de l'Antiquité, ses fables et l'Écriture sainte. Mais il se fonde sur des récits, des vestiges et la nature des paysages contemporains. Du passé, il ne connaît pas la réalité. Il n'a peut-être même jamais vu de chameau de sa vie. Le Brun objecte : s'il fallait traiter le sujet avec fidélité et exactitude, on devait mettre dix chameaux ni plus ni moins. Et il ajoute qu'en éliminant ces circonstances, Poussin ne causait aucun préjudice à l'histoire. Ainsi commence-t-on à discuter à l'Académie de la question de savoir s'il est permis de retrancher du récit les circonstances bizarres et embarrassantes que l'histoire ou la fable présentent. La question sera tranchée par Colbert : le peintre doit consulter le bon sens et peut prendre la liberté de supprimer certains détails.

Cette casuistique était d'importance pour les gens de cette époque. Selon Lévi-Strauss, « entre les temps bibliques ou antiques et le temps présent, nous n'interposons pas seulement une profondeur historique que les hommes du XVIIe siècle, encore sous l'effet du télescopage opéré par la Renaissance, mesuraient mal. Nous interposons aussi une distance critique[4] ». Cette même distance critique se met progressivement en place à partir de la Querelle des Anciens et des Modernes. Depuis lors, la place qu'occupe dans cette culture le passé *codifié* ou *canonisé* préalablement est de plus en plus restreinte. En revanche, ce même passé, objet d'une réinterprétation, revêtu de nouvelles fonctions socioculturelles, devient « un champ d'expérience » : les gens de maintenant s'y réfèrent pour redéfinir leur « horizon d'attente »[5]. L'histoire maîtresse de vie (*historia magistra vitae*) s'est vidée de son sens.

Ces modifications s'opèrent à travers la confrontation entre la raison, qui appartient au présent, et l'autorité, qui vient du passé. Le passé cesse d'équivaloir à un bien, il n'est plus transcendant, et la lente valorisation du présent est une dévalorisation du passé : la raison contre l'autorité, voire l'autorité de la raison. La mise à distance du passé préside à deux attitudes : la recherche historique et la négation du passé (*Du passé faisons table rase*). Si l'historiographie de Gibbon constitue un exemple de la première attitude, le débat sur le calendrier à la Révolution et la refonte du temps social illustre, la deuxième[6].

Un glissement s'opère à travers les débats sur le modèle, sur l'imitation, sur la représentation et sur la manière d'aborder l'Antiquité. Le statut d'autorité ne dépend plus, après la Querelle, du principe d'ancienneté. Il s'opère un changement du régime de vérité : la vérité n'est plus donnée, mais elle se construit avec l'action dans le temps. Ce processus affecte les domaines des sciences et des arts sous le nom de progrès[7], mais il s'introduit aussi comme possibilité dans la religion et la politique.

Le nouveau se trouve valorisé, recherché, admiré, au détriment de la répétition. On ne veut plus répéter ce qui est déjà. La quête du nouveau incite à l'accumulation des connaissances, à la découverte, à la recherche, à l'interprétation, au changement et à la révolution. Les structures de l'imaginaire concernant ce qui est « autre » changent : l'altérité inconnue trace un horizon pour l'être. Ainsi passe-t-on de la proposition : « Qu'est-ce qui a été autrefois ? Ce qui doit être à l'avenir. Qu'est-ce qui s'est fait ? Ce qui se doit faire encore[8] » à l'énoncé : Le nouveau n'est pas une mode, c'est une valeur, fondement de toute critique. « Notre évaluation du monde ne dépend plus, du moins directement, comme chez Nietzsche, de l'opposition du *noble* et du *vil*, mais de l'Ancien et du Nouveau[9]. »

## *8. La Querelle comme problème d'historiographie*

Vers la moitié du XVIIIe siècle, la Querelle semble être éteinte. Membre de l'Académie des inscriptions, Nicolas Fréret insiste sur le calme et la sérénité : selon lui, il ne s'agit point de donner aux Anciens une préférence absolue sur les Modernes, encore moins de suivre une prévention à tout défendre, et même à tout admirer. En effet, à l'époque de Fréret les choses ont bien changé : « Ceux qui, sans se livrer aux sentiments d'une admiration aveugle, croient qu'on peut encore conserver quelque estime pour les Anciens, se trouvent à leur tour dans la nécessité de prouver que les hommes de tous les siècles sont à peu près égaux[1]. » Selon Voltaire, « le grand procès des anciens et des modernes n'est pas encore vidé ; il est sur le bureau depuis l'âge d'argent qui succéda à l'âge d'or. Les hommes ont toujours prétendu que le bon vieux temps valait beaucoup mieux que le temps présent. [...] L'antiquité est pleine des éloges d'une autre antiquité plus reculée[2] ».

Au XIXe siècle, le premier à rendre compte de la Querelle dans le détail fut Hippolyte Rigault, précepteur du fils de duc de Nemours. Exilé en Angleterre avec celui-ci après la révolution de 1848, il rentre à Paris l'année suivante. Ayant soutenu sa thèse sur la Querelle en 1856 (elle sera publiée en 1859), il enseigne pendant un an au Collège de France avant de mourir en 1858. « Républicain de l'opposition centre gauche dynastique » selon ses propres mots, Rigault examine la Querelle du point de vue de la confrontation entre tradition et progrès, qui pour la première fois se trouve conceptualisée au sein de la philosophie de l'histoire naissante. Selon Rigault, « si nous pouvions résoudre la question de la marche de l'humanité, nous tiendrions dans nos mains la clef de la philosophie de l'histoire, nous connaîtrions la loi suprême de développement de l'humanité, nous aurions le secret de Dieu[3] ». L'humanité avance toujours, mais dans le lit que Dieu lui a creusé, vers le but où Dieu l'appelle. Rigault, chantre du progrès, interprète la Querelle comme une de ses phases. Le progrès existait partout en Occident, à commencer par l'Antiquité, comme le prouvent *La République* de Platon, la *Métaphysique* et la *Politique* d'Aristote, voire la *République* de Cicéron. Rigault emprunte ici à une thèse soutenue à Paris (*De l'idée de progrès*, 1851) par M. Javary. « Qu'est-ce que la création, en effet, sinon l'image même et le théâtre du progrès ? Le progrès n'est-il pas partout dans la hiérarchie des êtres[4] ? » Rigault discerne un ordre établi par Dieu, chanté par les Évangiles et par le Christ. Le monde marche vers sa perfection : « C'est vers ce but mystérieux qu'à travers mille incertitudes et mille retours, à travers les nuages de sa destinée, parmi les luttes sanglantes des intérêts, des passions et des idées, s'avance l'univers, qui s'agite, mais que Dieu mène. Qu'est-ce que l'histoire, sinon cette lutte éternelle de l'esprit ancien et de l'esprit nouveau, dont la fin est le progrès[5] ? » Et de préciser : « Le progrès, tel que je l'entends ici, c'est le progrès intellectuel de l'homme, celui dont il est question dans la Querelle des Anciens et des Modernes, et le seul dont je m'occupe dans ce travail. Mais je crois aussi au progrès moral et au progrès matériel de l'humanité. Tous deux découlent du premier[6]. » De la sorte, bien que la Querelle existât dès la Grèce ancienne, elle donne naissance au cours du XVII$^{e}$ siècle à une idée du progrès défini comme une longue tradition : enchaînement, plutôt que rupture, il est une continuation par confrontations successives, quoi qu'en aient rétrogrades ou utopistes : « De même qu'il existe des rétrogrades enracinés dans le passé, des antiquaires de l'esprit, qui haïssent toutes les choses nouvelles, et qui font pieusement collection des vieilles idées, comme d'autres de vieux vases ou de vieilles armes, il existe des utopistes pour qui le monde ne date que d'hier, de Condorcet ou de Saint-Simon, et qui brisent avec mépris la tradition, cette chaîne d'or qui unit les générations depuis l'enfance du monde [...] Ils veulent reconstruire un nouvel univers, et ils ne voient pas que ces débris dédaignés du passé sont les matériaux de l'avenir[7] ! » Et Rigault de conclure que « le procès des Anciens et des Modernes est encore sur le bureau, et pourra bien y rester longtemps[8] ».

En 1914, Hubert Gillot reprend le dossier et cherche un bureau : selon lui la Querelle est le conflit toujours actuel entre deux principes, celui d'ancienneté dont se réclament les autoritaires et les traditionalistes et celui de modernité défendu à toutes les époques par les esprits d'avant-garde. La Querelle est plus et mieux qu'un simple accident dans l'histoire du génie français ; c'est une question d'« économie nationale ». La conséquence de la Querelle est le mouvement romantique avec sa formule d'émancipation définitive : toute liberté au génie ! La perspective de Gillot, fortement marquée par le positivisme d'Auguste Comte, s'organise autour du concept de liberté. Le champ d'investigation est défini dès l'avant-propos : « les étapes principales de la lutte qui met aux prises, sur le terrain philosophique, scientifique et artistique, les défenseurs de la stricte observation antique et les champions des principes de liberté et de progrès, les partisans de l'"ancienneté" et les partisans de la "nouveauté" [9] ». Les Modernes ne l'emportent qu'en installant l'idée du progrès indéfini : « Proclamant hautement les droits du libre examen, les Modernes préparent cette émancipation décisive de l'individu, ce triomphe de l'individualisme que consacrera définitivement la révolution romantique[10]. » Une citation d'Auguste Comte sert de conclusion à cette réflexion : « Les idées de progrès nécessaire et continu n'ont commencé à acquérir une vraie consistance philosophique, et à provoquer réellement un certain degré d'attention publique, que par suite de la mémorable controverse qui a ouvert, avec tant d'éclat, le siècle dernier sur la comparaison générale entre les Anciens et les Modernes. Cette discussion solennelle, dont l'importance a été jusqu'ici peu sentie, constitue, à mes yeux, un véritable événement, d'ailleurs convenablement préparé, dans l'histoire universelle de la raison humaine, qui pour la première fois, osait proclamer enfin directement son progrès fondamental (*Cours de philosophie positive*, 47^e^ leçon, 234) [11]. »

Paul Hazard, à son tour, dans *La crise de la conscience européenne* (1935) puis dans un article publié en 1954, voit dans la Querelle les symptômes d'une crise de la conscience européenne[12]. En 1953, un Italien, Giacinto Margiotta, soucieux de ne plus laisser aux Français la gloire de la Querelle, essaye d'établir ses « origines italiennes ». Ainsi l'Italie fait-elle son entrée solennelle dans le champ d'investigation de la Querelle[13]. Puis vient le tour de l'Espagne, avec l'accent mis sur la « nouveauté » par les travaux exemplaires de José Antonio Maravall[14].

Mais l'une des contributions les plus essentielles est celle de Joseph Levine qui envisage la Querelle dans son acception anglaise et la considère comme un problème historiographique[15] : « Ainsi l'insistance sur l'idéalisation des Anciens a-t-elle rencontré — et elle en a interrompu le développement dans une certaine mesure — le sens moderniste de l'histoire. Avec le temps, une fissure est apparue entre imitation et érudition, rhétorique et philologie, littérature et histoire[16]. » La distance temporelle instaurée par la Querelle donne naissance à l'historiographie moderne : désormais, les Modernes sont capables de réécrire l'histoire ancienne en défiant les Anciens. Ainsi peut-on soutenir qu'il s'agissait quant au fond d'« une querelle sur l'histoire, sur le sens et les usages du passé dans le présent[17] ».

Enfin, une des dernières publications relative à la Querelle est celle d'une anthologie des textes de la Querelle (en bonne partie des textes français), précédée par un essai plutôt polémique de Marc Fumaroli, intitulé « Les abeilles et les araignées » d'après Swift. Conçu comme une machine de guerre idéologique contre les Modernes, son texte prend ouvertement le parti des Anciens et livre la troisième phase de la Querelle. En choisissant de nous raconter « ce qui s'est réellement passé », Fumaroli veut nous montrer que les Modernes ne sont que de pauvres esclaves d'une monarchie naissante, des « apparatchiks », des fonctionnaires de la littérature. Les Anciens sont ivres de liberté, de grandeur d'âme, d'héroïsme. Le chemin de l'Antiquité est un chemin vers la douceur et la lumière : « L'estime de soi-même, la générosité, la liberté d'esprit sont des attitudes spirituelles que les Anciens ont toujours à réapprendre aux Modernes[18]. » Comme Leo Strauss, Fumaroli renverse les positions : le vrai progrès est celui des Anciens, construit sur la liberté et la grandeur d'âme, quand les Modernes ne sont qu'« ivres de l'autorité qu'ils tiennent de l'État, ou qui leur est venue par l'État[19] ».

De la constellation de recherches qui se sont multipliées — un colloque sur les Anciens et les Modernes en 1987[20] ; les travaux de Noémi Hepp[21], d'Annie Becq[22], de Bernard Magné[23] ou bien celui de Joan DeJean[24] ou de Terence Cave[25], etc. — il ressort d'emblée qu'il s'agissait, pour les Modernes du XVII^e siècle, de briser le cadre normatif du passé comme modèle du futur. Déjà en 1959, Hans Baron, en habile historien, voyait dans la Querelle des Anciens et des Modernes une inflexion du problème de l'historiographie de la Renaissance[26].

## 9. *Historiographie de la Renaissance*

En effet, Dante et Pétrarque ont été érigés, dès la fin du quattrocento, au rang de fondateurs, voire d'ancêtres (dans le cas de Dante, Boccace, grand ami de Pétrarque, avait déjà écrit son

*Laude*[1]) par les humanistes renaissants des cités italiennes, au premier rang desquels Salutati et son cercle. « On se demande, écrit Hans Baron, d'où vient l'élan qui a rendu les humanistes italiens du quattrocento assez audacieux pour sentir que leur monde était ou serait bientôt l'égal de celui des Anciens[2] ? » Ce faisant, il déplace la question vers les historiens de la Renaissance. Il insiste sur l'émergence synchronique de l'usage du mot « Renaissance » et du thème de la Querelle parmi les historiens : les travaux de Burckhardt, de Michelet et d'Hippolyte Rigault sont contemporains.

Or, dit-il, bien que les littéraires aient vu dans la Querelle un moment de révolte contre la suprématie de l'Antiquité comme modèle des belles-lettres et essentiellement comme un fait de l'histoire littéraire de la France du siècle de Louis XIV, les savants anglais étaient moins enclins à considérer le débat entre William Wotton et sir William Temple comme un moment important dans le développement des idées modernes. Jusqu'aux années 1920, à part le livre de Gillot, aucune recherche historique rigoureuse n'a été menée, ni chez les Français ni chez les Anglais ; après 1920 cependant, deux livres sont publiés presque simultanément, offrant de la Querelle des points de vue très différents. Le premier est celui de John B. Bury, *The Idea of Progress* (1920), et le second la monographie de Richard F. Jones, *Ancients and Moderns : A Study of the Background of « The Battle of the Books »* (1936). Ce dernier (et partiellement le premier) a proposé, selon Baron, la première histoire intellectuelle et cohérente de la Querelle dans l'Angleterre de Francis Bacon, en soutenant l'idée que les attaques contre l'autorité des Anciens avaient eu lieu sans que la Querelle française ait pu exercer d'influence. Selon Jones, la bataille était essentiellement liée à la croyance que le monde et l'univers étaient en proie au vieillissement et que le vrai progrès n'était possible qu'à partir d'une libération qui avait commencé avec Bacon et avec un petit livre de George Hakewill, publié en 1627, *Apology... of the Power and Providence of God,... and Censure of the Common Error Touching Nature's Perpetuall and Universel Decay*[3].

Pour Baron, la libération que ressentent ces auteurs à travers la Querelle est celle d'avec « les idées oppressives de la Renaissance humaniste ». L'humanisme avait remplacé les autorités de la scolastique par la nouvelle autorité des Anciens et la Renaissance avait vénéré et imité ce qui était ancien ; la vraie révolte du XVIIe siècle s'est donc portée contre cette « tyrannie de l'Antiquité ». Tout un cercle de savants en Angleterre a commencé à interpréter la Querelle selon les termes posés par Jones ; le regard nouveau qui en a résulté est en contradiction avec celui des historiens de la Renaissance aux yeux desquels l'historiographie humaniste du XVe et du XVIe siècle constituait les racines de la pensée moderne. Herschel Baker (dans *The Wars of Truth*, 1955) insiste notamment sur l'implication qu'un modèle à imiter est par définition parfait et donc que l'imitateur est inférieur. D'où l'importance du thème de la dégénérescence.

Nous sommes là au cœur des concepts traditionnels de la Renaissance, Baron formule en ces termes le problème : « Sommes-nous certains que les lamentations sur les défaillances du passé qu'on trouve chez les auteurs anglais du XVIIe siècle — elles fournissent la matière sur laquelle s'appuient les théories récentes de la Querelle — sont applicables aux deux ou trois siècles précédents ? Ou ces lamentations reflètent-elles simplement le point de vue court et déformé de la génération qui vient immédiatement après, point de vue comparable à celui que les premiers humanistes avaient conçu pour le Moyen Âge[4] ? » L'émergence de la Querelle serait alors non pas une révolte soudaine provoquée par l'arrivée de la science moderne ou des découvertes géographiques, mais la conséquence de la circulation et de la mutation des idées humanistes.

Ce n'est pas le manque de savoir sur l'importance des idées humanistes qui anime la Querelle de la fin du XVIIe siècle, mais bien plutôt une volonté consciente de s'affirmer, laquelle pousse à ignorer certains éléments du passé. Il ne s'agit donc pas d'une reprise d'une éternelle Querelle. La nouveauté se marque bien dans les sources où Hakewill puisa pour son ouvrage. Cette apologie du monde présent (comme il y en a eu un certain nombre au début du XVIIe siècle) essaye de démontrer que les affaires du monde ne vont pas nécessairement mal, en d'autres termes que le monde n'est pas soumis à une décadence constante. Le premier argument du livre — la théorie des cycles historiques — veut que les cités naissent, prospèrent et meurent ; que les âges se succèdent et les empires chutent, que la décadence, enfin, est une loi de l'histoire. Mais chaque décadence est suivie d'un autre commencement. L'histoire est donc une vicissitude, une altération constante et une « révolution ». La théorie des cycles que prône Hakewill lui vient de ses lectures. Il s'appuie explicitement, mais seulement dans la deuxième édition, sur les témoignages de Gasparo Contini et de Machiavel. Leur absence dans la première édition invite à chercher ailleurs ses sources, et probablement en premier lieu chez Jean Bodin (*Methodus ad Facilem Historiarum Cognitionem*, 1566) et chez Loys Le Roy (*De la vicissitude ou variété des choses*, 1594). Selon Baron, ces auteurs de la Renaissance française ont eu comme source les écrits des humanistes italiens. Par là, il appert que la thèse de Jones n'est pas avérée, qui affirme que la Querelle et l'idée du progrès sont une conséquence du nouvel esprit scientifique du début de XVII^e^ siècle et que cet esprit s'est formé, essentiellement, *contre* les idées humanistes. Baron soutient, au contraire, que l'humanisme italien, en dépit de sa vénération de l'Antiquité, a su exercer un regard critique sur l'histoire et s'opposer à l'idée d'une Rome pérenne[5]. Loin de Baron l'idée de nier l'influence sur la Querelle de Galilée, de Bacon et de Descartes, c'est-à-dire de la nouvelle science ; il convient cependant de ne pas prendre pour argent comptant les affirmations des contemporains de la Querelle qui tenaient la Renaissance pour soumise à la tyrannie des modèles anciens quand elle apparaît à l'historien « comme un processus dynamique, une lutte entre d'une part la vénération de l'Antiquité, conduisant au classicisme, et d'autre part une défense des puissances innées de l'homme moderne et de son égalité, conduisant à la Querelle — une lutte qui dura suffisamment longtemps pour que les champions de la Querelle, au XVII^e^ siècle, pussent trouver un terrain déjà prêt pour certaines de leurs convictions fondamentales[6] ». Ce point de vue est partagé par Quentin Skinner : « Et quand il devient possible d'envisager les réalisations du quattrocento dans leur ensemble, cette croyance en la supériorité des "modernes" sur les "anciens" se transforme en article de foi[7]. »

La grande particularité de la Querelle demeure que, dans cette confrontation des Anciens et des Modernes, une mutation s'opère au cours de laquelle un des deux termes — les Anciens

— va s'effacer. En effet, les Modernes de la Querelle jugent, en toute conscience, qu'ils n'ont pas de dette à l'égard des Anciens du passé ; mais la confrontation se fait toujours *par rapport à*. Égaler, surpasser ou révérer les Anciens ne pouvait donc se faire que dans le cadre d'un même champ homogène du savoir. Or la Querelle annonce justement la sortie de ce champ du savoir. En sorte que le lieu commun des Anciens et des Modernes est substantiellement réaménagé : l'enjeu de la Querelle, à la fin du XVIIe siècle, ne concerne plus les Anciens et les Modernes, mais les Modernes et les Modernes. Les Modernes éduqués à l'École des Anciens deviennent les nouveaux Anciens. Le concept de progrès n'implique plus, pour les vrais Modernes, d'égaler les modèles antiques de perfection et de devenir aussi parfaits qu'eux, mais de rechercher une autre *perfection*. Au cœur de la Querelle, il y a un présent qui veut être sans passé.

### *10. Dante et les cieux*

Tout au début de sa *Monarchie*[1], Dante annonce son plan : la « nature supérieure » a inscrit dans le cœur des hommes l'amour de la vérité ; les hommes, enrichis par le savoir et le travail des Anciens, et pourvu qu'ils les suivent dans cette direction, c'est-à-dire qu'ils travaillent pour la postérité, doivent, à leur tour, enrichir l'humanité. Ainsi entrons-nous d'emblée dans un univers d'héritage. Les Anciens sont d'une autre nature et le travail d'enrichissement par des choses nouvelles se présente chez Dante comme un devoir de transmission, et c'est un devoir public. La Monarchie temporelle est la « seigneurie d'un seul sur tous les êtres qui vivent dans le temps, et sur les choses ou parmi les choses qui se mesurent par le temps[2] ». Ainsi surgit dès le début le problème du temps. Il n'est pas étonnant de voir Dante se référer à Aristote et tout particulièrement aux passages du quatrième livre de la *Physique*[3].

En effet, le temps, pour Dante ; doit être conçu par rapport à l'éternité. Dans le *Banquet*, il définit l'éternité comme le caractère propre et unique de Dieu. En reprenant le triple présent d'Augustin, Dante décrit Dieu comme le point dans lequel tous les temps se retrouvent et se croisent. Le présent de Dieu est éternel, et mille ans, ce n'est qu'un clin d'œil par rapport à cette durée qui n'a pas d'extension[4]. La conception du temps chez Dante est en accord avec le dogme de la création qui fut élaboré durant le Moyen Âge tardif, suivant la *Physique* d'Aristote et la méditation d'Augustin. Selon Vasoli, l'ouvrage de Boèce *De consolatione philosophiæ* (V, VI, 8) et le commentaire d'Averroès sur la *Physique* d'Aristote (*Comm. Phys.*, IV, s. 3, c. 7, comm. 124 *sq.*) reprenant nettement le thème de l'éternité du monde et le caractère « cyclique » du temps avaient suscité un intérêt général chez les philosophes théologiens de l'époque[5]. Dante hérite de ces conceptions[6].

Les thèses averroïstes sur l'éternité du monde et l'unité de l'âme l'humaine avaient fait l'objet de deux condamnations ; la première datait de 1270 et la seconde, de 1277. Au centre de ces condamnations se trouvait Siger de Brabant que Dante place dans son *Paradis* (X, 133-138). La controverse portait sur la création du monde : était-elle temporelle ou éternelle ? Selon l'article 99 de la condamnation par l'évêque de Paris Étienne Tempier en 1277 : « Le Monde a été fait de rien, mais il n'a pas été innové ; il a passé du non-être à l'être, mais c'est par nature seulement, et non pas en la durée, que le non-être a précédé l'être. » Selon Siger, la matière première, le mouvement, le temps et tous les principes constitutifs du monde sont éternels, seuls les êtres et les individus sont passagers. Or l'âme humaine est aussi éternelle et elle découle de l'âme intellective anonyme ; dans cette conception, l'âme habite les corps corruptibles mais, après la mort, elle n'est plus rattachée à son identité terrestre ; sans matière, elle ne saurait être corruptible[7]. Ainsi le salut se trouvait-il directement mis en cause.

Les condamnations concernent fondamentalement les thèses suivantes : Dieu ne connaît rien hors de lui-même. Dieu ne connaît pas les singuliers. Les actions humaines ne sont pas soumises à la providence divine. Le monde est éternel. Il n'y a pas eu un premier homme. Il n'y a numériquement qu'une seule intelligence pour tous les hommes. Il est faux ou impropre de dire que c'est l'homme qui comprend. L'âme qui est la forme de l'homme comme tel se corrompt par la mort. Dieu ne peut pas donner l'immortalité ou l'incorruptibilité à une chose corruptible et mortelle. L'âme séparée après la mort ne peut pas souffrir d'un feu corporel. Tout ce qui se passe dans le monde est soumis nécessairement à l'influence des corps célestes. La volonté de l'homme veut ou choisit sous l'empire de la nécessité. Le libre arbitre est une puissance passive et non active, mue nécessairement par son désir[8].

Autour de ces thèses se développe simultanément la notion de « double vérité » ; c'est Thomas qui la formule en 1274 pour combattre un argument de Siger de Brabant (« Dieu ne peut faire qu'il y ait multiplicité d'intellects, car cela impliquerait contradiction »), mais elle se transforme assez vite en une conclusion qui consiste en la stricte séparation de la raison et de la foi. Contre Thomas qui défend la subordination de la raison à la foi, Jean de Jandun avance que la foi n'est pas construite sur la raison ; l'une et l'autre sont distinctes[9]. Ce débat du XIIIe siècle est important à plusieurs titres : d'abord, si le monde se distingue de la volonté divine, il peut être appréhendé selon les lois d'une science mécanique ; ensuite, l'idée de progrès à l'infini trouve un socle. Si, au cours des siècles à venir, la philosophie de l'histoire arrive à se débarrasser de la théologie, c'est en bonne partie grâce à ces thèses « condamnées ». Chez Dante, la représentation du temps et de l'histoire ne se dégage pas de la tutelle théologique. Il façonne pourtant la matière théologique d'une manière telle que la séparation et la différenciation qui se feront dans les siècles ultérieurs pourront se réclamer de lui[10].

Chez Dante, le temps a, ce qui n'est aucunement étonnant, un caractère « cosmologique ». Les racines du temps, comme chez ses prédécesseurs, sont dans les cieux, surtout dans le neuvième qu'on appelle « Cristallin » et qui se trouve en dehors des cieux étoilés ; il constitue le « premier mobile » aux mouvements des cieux selon Ptolémée[11] ; tout mouvement en découle donc. À ces neuf cieux, Dante en ajoute un dixième qui est « le souverain édifice du monde, en lequel le monde entier est enclos et hors duquel n'existe rien[12] ». Ce dixième ciel « tranquille et très divin » est le lieu de la suprême Déité et s'enroule « avec tant de désir que sa vélocité quasiment ne peut se comprendre ». Séjour des esprits bienheureux, il ne se trouve dans aucun lieu. Appelé Empyrée, c'est-à-dire « ciel de flamme », immobile, il brille d'une lumière pure, spirituelle et il est entouré de mille cercles concentriques. Son immobilité découle non pas de son caractère incorporel, mais de ce qu'il est parfait et n'a nul besoin de se mouvoir. Il y règne, en conséquence, la paix éternelle.

Dans cette conception des cieux, d'où découle le temps, il faut prendre en considération deux figures géométriques, parce qu'elles ont un impact symbolique sur la politique. La première est le « point » indivisible, il contient en soi sa raison d'être et sa fin, il est souvent vu comme la présence sans raison. L'autre figure est le cercle qui symbolise la perfection, puisque, n'ayant ni commencement ni fin, il représente l'éternité[13]. « Moi, je suis l'Alpha et l'Oméga, dit le Seigneur Dieu, Celui qui est et qui était et qui vient, le Puissant-sur-tout » (Jean, Apocalypse 1, 8). Les cieux sont des sphères, ils suivent un mouvement circulaire autour d'un point fixe ; l'ultime point fixe est la planète Terre ; elle est stable, fixe et ne tourne pas ; elle est le centre de l'univers[14]. En partant du dixième ciel, chaque ciel communique à celui qui est inférieur les propriétés de la *vertu* ; ils transmettent le mouvement et par là la révolution, jusqu'à la terre[15].

Le temps du monde humain suit donc le mouvement des cieux qui est circulaire ; d'où les saisons et les générations qui s'enchaînent et se répètent. Comme chez Platon (*Timée*, 37 c-38), le temps, mesurable à l'échelle du mouvement circulaire des sphères célestes, procure une éternité mobile comparable à l'éternité immobile qui, dans le cas de Dante, est représentée non pas par le Démiurge mais par Dieu. Ainsi le temps génère-t-il et corrompt-il la vie dans un mouvement circulaire : or la vie « biologique » de l'homme passe par les âges et participe de cette façon à un mouvement rectiligne. La vie d'un homme, de sa naissance à sa mort, se divise en quatre âges[16]. Les âges du monde ne sont pas non plus différents à cet égard, ils se suivent de la même manière : on passe de l'âge d'or à l'âge de fer, des premiers âges à l'âge grossier. Dante affirme en effet que son temps est dans ce dernier âge de la vieillesse depuis l'arrivée du Christ et que la fin des temps n'est pas très loin[17].

Ni le monde ni le temps ne sont éternels, seul Dieu l'est ; le mouvement et le temps ont eu un commencement, ils auront une fin : la conception de Dante, ici, prend une tournure anti-averroïste et suit de près celle de la scolastique. Dieu a créé le monde, son ordre, le mouvement des cieux et l'intelligence, comme un architecte, le compas à la main. Il a produit tout selon le modèle (ou l'exemple) qu'il avait déjà en soi. Tout corps créé, y compris ceux qui sont mortels, reflète l'idée divine. L'exemplarité divine attribuée à l'homme assure, d'autre part, la perfectibilité de sa nature ; Dieu n'a pas agi selon un modèle distinct comme le font les artisans[18] ; il est son propre modèle, il n'imite que ce qu'il est déjà ou ce qu'il a déjà en lui. Il crée, mais « non pour gagner à soi surcroît de bien / — qui ne se peut — mais afin que sa gloire, / resplendissante, pût s'écrier : "J'existe", / en son éternité hors de tout temps, hors de tout lieu borné, par bon plaisir, / l'éternel amour en amours neufs s'ouvrit[19] ».

Tullio Gregory insiste à juste titre sur l'importance de la théorie des cieux, à propos de la finalité de l'existence de l'homme et de la société sur cette terre sublunaire où le temps règne : « Les cieux, avec leurs moteurs, exercent sur le monde sublunaire non pas un influx générique mais une causalité précise, sans laquelle aucun processus d'engendrement et de corruption ne serait possible. [...] Autrement dit les cieux — comme causes universelles — gouvernent tous processus de changement, des mouvements élémentaires jusqu'à tous les grands phénomènes cosmiques et humains : les inondations et les sécheresses, la naissance des individus et des cités, des prophètes et des religions[20]. » La causalité céleste est une réactivation du temps historique : les grands événements qui rythment l'histoire de l'humanité sont marqués dans le ciel. Les grandes conjonctions qui concernent les sphères supérieures comme Saturne et Jupiter agissent sur les événements de l'histoire qui ont une portée plus universelle, tandis que les sphères inférieures gèrent les événements d'importance mineure[21]. Ainsi l'histoire est-elle divisée selon des périodes qui reflètent la période des figures célestes dont il est possible de connaître et de prévoir la naissance, le développement et la fin.

Le principe de la causalité des cieux, selon Gregory, est depuis le XIIe siècle une doctrine incontestable : on en discutait les limites, mais non pas la réalité et l'efficacité[22]. Mais, dans cette causalité, l'intervention directe du dernier ciel (l'Empyrée de Dante) dans l'histoire « dont la trame — bien que tracée par le Créateur — se développe sous l'emprise des chronocréateurs célestes, les cieux et les anges qui président à leurs mouvements » se voit réduite[23]. À l'intérieur de ce schéma d'interprétation — toujours selon Gregory — se dessine également le thème de la *translatio imperii* où la succession des règnes est liée point par point aux variations d'influence des planètes — leur *vertu* — et à leur *dominium* successif : « C'est des planètes proposées à chaque peuple et à chaque région que dépendent non seulement les caractères, les coutumes, les religions et les rites de chacun, mais aussi leurs rapports réciproques, les guerres avec le triomphe final du peuple qui, sous le signe de Jupiter et du Soleil, est appelé à régner sur les autres ; ainsi est-ce le peuple romain qui deviendra à juste titre porteur du christianisme, sous l'influence bénéfique de Jupiter, comme le confirment aussi bien les *gesta et leges romanæ* que les *ecclesiasticæ historiæ*[24]. »

## *11. Monarchie ou la finalité de toute société humaine*

La Monarchie universelle (ou l'Empire), selon Dante, est une organisation politique de la « société humaine » (*humana civilitas*) [1], autonome par rapport à l'Église (puisqu'elle permet de réaliser sur la terre la fin propre de l'homme, la *delectatio intellectualis*) ; elle est la garante de cette félicité en établissant la paix universelle. Dans cette conception, il est crucial pour Dante d'essayer de répondre à trois questions : 1) La Monarchie est-elle nécessaire au bien du monde ? 2) Le peuple romain s'est-il arrogé à bon droit l'office de Monarchie ? 3) L'autorité du Monarque dépend-elle de Dieu immédiatement, ou d'un autre, ministre ou vicaire de Dieu[2] ?

Dante affirme qu'il existe une seule et même fin pour toute société humaine : un état de perfection, de béatitude et de paix. Cette fin dernière — en l'occurrence Dieu — est la cause et le principe de tout, en sorte que la société humaine tend par nature vers son commencement, à l'exemple d'un cercle, pour rejoindre sa raison initiale. Ainsi se propose-t-il de traiter de la politique et de diverses formes de gouvernements réguliers en les opposant aux gouvernements de forme faussée, *politia obliqua* (tyrannie, mais aussi oligarchie et démocratie[3]) pour pouvoir dévoiler la finalité du genre humain[4]. L'homme tend vers l'amour de Dieu qui découle de l'Empyrée et constitue le principe. Nous sommes ici sans conteste dans le problème du salut : « Par où manifeste que la paix universelle est la meilleure des choses qui sont ordonnées aux fins de notre béatitude[5]. » La paix universelle est le fondement et le principe de tout le raisonnement de Dante dans la *Monarchie*. Le genre humain s'acheminant selon la fin qui lui est propre, la politique devient du coup le système qui gère le bon fonctionnement de cet acheminement.

En empruntant à Aristote l'affirmation que « quand plusieurs choses sont ordonnées à une même fin, il faut qu'une de ces choses règle et gouverne, et que les autres en soient réglées et gouvernées », Dante passe en revue les façons de gouverner. Pour atteindre son bonheur, l'homme seul doit être gouverné par son intellect ; la maison par le père de famille, ou par le plus vieux qui impose ses lois aux autres (et il cite Homère). Le village doit être gouverné par un seul, sinon la guerre civile est à la porte ; la cité doit être gouvernée par un seul gouvernement, le royaume par un roi, qui assureront la tranquillité, sinon les divisions vont entraîner la cité et le royaume à leur ruine. Il faut donc qu'une puissance règne et gouverne pour atteindre la finalité décrite ; cette puissance doit être nommée Monarque ou Empereur. D'où la réponse de Dante à sa première question : « Le bien-être du monde rend nécessaire l'existence de la Monarchie ou de l'Empire[6]. »

D'autre part, les parties d'un tout doivent être bien réglées et subordonnées à l'ordre général ; aussi toutes les parties qu'on vient de nommer (maison, village, cité, royaume, etc.) doivent-elles s'accorder sous l'égide d'un ordre suprême, celui du Monarque ou de la Monarchie. Dante parle évidemment non pas d'une monarchie particulière, mais d'une Monarchie universelle. Dans cette conception, le prince suprême est Dieu, qui est le Monarque par excellence. Il s'ensuit que le genre humain est en heureux état et au mieux quand il ressemble à Dieu de tout son pouvoir. Dante prêche donc l'unité politique du genre humain, et le genre humain ne peut être un s'il n'est pas soumis à un seul prince[7].

Le *topos* de ressemblance va plus loin : un fils qui reprend autant que possible les traces d'un père parfait est un fils heureux et excellent ; le genre humain qui est le fils du ciel doit reprendre les traces du ciel : il doit donc l'imiter[8]. Le ciel entier, ses parties, ses mouvements et ses moteurs sont réglés par un mouvement unique, celui du premier mobile, et par un unique moteur qui est Dieu. Donc, en reprenant ces facultés, le genre humain doit être réglé « par un prince unique comme par un unique moteur, et par une loi unique comme par un unique mouvement[9] ».

L'existence du Monarque est plus que nécessaire en cas de litige entre deux souverains égaux ; la juridiction qui doit régler la querelle doit être plus ample que celle des égaux, d'où l'on voit surgir la figure du Monarque pacificateur. Dans un monde où la Monarchie règne, la justice est maîtresse[10]. La justice souffre de l'appétit des souverains égaux ; mais, dit Dante, « le Monarque n'a rien à souhaiter, car sa juridiction n'a d'autre borne que l'Océan ». Le Monarque n'est pas comme les hommes ordinaires qui arrivent à peine à maîtriser leurs passions (ou qui ne les maîtrisent pas du tout), il ne souffre aucunement de la jalousie. Il est le plus sage parmi les sages, et c'est à lui d'établir et maintenir les lois qui vont gouverner la multitude humaine. Étant le plus parfait et le plus excellent, il est naturellement disposé à gouverner. Il est donc tout à fait logique de dire que la Monarchie est la meilleure disposition possible du monde.

Quant à la législation, les Scythes et les Garamantes par exemple qui sont différents les uns des autres doivent être réglés par des lois différentes. Mais pour assurer « une vie droite », la loi du Monarque doit être entendue comme une loi générique, commune, et les gouvernants des principautés particulières doivent la recevoir et l'accepter comme principe universel. Le Monarque de Dante proposerait donc une espèce de constitution avant la lettre[11].

## *12. Rome fut et elle est ce qui sera*

Le cœur du traité de Dante est le livre I, chapitre XVI, où il expose son époque modèle : le Fils de Dieu a pris figure d'homme pour le salut des hommes, jamais le monde n'a été autant en repos. Le discours de Dante est ici marqué par le témoignage du Christ ; cette heureuse période a existé sous le divin monarque Auguste, et ce fut la Monarchie parfaite[1]. C'est à ce moment que les temps et les ouvrages temporels ont atteint leur plénitude, la perfection et donc le bonheur. Mais dès que la tunique « non cousue » du Christ (entendons la Monarchie indivisible) a reçu des « griffes de la convoitise sa première déchirure », la race des hommes est de nouveau tombée dans l'erreur. Il est temps d'écouter la trompette du Saint-Esprit et d'*habiter ensemble comme des frères*[2].

Pour Dante, l'idéal politique se situe dans le passé : c'est le moment crucial de la conjonction de l'Empire romain et de l'Incarnation. Il voit dans ce moment clef l'exemple politique qu'il faut reconstruire dans le futur. Rome a-t-elle conquis le monde par la justesse de son droit ? par la violence des armes ? Non, il faut méditer sur les faits et reconnaître le dessein divin : « C'était là l'ouvrage de la divine Providence[3]. » Alors, le peuple romain s'est-il arrogé à bon droit l'office de Monarchie ?

D'abord, des arguments juridiques : la volonté divine est le droit par excellence. Le droit pur et véritable, c'est ce que Dieu veut dans la société des hommes. Or la volonté de Dieu est invisible. À cette objection Dante répond par la bouche de Paul : « Les choses invisibles de Dieu se voient, si l'on sait entendre, à travers les choses qu'il a faites » (Romains I, 20). Il faut voir la volonté de Dieu dans les signes qui désignent le peuple romain à l'office de Monarque. Le peuple romain était le plus noble des peuples, et comme il est naturel de placer le plus noble à la tête des autres, il convient de placer Rome au rang de la Monarchie parfaite. Mais d'où vient cette noblesse ? Elle découle, par principe, de la *virtus*. En reprenant Aristote (*Politique*, IV, 6, 5), Dante affirme que la noblesse n'est autre que la *vertu* jointe à l'antique richesse[4]. Par la suite, il distingue deux sortes de noblesses : la noblesse est soit personnelle, soit de lignage, c'est-à-dire venant des aïeux. Pour cette dernière, la noblesse du peuple romain découle du fait que le très glorieux Énée fut le premier roi et que le peuple romain a conservé sa mémoire éternelle : ce fait est attesté par les témoignages de Virgile et de Tite-Live, le « non pareil docteur de la geste romaine ».

Le très pieux père de Rome fut invincible, sans égal et le plus juste des guerriers (d'où sa propre *vertu* ; *Énéide*, I, 544-545), mais il fut aussi noble du côté de ses ancêtres et de ses épouses, donc par droit héréditaire. Ici, Virgile joue le rôle de l'historien qui fournit des preuves à Dante préoccupé de définir la descendance d'Énée[5]. Il est évident que Dante prouve la noblesse d'Énée (ce dernier est d'ailleurs, dans sa marche vers la perfection, secouru par la faveur des miracles voulus de Dieu) et, par la suite logique, la noblesse du peuple romain. Ainsi l'Empire, fondé par Énée, dans sa marche vers la perfection, a-t-il bénéficié du soutien de Dieu : en un mot, il était prédestiné. Le fait, dit Dante, est attesté par les témoignages d'illustres auteurs, et en premier lieu par Tite-Live. On peut discuter si Dante a ou non connu l'œuvre de Tite-Live[6]. Mais cela ne change rien à l'économie du texte : Tite-Live qui est cité constitue pour Dante, avec Virgile, un des témoins principaux de la prédestination des Romains. Il est une autorité. Les miracles et prodiges, racontés par Tite-Live et Virgile, sont selon Dante les preuves du dessein divin soucieux d'ériger Rome au rang de la Monarchie universelle[7].

Pour Dante, placer le droit au fondement de la société, c'est placer la volonté divine à l'origine de la cité ; en son absence, dit-il, il n'y aurait pas de société. Et il ajoute : « Si le but de toute société est le bien commun de ses membres, il est nécessaire que le but de tout droit soit le bien commun[8]. » Pour renforcer ses arguments, il se réfère à Cicéron (*De officiis*, II, 8) et à Sénèque : le peuple romain, soumettant le monde entier à ses lois, a cherché le bien de la *res publica* et a montré son amour pour la paix universelle dans la liberté[9]. Ce faisant, le peuple romain saint, pieux et glorieux a œuvré pour le salut du genre humain. À ce niveau du discours, Rome devient l'exemple par excellence. Tout au long de son deuxième livre, Dante augmente le nombre de ses références à l'exemplarité romaine ; tout en plaçant le pouvoir de Rome sous le signe divin, il s'empare des épisodes racontés par Tite-Live pour résumer les guerres de Rome sous la forme de duels entre égaux. Les victoires et les guerres armées des Romains ne furent que des duels entre égaux. La volonté divine a prôné la suprématie de Rome. D'où sa réponse à la deuxième question : c'est à bon droit que Rome s'arrogea la dignité de l'Empire[10], puisqu'elle l'a acquise par duel entre égaux, donc par droit[11], donc par volonté divine.

Le troisième livre s'ouvre sur cette troisième question, à savoir « si l'autorité du Monarque romain, qui est de droit Monarque du monde, dépend immédiatement de Dieu, ou bien de quelque vicaire ou officier de Dieu : j'entends par là le successeur de Pierre[12]... » Dans ce livre, qui est une polémique, Dante entreprend une vraie offensive contre ceux qui affirment la suprématie de l'Église dans les affaires temporelles et la soumission de l'Empire à l'Église. Il réfute tous les arguments qui vont dans ce sens, y compris la fameuse donation de Constantin[13]. En effet, dans les affaires de la société, l'Empire est la seule garantie de justice, de la paix et de la félicité. Gilson atteste l'importance de l'entreprise : « [...] non seulement parce que nul avant lui n'avait tenté la justification théorique d'un empire universel des hommes unis et pacifiés sous l'autorité d'un seul, mais parce que sa manière même de justifier un tel empire aboutissait à dresser pour la première fois, devant l'idéal chrétien d'une Église universelle, l'idéal humain d'un ordre temporel unique où l'empereur jouerait le rôle que le pape tient dans l'Église[14]. »

Comparant un passage de la *Monarchie* (III, III) à celui tiré *De regimine principatum* (I, 14) de Thomas d'Aquin, Gilson met en évidence l'enjeu du livre de Dante[15]. Bien que les deux textes soient identiques presque mot pour mot, les thèses respectives sont en contradiction flagrante. Contrairement à Thomas d'Aquin, selon Dante, Pierre a légué comme héritage aux papes la souveraineté spirituelle sur la terre mais l'empereur a reçu directement de Dieu celle qui est temporelle. D'où le fait que le pontife n'a pas d'autorité dans le domaine qui regarde l'empereur. Gilson se réfère ici à juste titre à la distinction des domaines d'autorité chez Dante. En effet, sans cette distinction, il est assez difficile de comprendre les jeux de subordination. Dante opère une distinction nette entre les autorités : en premier lieu, toute autorité découle de Dieu qui juge, mesure et règle toute substance et toute relation. Ensuite, l'empereur est l'autorité suprême dans les affaires temporelles, le pape est le chef spirituel, et l'homme parfait (*homo optimus*, le philosophe ou le sage) est l'autorité dans les affaires de l'intellect. Chacun de ces trois « titres » (et non pas les hommes) reçoit son autorité de Dieu.

### *13. De l'autorité, I*

La distinction de Dante est complexe, et le concept d'autorité mérite d'être explicité. Le mot est employé sous la forme d'*auctoritas* ou d'*autoritas* dans les œuvres latines de Dante et sous la forme d'*autorità* ou d'*autoritade* dans son œuvre en langue vulgaire. Selon Giorgio Stabile qui a analysé la notion chez Dante et qui a examiné ses différentes acceptions précédentes, la notion appartient au champ sémantique juridique et religieux romain. Le mot qui dérive d'*augere* a pour signification fondamentale « augmentation », « intégration ». L'*auctoritas* est en effet l'action de l'*auctor* qui perfectionne l'insuffisance d'une autre personne. L'*auctor* est celui qui est le fondement et la garantie de tous les actes qui s'accomplissent sous ses auspices. Par conséquent le mot *auctoritas*, dans son usage juridique, décrit un rapport de garantie. Cette garantie découle d'un lien hiérarchique de supériorité. Ainsi, l'*auctoritas tutoris* est l'approbation des actes du pupille par son tuteur, l'*auctoritas patrum* ou *senatus* est le consensus des *patres* ou du sénat qui complète et sanctionne une décision populaire suivant ce même rapport hiérarchique de tuteur-pupille (ou maître-élève si on veut)[1]. L'autorité conçoit une relation qui, dans ses fondements, postule une absence de jugement ou un état de non-reconnaissance chez l'autre ; cette relation conçoit l'autre comme « mineur ».

La *fides* est un des éléments essentiels de la garantie. Par exemple, l'autorité du témoin découle du fondement qui garantit l'authenticité de l'affirmation, c'est-à-dire des qualités et des vertus de celui qui réclame le titre de témoin. Les *auctoritates* sont aussi les documents écrits présentés au tribunal en guise de témoignages. Ainsi est un *auctor* celui qui est à l'origine de quelque chose de nouveau (ou d'une information nouvelle) et qui porte sa propre *fides*, fruit et raison de son autorité, sa propre garantie comme caution du fondement de la chose. L'autorité du témoin ou de l'homme politique, dit Cicéron dans

*Topiques* (73), vient du fait qu'il n'est pas en proie aux passions humaines, mais qu'il est par principe *vertueux*[2].

Dans ce champ politico-juridique romain, l'autorité signifie donc la capacité d'un personnage à exercer le pouvoir ou une fonction de dirigeant. Elle se compose des mérites comme *gravitas* (le sérieux), *dignitas* (la hauteur) ou *nobilitas* (la noblesse) qui définissent tous ensemble l'homme politique modèle, digne d'être imité. Ainsi, l'autorité, dit Stabile, se trouve au commencement et devient la condition de la formation d'une continuité. Appliqué aux choses ou aux événements, le mot prend le sens de « précédent » ou « antécédent » ; quant aux personnages, il évoque la valeur d'exemplarité et du modèle de comportement. C'est de ce fait que découle toute la conception d'autorité du Moyen Âge qui privilégie la priorité morale ou politique, la dignité, l'originalité — au sens qu'il est proche des origines — et l'exemplarité[3].

En reprenant les trois autorités que Dante énumère tout en attribuant leur origine à Dieu, je suis enclin à dire (et cela ressort de son texte) qu'il reprend l'ancienne théorie de dualité de l'homme (Kantorowicz y voit les deux corps de l'homme) ; c'est à travers cette séparation qu'il espère établir les domaines propres de pouvoir des autorités et éviter le conflit, en tant que tout monarque et tout pape sont des hommes, avant d'être monarques ou papes. Or l'homme, dit Dante, se compose d'un corps corruptible et d'une âme immortelle. Par cette qualité, « l'homme seul tient le milieu entre les choses corruptibles et les choses incorruptibles ; d'où vient que les philosophes le comparent justement à l'horizon, qui est une ligne moyenne entre deux hémisphères[4] ». Par son corps, il participe aux choses corruptibles et appartient au genre animal ; mais par son âme, il est de l'ordre des incorruptibles, quoique inférieur aux anges. L'homme se reconnaît deux finalités : la béatitude de cette vie qui consiste dans l'opération de ses vertus propres, et la béatitude de la vie éternelle qui consiste à jouir de la vision de Dieu[5]. Pour parvenir à ces béatitudes, il existe différents moyens : pour la première, celle de cette vie, il y a des enseignements philosophiques qu'il faut suivre dans ses actes selon ses *vertus* morales et intellectuelles. La seconde nécessite un enseignement spirituel qui surpasse la raison humaine : il faut alors agir selon les vertus théologales, à savoir la foi, l'espérance et la charité. Ces voies sont déjà tracées : la première par les philosophes, la seconde par l'incarnation du fils de Dieu qui a révélé la *vertu* surnaturelle au salut. Or le genre humain dans sa sottise tourne le dos à ces chemins ; il est donc nécessaire d'avoir deux guides pour mener à bien la double finalité de l'homme, à savoir « le souverain pontife qui sache conduire le genre humain à la vie éternelle selon les vérités révélées ; et l'empereur qui sache mener le genre humain à la félicité temporelle selon les enseignements philosophiques[6] ».

Dans le *Banquet,* Dante aborde ce problème de l'enseignement philosophique et tout particulièrement celui de l'empereur. Après avoir exposé ses arguments sur le concept d'autorité, il affirme avec vigueur que, dans le domaine des connaissances de l'homme, Aristote est l'autorité suprême[7]. Une fois l'autorité du philosophe souverain établie, il faut mettre en lumière sa relation avec l'autorité impériale. L'un bien évidemment ne contredit pas l'autre ; mais l'un nécessite l'autre dans l'accomplissement de la finalité de l'homme et sa destination, c'est-à-dire la paix à travers la délectation intellectuelle (*delectatio intellectualis*) [8]. De même dans son *Banquet* Dante essaye-t-il de tenir l'empereur à l'écart de la philosophie, sauf pour ce qui est de le soumettre à l'autorité d'Aristote ; quant au rôle des philosophes, il soutient que leur mission est d'enseigner aux hommes la *vertu* morale, elle-même fondement de la *vertu* politique, sans laquelle il ne peut y avoir ici-bas ni justice, ni paix, ni félicité[9].

Pour en finir avec les relations entre les autorités, avec la description de la manière dont les unes doivent obéissance aux autres, il faut affirmer avec Gilson qu'il y a, dans ce troisième livre qui résume la tentative de Dante depuis le *Banquet,* une nette séparation des domaines propres de chaque autorité : la philosophie règne sur la raison, mais la volonté des philosophes doit obéissance à l'empereur, et leur foi doit être soumise au pape ; le pape règne sur les âmes, mais sa raison obéit au philosophe et sa volonté à l'empereur ; quant à l'empereur, il est le seul souverain de sa volonté, mais sa raison est soumise au philosophe et sa foi au pontife. Enfin, tous les trois doivent obéissance et foi à Celui dont chacun d'eux tire directement l'autorité suprême qu'il exerce en son ordre[10]. Là arrive la réponse à la troisième question que Dante posait au début de sa *Monarchie* : « Ainsi appert donc clairement que l'autorité du Monarque temporel descend en lui, sans aucune entremise, de la fontaine d'autorité universelle[11]... »

Dante effectue une opération assez complexe à l'intérieur du cadre de la pensée du Moyen Âge tardif : il sépare les domaines d'autorité et définit leur souveraineté respective. On peut dire avec Ernst Kantorowicz et Claude Lefort que ce fut une nouveauté. Pour autant, le cadre conceptuel déterministe demeure ; je veux dire par là que, dans cette conception, il ne peut rien arriver de *nouveau*, ni dans le domaine de la foi, ni dans le domaine de la politique, ni dans le domaine des études philosophiques. Les domaines ne sont pas autonomes, la loi découle toujours d'une source transcendante. Pour chaque domaine il y a un modèle qui se situe dans le passé, qui est à son tour modelé par le modèle suprême. Assurément, on peut accéder à la vérité sous la tutelle de ces guides à travers le temps (*veritas filia temporis*), mais on ne peut pas créer un modèle pour le futur. La finalité des activités de chaque domaine étant définie, la tâche confiée aux autorités est de l'accomplir selon le modèle incarné qui a déjà ouvert le dernier cercle des temps, mais pour le clore aussitôt. Le maître de l'histoire chez Dante est, sans conteste, le Sauveur, qui est le seul maître, la seule vérité, le commencement et la fin. Son royaume est dans les cieux, et plus exactement dans le dixième, l'Empyrée. Mais il était aussi, là, sur la terre, parmi les hommes, en tant qu'homme, et il a sauvé le genre humain. Et, comme il est l'autorité suprême, dans ce sens, ni l'empereur, ni le sage, ni le pontife ne peuvent concevoir une finalité autre que celle qui s'est déjà accomplie. L'histoire en un sens est déjà close.

Dante ne sépare donc pas les domaines pour donner accès à une autonomie de la raison ni pour définir une autre conception de la liberté (la liberté étant la liberté d'atteindre et d'accomplir ce pour quoi on est destiné et de ne pas se laisser mener sous l'influence des passions). Nous sommes dans la logique de la prédestination. Dante demeure en cela profondément chrétien. Mais la séparation des domaines n'est pas sans entraîner des conséquences que Dante n'avait pas aperçues.

## *14. Pétrarque : de vertu en vertu*

Pendant que Dante travaille à la rédaction du *Banquet*, naît en 1304 à Arezzo Francesco Petrarca, dit Pétrarque. En 1362, alors que la peste se propageait à Padoue et que des astrologues lançaient d'obscurs présages, le même Pétrarque s'est prononcé contre le fatalisme astral, ou plutôt contre le déterminisme et la causalité céleste qui constituaient, comme on vient de le voir, le cadre théorique de ses prédécesseurs. Il écrit dans le *Rerum Senilium* : « Laissez, insensés, laissez les astres suivre leurs cours. [...] Mais une lumière intérieure remplit de joie l'âme qui dresse son regard vers les hauteurs ; quand nous sommes tournés vers elle, nous n'avons pas besoin de devins ni de ces faux prophètes[1]. »

Même si, selon Eugenio Garin, il faut voir là le commencement d'un mouvement qui allait s'amplifier et produire tout au long des trois siècles à venir une sorte de détachement critique de la causalité astrale[2], les propos de Pétrarque ont d'abord une signification à l'intérieur de son système de référence.

La vérité, donc Dieu, est le but ultime des âmes qui habitent les corps ; elle ne peut être atteinte qu'au terme d'un cheminement. Le chemin est bien tracé, étroit, et seules les âmes, qui passent de « *virtute in virtutem* » (de vertu en vertu), pourront avoir la chance de l'arpenter. Voici un mot clef du lexique de Pétrarque : la *virtus*. Cette notion est assez ambiguë chez lui, dans la mesure où il mêle très intimement *vertu* chrétienne et *vertu* purement romaine, et cela, en dépit de la distinction qu'Augustin a voulu établir. Les âmes, une fois habitées par cette *vertu*, sont éclairées d'une lumière intérieure qui prend ses rayons de la vérité. Et cette vérité se trouve à la fois à l'origine et à la fin du voyage de l'esprit[3]. Mais la *vertu* de Pétrarque diffère de celle des plantes : il ne suffit pas de cultiver quelque chose qu'on a déjà, imprimée en nous et prédéterminée, au contraire il faut aller, consciemment, chercher cette *vertu* qui est ailleurs et l'apprendre.

Selon Pétrarque, l'âme habite le corps terrestre dans un monde que tourmentent les passions et les attaques de la fortune. C'est un monde où le temps règne, où le temps corrompt et restaure, où la mort existe. L'homme a pour but ultime sur cette terre de connaître qu'il est d'abord homme, donc assujetti à la mort, et d'assurer tout de même autant que possible la paix et le repos de son âme : c'est la condition pour qu'il arrive à s'accomplir et à accomplir l'oracle de Delphes. Car, dit Pétrarque, l'homme ne se connaît pas s'il ne sait pas qu'il relève de l'humain, c'est-à-dire de la mort, qu'il faut ne pas perdre de vue[4] ; il faut suivre Cicéron quand il dit : « Philosopher, c'est apprendre à mourir[5]. »

Le destin de l'homme mortel ne réside pas dans l'influence céleste, dit Pétrarque, mais dans le verbe et la Providence divine. La parole est dite, une fois pour toutes, et le nombre des choses à connaître est fixé pour l'éternité[6]. Les hommes sont des ignorants devant les ténèbres du futur ; qui plus est, ils sont tous ignorants devant Dieu[7]. Ainsi donc, demande Pétrarque, à quoi servent les acrobaties de ces astrologues ? Les cieux, dit-il, tournent et retournent, il faut laisser cette révolution s'accomplir. Les astres n'ont aucune influence sur nous ; ou bien ils ne révèlent rien ; ou bien nous ne comprenons rien à leurs signes. C'est pourquoi il accuse les paroles des astrologues de n'être que de purs mensonges.[8] Et il ajoute : « Pourquoi vouloir nous rendre, nous qui sommes nés libres, esclaves des astres insensibles[9] ? »

Avec Pétrarque, la longue chaîne qui liait l'homme aux cieux semble se briser. Le ciel et la terre se dissocient : il y a deux sortes de ciel, un ciel lointain, sans lien causal et réel avec le monde d'ici-bas, et un autre ciel « intérieur », intime et très proche de notre âme[10]. De la représentation évidente, géométrique et ordonnée du ciel métaphysique, on passe à un ciel purement abstrait, transcendant, religieux et personnel. Ainsi la causalité céleste se trouve-t-elle réduite sinon anéantie. Mais on voit s'ouvrir une autre dimension de l'homme, intérieure cette fois-ci, intérieure et terrestre. Au demeurant, cette ouverture est douloureuse. Si l'homme choisit de vivre dans le temps et de connaître le monde ou le siècle, il demeure et demeurera, fondamentalement, un ignorant. Il peut bien entendu exceller dans son ignorance, mais hélas, il aura perdu le bon chemin. Telle est la blessure de l'homme moderne, telle est la maladie de Pétrarque, merveilleusement décrite dans *Mon secret*. Et dans cette ouverture, la double notion de la *vertu* (romaine et chrétienne) devient, par principe, l'objet privilégié de la recherche de l'homme. L'histoire et le concept d'imitation ne prennent de sens que dans ce contexte.

*Virtus* en latin, qui dérive de *vir* (l'homme), indique avant tout le « pouvoir » ou la « force » (*vis*) (Cicéron, *Tusculanes*, II, XVIII, 43). Elle est l'expression des capacités naturelles de l'homme, qui, à travers cette substance, excelle et acquiert des qualités morales (courage ou modération, par exemple). Dans le même sens, *virtus* désigne aussi le pouvoir et la propriété active des corps naturels et du cosmos : chez Dante, par exemple, elle découlait des cieux et se transmettait de ciel en ciel grâce au mouvement[11]. Le mot, récupéré par la tradition scolastique, en est ainsi venu à traduire la potentialité d'une substance à se réaliser pendant l'acte, et partant de là, à indiquer une activité possible. Mais le terme désignait en même temps la capacité opératrice et le pouvoir d'accomplir la perfection dans l'acte ; par conséquent elle associait la potentialité, l'activité explicite, la force et le pouvoir. *Virtus* est donc devenue l'activité propre d'une substance dotée de cette force. La *virtus* propre de l'homme (*vir*) était sa force d'accomplir la *virtus* inscrite dans son âme par la nature. Mais la *virtus* chrétienne ne prévoyait pas un accomplissement ; elle ne nécessitait pas une autonomie, ou un travail de perfectionnement, car elle était innée, attribuée par Dieu. La vraie *virtus* étant Dieu, soit on possédait, soit on ne possédait pas une part de *virtus*.

Dans cette conception chrétienne, l'homme a donc une *vertu* qui lui est donnée par la grâce (comme les « vertus des plantes »). La métaphore du point, ou du cercle, est encore à l'œuvre : la *vertu* ne se réalise que par la volonté de Dieu qui a permis cette réalisation. Le futur est vu comme s'il était déjà prescrit (l'arbre est dans la graine) et l'inaccomplissement de la prescription relève de la maladie. Bien que la *vertu* chrétienne (avec ses quatre composantes cardinales[12]) ne soit qu'une potentialité que l'homme doit accomplir à l'image d'un cercle, contrairement à toute une tradition antécédente, Pétrarque, en récupérant de Cicéron le sens ancien du concept, réclame la liberté d'acquérir, de manier et de parfaire cette *vertu*. Ainsi met-il en scène une dualité qui n'existait pas, par exemple, chez Dante : le cercle est destiné à ne jamais se fermer, il est remplacé par l'γ (*ûpsilon*).

## *15. Le bivium pythagoricum*

Dans une des *Lettres familières* (VII, 17, 1) adressée à Giberto Baiardi en 1351 auquel il confie son fils Giovanni, Pétrarque évoque le *bivium pythagoricum*[1] : « Ce jeune homme [...] a bien besoin de conseils, car il est sujet aux tourments de son âge. Comme vous le constaterez, il est arrivé au croisement pythagorique de son existence ; jamais sa prudence ne fut moins sûre, jamais le danger dans lequel il se trouve ne fut plus grand. Le chemin de gauche mène certainement vers l'enfer, celui de droite vers le paradis[2] ; mais celui-là est facile, plat, large et rendu lisse par le passage d'hommes, tandis que celui-ci est raide, étroit et difficile, et ne porte les empreintes que de peu de voyageurs[3]. » Il donne juste après la citation de l'évangile de Matthieu (7, 13-14) : « Large en effet et spacieux est le chemin qui mène à la perdition, et il en est beaucoup qui s'y engagent ; mais étroite est la porte et resserré le chemin qui mène à la Vie, et il en est peu qui le trouvent. »

Le choix du *bivium pythagoricum* — choix entre le bien et le mal, ou plutôt entre la *vertu* et le vice — n'est nullement hasardeux. Pétrarque réutilise le même mot, et en explicite le sens, l'année suivante dans une autre lettre destinée à son ami Zenobi da Strada qui se trouve devant un choix capital : « [Pythagore] forgea sur l'enclume de son génie une nouvelle lettre de l'alphabet qui n'est pas essentielle pour l'écriture mais en revanche fort utile pour la vie. Cette lettre bicorne et exemplaire s'étend vers le ciel par sa corne plus étroite à droite, tandis que la corne plus large à gauche semble s'incliner vers la terre. L'on dit que la corne gauche représente le chemin vers l'enfer, car l'approche en est agréable et facile, mais la destination affreuse et amère ; tandis que ceux qui choisissent le chemin à droite doivent faire d'énormes efforts, mais leur récompense sera inégalable[4]. »

Nicholas Mann nous montre les sources de Pétrarque : d'abord le commentaire de Servius à l'*Énéide* de Virgile (VI, 136) ou l'analyse de Lactance dans les *Institutions divines* (VI, 3, 6), mais plus important, peut-être, les *Étymologies* d'Isidore de Séville où il est écrit « que Pythagore avait inventé l'γ comme symbole de la vie : il identifie la queue avec la jeunesse, et la bifurcation des deux autres traits avec ce qui survient au moment de l'adolescence : il faut choisir entre le chemin plus ardu à droite qui mène à la vertu, et celui plus facile à gauche qui tend vers la destruction[5] ».

À maintes reprises, mais très explicitement dans sa lettre à Dionigi di Borgo San Sepolcro qui raconte l'ascension du mont Ventoux, Pétrarque affirme avoir choisi le chemin qui lui semblait le plus facile : « Moi surtout je suivais le sentier de montagne d'un pas plus mesuré, tandis que mon frère, empruntant un raccourci qui suivait la crête, montait toujours plus haut ; moi, qui avais moins d'énergie, je suivais les déclivités, et, à mon frère qui m'appelait et me montrait la route la plus directe, je répondais que j'espérais trouver de l'autre côté un accès plus facile et que je ne redoutais pas de faire un plus long parcours pour avancer de façon plus régulière. C'est de cette excuse que je couvrais ma paresse, et tandis que mes autres compagnons étaient déjà rendus bien haut, j'errais dans les vallées ; nulle part ailleurs ne se présentait un accès plus facile, mais la route devenait plus longue et mon travail inutile me fatiguait. Cependant, tout à fait ennuyé et regrettant les détours où je m'embarrassais, je me décidai à me diriger directement vers le sommet et, lorsque, épuisé et à bout de souffle, j'eus rejoint mon frère qui m'attendait et avait refait ses forces en s'étendant un long moment, nous avançons quelque temps du même pas. À peine avions-nous laissé cette colline, qu'oubliant les détours que je venais de faire, je recommence à parcourir les endroits les moins escarpés et, en arpentant les vallées à la recherche de chemins plus longs mais plus faciles, je retombe dans de graves ennuis[6]. » Cette errance, dit Pétrarque, se répète au moins trois fois sous le rire moqueur de son frère. Ainsi las et fatigué, il s'assied dans une vallée et commence à méditer sur son expérience terrestre qui est analogue à la montée des âmes vers la vie bienheureuse, laquelle se situe dans un lieu élevé, au terme d'un chemin étroit et barré par maints obstacles. C'est alors qu'il introduit la *vertu* : « Il nous faut marcher d'un noble pas de *vertu* en *vertu* ; au sommet se trouve la fin de tout et le terme de la route, but de notre voyage[7]. » Ému jusqu'aux larmes de ses propres pensées, Pétrarque recouvre ses forces et atteint le sommet.

Pétrarque n'a pas écrit sa lettre juste après la descente, comme il le dit, dans une petite taverne rustique, à la lueur d'une bougie, à la hâte et d'un seul trait. L'expédition réelle a peut-être eu lieu, mais la lettre n'est pas un récit spontané d'alpinisme, elle témoigne du regard éloigné que Pétrarque porte sur sa propre vie et, de manière générale, sur toute vie humaine, comme il le précise d'ailleurs : « Ce dont tu as fait tant de fois l'expérience aujourd'hui en escaladant cette montagne, sache que cela arrive à toi et à beaucoup de gens dans leur montée vers la vie bienheureuse ; mais la raison pour laquelle les hommes ne s'en aperçoivent pas aussi facilement, c'est que les mouvements du corps sont visibles, ceux de l'âme invisibles et cachés[8]. »

On connaît les conditions de composition de cette lettre[9]. Tout d'abord, l'ascension rapide de Gherardo, par un chemin ardu et difficile, renvoie à sa décision de quitter le siècle pour entrer à la chartreuse de Montrieux. La conversion de Gherardo date de 1343[10]. Ensuite, l'idée de la composition des *Lettres familières* est une conséquence de la découverte par Pétrarque des lettres de Cicéron en la cathédrale de Vérone au mois de mai 1345[11]. Enfin, à la date indiquée par Pétrarque, en 1336, le destinataire de la lettre, Dionigi di Borgo San Sepolcro est toujours à Avignon, à la cour pontificale. Pétrarque préfère cependant lui écrire une lettre plutôt que lui raconter son itinéraire de vive voix[12].

Selon le récit, parvenu au sommet, au milieu des tourments et déchiré entre les choses terrestres et spirituelles (« deux hommes qui sont en moi[13] »), Pétrarque se plonge dans les *Confessions* d'Augustin, que lui a offertes le père Dionigi. Il ouvre une page au hasard et tombe sur le passage où Augustin écrit : « Dire que les hommes s'en vont admirer les cimes des montagnes, les vagues énormes de la mer, le large cours des fleuves, les plages sinueuses de l'Océan, les révolutions des astres, et qu'ils ne font même pas attention à eux-mêmes ! » (*Confessions*, X, 8)[14]. Alors Pétrarque de se lamenter sur le fait que depuis longtemps il aurait dû apprendre des « philosophes païens » (entendons Sénèque) qu'il lui fallait admirer l'âme et essayer de s'élever auprès de Dieu, plutôt que d'escalader une montagne[15].

Il y a dans cette version quelques lieux communs. Augustin accomplit sa conversion juste avant d'atteindre l'âge de trente-trois ans. Or, en 1336, Pétrarque a trente-deux ans. Parvenu au sommet, Pétrarque songe à la conversion d'Augustin. Or la date fictive de sa lettre est le 26 avril 1336 — jour propice à la conversion, puisque, comme l'a montré G. Billanovich, c'est un vendredi, jour de pénitence et de rédemption, cinq jours avant celui de Pâques qui, en cette année de 1336, tombait, selon le calendrier liturgique, le 31 avril[16].

Pétrarque ne conçoit pas son détour comme une perdition. Tout en assumant sa présence dans le siècle, parmi les hommes, il désire instaurer ou restaurer une autre voie, parallèle à celle, monastique, ascétique, choisie par son frère. Cette voie « parallèle » passe par la *vertu* romaine, qu'il faut retrouver, étudier, imiter (raison pour laquelle Pétrarque est historien et philologue, « *ritrovatore* » des Anciens[17]). Dans l'ici-bas, tout en sachant que le vrai chemin est celui du Seigneur, chacun peut cheminer « de vertu en vertu » et atteindre la gloire — une gloire vaine, assurément. Ce chemin peut conduire à être tout simplement « bon » autant qu'il se peut. Ce que Pétrarque souhaite vers la fin de sa vie : « Je les supplie de bien vouloir m'aimer dorénavant sinon comme un lettré, du moins comme un brave homme (*virum bonum*)[18]. »

Quentin Skinner fut un des premiers à attirer l'attention sur l'importance de la *vertu* romaine chez Pétrarque (et pour toute une tradition postérieure) : selon Skinner, Pétrarque a remis en circulation le concept de *virtus* pour montrer qu'il était possible à l'homme d'atteindre un degré très élevé d'excellence dans le monde et que pour ce faire l'éducation était indispensable ; le contenu de cette éducation devait être l'étude de la rhétorique et de la philosophie anciennes, mais son but n'était pas le même que celui des stoïciens, c'est-à-dire la sagesse dans le recueillement et l'ascèse. Il s'agissait de préparer l'homme à ses tâches publiques. Le *curriculum* des études devait inclure l'histoire, la philosophie morale et la rhétorique comme étude formelle pour atteindre l'art de l'éloquence[19]. En effet, comme Cicéron l'affirme, la question était de devenir un « homme » (*vir*), un « vrai », grâce à la recherche de *virtus*. Selon Skinner, toute éducation visait le développement de ce *vir virtutis* ; on devait pouvoir, finalement, résumer le caractère de cet « homme, trop homme » en disant : « Il fut un homme » (Skinner cite Shakespeare, *Jules César* [V, V, 75] ; à propos de Brutus, Antonius dit : « *This was* a *man*[20] »). Peut-on percevoir le vrai sens et les raisons du nom attribué à cette période si l'on remplace ici le mot « homme » par « humain » ?

La *virtus* se manifeste dans chaque acte du *vir virtutis*. Elle peut être recherchée et acquise ; et une fois que celui qui fut *virtuoso* est mort, sa vie devient exemplaire. Cette *vertu* est à chercher, avant tout, du côté des Romains. Ainsi cet idéal à atteindre est-il localisé ; il se trouve dans le passé, chez les Romains ; la mémoire des Anciens est à réactiver.

Pétrarque élargit ici le rôle de Rome que Dante avait déjà posé comme modèle politique[21]. Mais cet idéal ne s'oppose-t-il pas aux lois de la *Cité de Dieu* ? Là est la clef de la tension constante qui traverse l'œuvre de Pétrarque et qui devient plus qu'évidente dans le *Secretum* (*Mon secret*). Car l'idée de poursuivre la *vertu*, selon Augustin, est une présomption et relève de l'orgueil de l'homme ; même s'il existe un prince qui gouverne selon la *vertu*, cette gloire ne doit pas être attribuée à ses propres forces mais seulement à la « grâce de Dieu » [22].

## *16. « Tu es malade, Franciscus »*

*Mon secret* de Pétrarque s'ouvre sur une vision. Tandis que Franciscus médite sur sa vie et sa mort, la Vierge lui apparaît et lui dit : « J'ai eu pitié de tes erreurs, et je suis descendue te porter secours. Il est temps encore. Tu n'as que trop regardé la terre avec des yeux d'aveugle : si les choses mortelles ont charmé tes regards, imagine le charme des éternelles[1]. » Pétrarque comprend aussitôt que c'est la Vérité qui lui parle. À côté d'elle se tient un vieillard « vénérable et majestueux » dont l'apparence ne laisse place à aucun doute, non plus que ses vêtements africains et son éloquence toute romaine qui annoncent qu'il s'agit du « très glorieux père », Augustin[2]. La Vérité demande au saint de révéler à Pétrarque la maladie dont il est la proie. Ainsi débute un dialogue entre Augustin et Franciscus qui dure trois jours. La forme du dialogue est empruntée à Cicéron qui l'avait quant à lui empruntée à Platon. De ce dialogue entre Augustin et Pétrarque, trois jours durant, sur les mœurs du siècle et des vices communs aux mortels, résulte un opuscule dont l'auteur ne veut tirer nulle vanité : « Je travaille à des ouvrages plus importants[3]. »

Cette confrontation est cruciale à plus d'un titre : Pétrarque, bien qu'il admire Augustin, ne cesse prôner les valeurs auxquelles celui-ci s'oppose radicalement ; c'est le cas par exemple de la *virtus* romaine. D'autre part, Pétrarque pense qu'une vie heureuse sur cette terre est possible et que la gloire terrestre, bien qu'elle soit, en tant que péché, condamnée par Augustin, n'est pas nécessairement incompatible avec les idéaux chrétiens. Cette idée constitue la trame de *Mon secret*. Selon Pétrarque, l'âme humaine peut atteindre les hauteurs, au terme d'une progression : d'abord les hauteurs de ce monde, bien qu'elles soient très basses, puis les hauteurs des cieux. Enfin ses péchés (études, recherche de la renommée, amour de Laure, etc.) ne sont pas impardonnables.

« Tu es malade, dit Augustin, et tu l'ignores ; tu ne méprises pas assez les séductions de ce monde, ton âme divague en mille lieux et n'est pas du tout en repos ; tu ne médites pas assez sur la mort, ni sur tes propres misères. » Pétrarque, étonné, de répondre : « Je vois aussi que tu veux me ramener aux principes des stoïciens, qui sont contraires aux croyances du vulgaire, et plus conformes à la vérité abstraite qu'à l'usage du monde[4]. » Il se joue là une réhabilitation du monde. En effet, après avoir reconnu sa faiblesse et son incapacité à quitter le siècle comme son frère Gherardo, Pétrarque récuse l'usage pratique du stoïcisme : « Ainsi, sans porter atteinte à la maxime des stoïciens, on peut admettre que bien des gens sont très malheureux malgré eux, en le regrettant, et en souhaitant tout le contraire[5]. » Il en est le meilleur exemple : il a souffert, pleuré, et ses « torrents de larmes n'y ont rien changé[6] ». Il ne lui reste que le monde.

Augustin se fâche, lui rappelle le récit de sa propre conversion, Pétrarque se souvient alors du moment miraculeux à l'ombre du figuier, mais conclut à son incapacité à délier les liens terrestres de son âme. « L'esprit des hommes ne s'éloigne-t-il pas de la *vertu* parce qu'ils se croient trop vite arrivés au but[7] ? » De la condamnation augustinienne du monde, ne doit-on pas sauver la patrie qui naît du commerce avec les grands auteurs, ces poètes et philosophes qui étanchent la curiosité de leurs lecteurs ? « Je suis tombé dernièrement sur ce livre [*De la vraie religion* d'Augustin] qui m'a fait abandonner la lecture des poètes et des philosophes, et que je l'ai lu avec l'enthousiasme du voyageur que la curiosité a entraîné hors de sa patrie. En franchissant le seuil d'une ville inconnue, le charme nouveau des lieux le prend, et il arrête son regard sur tout ce qu'il rencontre[8]. » Chez Pétrarque la curiosité qui équivaut au désir du savoir est ambivalente et oscille entre vice et vertu.

Le deuxième livre de *Mon secret* s'ouvre sur une série d'attaques et d'accusations féroces qu'Augustin prononce contre la volonté d'étudier et de savoir que manifeste Pétrarque : tu n'apprendras rien des livres, sauf, peut-être, ton immense ignorance et celle des autres. N'est-ce pas sa « cupidité » qui l'a conduit au cœur des villes et l'a fait renoncer à la tranquillité et à la simplicité des paysans ? Tu souffres et tu vas souffrir, dit Augustin, de tes propres erreurs, de ta cupidité et de ton ambition. Guéris en renonçant aux passions humaines pour gagner l'empire de la vertu. « Alors, oui, tu seras libre, tu ne manqueras de rien, tu ne dépendras de personne. Bref tu seras puissant, roi, tu seras vraiment heureux[9]. » Commencent alors les lamentations de Pétrarque : c'est la fortune qui gouverne les choses humaines ; elle est aveugle, violente, orgueilleuse ; elle bouleverse capricieusement le destin des hommes ; elle frappe, elle est amère, injuste, cruelle. En fait, elle l'empêche de libérer son âme, qui le fait basculer dans l'amour et l'amour de la gloire.

Quand, au troisième livre, Augustin évoque malicieusement l'amour de Pétrarque pour Laure, celui-ci refuse de guérir : « Le remède risque de m'être funeste[10]. » Revient alors sous sa plume l'évocation de la bifurcation dessinée par Pythagore : « Je gravissais un sentier tout droit, j'étais plein de sagesse et de raison, mais arrivé à un carrefour j'ai pris le chemin de gauche — était-ce imprudence ou orgueil ? — alors qu'on me commandait de suivre celui de droite. [...] Depuis que je me suis lancé sur ce sentier oblique et sordide, je me suis souvent retourné en pleurant. Mais jamais je n'ai pu reprendre le chemin de droite. Du moment où je l'ai abandonné date le désordre de ma conduite[11]. »

Augustin lui conseille de pénétrer dans la citadelle de raison où il trouvera refuge et sera à l'abri des passions ; peut-être pourra-t-il ainsi devenir « homme » (*vir*) [12]. Mais Franciscus se trouve être assez têtu. Contre les remèdes d'Augustin, il ose prononcer des mots, qui déterminent toute la postérité des études dans la *civitas* humaine : « Je ne cherche pas à devenir Dieu pour jouir de l'éternité et embrasser le ciel et la terre. La gloire humaine me suffit tout à fait. C'est elle que je cherche. Étant mortel, je ne désire que des choses mortelles[13]. » Il se fera donc l'historien des hommes de gloire, ceux qui suivirent la voie de la vertu.

## *17. De quelques hommes illustres*

*De viris illustribus* est un des premiers livres que Pétrarque ait conçus, avec pour point de départ l'envie de présenter l'arrière-pays de son *Africa*. Pétrarque commence à écrire le *De viris* autour des années 1338-1339[1]. La première vie qu'il rédige est celle de Scipion l'Africain, entre 1341 et 1343 : le livre comporte vingt-trois portraits[2] ; la seconde rédaction de la vie de Scipion date de cette période. Dans ces années-là, Pétrarque a l'intention de poursuivre l'entreprise jusque Titus. Mais en 1351-1353, il change le plan de l'ouvrage, qu'il élargit à d'autres hommes illustres d'autres siècles : il ajoute douze autres personnages[3]. Plus tard, il rédige une troisième fois la vie de Scipion et une vie de César (*De gestis Caesaris*) dont il est difficile de savoir si elle était ou non destinée à être placée dans le *De viris*. Finalement, quand Pétrarque est à Padoue, Francesco de Carrara décide d'illustrer une des salles de son palais par les portraits des hommes illustres de l'histoire. Pétrarque profite de l'occasion pour revenir sur son texte : il le retravaille et le dédie au prince. Pourtant, le *De viris* demeure inachevé, tout comme *Africa*.

La préface commence par évoquer le présent : « Aujourd'hui », dit Pétrarque, la *vertu* a beaucoup d'ennemis, et il n'est pas sans risques de l'aimer[4]. Plus on s'éloigne des sentiers battus, plus on s'éloigne de l'infamie. Deux chemins s'ouvrent devant les hommes, dit-il ; le premier se dirige vers la *cupiditas* et *voluptas*, et la multitude juge que c'est une erreur odieuse et ridicule de s'en éloigner. L'autre chemin est difficile et ardu, mais il mène à la gloire et à la *vertu* ; et bien qu'il n'y ait jamais eu beaucoup d'encombrement sur ce chemin, de nos jours, dit-il, presque personne ne l'emprunte. Il faut donc écrire la vie des hommes illustres, puisque la mémoire de la *vertu* chasse les vices. Étudier l'histoire, c'est-à-dire montrer la *vertu* atemporelle, revient à constituer un réservoir d'exemples pour le présent (*historia plena exemplorum*).

Pétrarque a rencontré au cours de ses lectures des louanges de ces hommes illustres ; mais ces louanges lui ont paru si éparses et dispersées qu'il a décidé de les réunir dans un seul volume. S'il a pris cette décision — et cette précision est très importante — c'est parce qu'à son époque, il manque de princes ou de monarques exemplaires, qui se signalent par l'achèvement de la *vertu* ou de la gloire. La seule gloire des princes de son temps est due à l'inertie de leurs ennemis ou aux caprices de la fortune : leur histoire ne mérite pas d'être écrite. Pétrarque laisse donc pour tout témoignage de son temps les vies vertueuses et exemplaires des Anciens, écrites pour la postérité tant il déplore le manque de *vertu* propre à son époque[5].

Il distingue l'écriture de l'histoire de l'écriture poétique ou philosophique : « Autant il est glorieux pour les ouvrages philosophiques ou poétiques de créer des choses nouvelles, autant il est interdit à l'histoire de le faire ; donc, je ne veux pas inventer des fables mais raconter les faits historiques[6]. » Or, à l'encontre des chroniqueurs qui rapportent tous les propos de tous les historiens de manière à donner l'impression qu'ils n'ont rien oublié, Pétrarque se refuse à accumuler incertitudes nébuleuses et problèmes insolubles : « Je ne suis pas un compilateur de tous les historiens, mais un imitateur de ceux auxquels la vraisemblance et l'autorité donnent une crédibilité majeure[7]. » Et il prévient le lecteur peu averti : si, dit-il, vous trouvez dans mon récit des points qui sont divergents ou des faits nouveaux, contraires à ce que vous avez l'habitude d'entendre ou de lire, ne soyez pas choqué et n'en jugez pas trop rapidement ; pensez plutôt aux discordances des historiens (que souligne Tite-Live[8]) et à l'insuffisance de votre savoir. Il fait ici allusion surtout aux hommes d'armes qui ne lisent en général qu'un seul livre, pour se divertir, et en concluent qu'ils sont doctes ; or liraient-ils plus de livres, que tout de suite leur apparaîtrait leur ignorance.

Dans son histoire, Pétrarque suit Cicéron de près, comme il le revendique, mais également d'autres auteurs, à commencer par la *Poétique* d'Aristote[9]. C'est pourquoi, dit-il, il s'est limité à son sujet. Ce n'est pas le chien ou le valet de cet homme que vous trouverez dans mon récit, ni sa vie conjugale, ni les légumes ou les plats qu'il aime, ni le nombre de ses chevaux, ni ses vêtements : « On cherche cela vainement chez moi si ce n'est dans la mesure où cela peut être entraîné vers les vertus ou le contraire des vertus[10]. » Tel doit être, dit Pétrarque, le fructueux objectif de l'historien : proposer au lecteur des exemples à imiter. Par là, il restaure l'étude de l'Antiquité, qui n'est peut-être pas entièrement morte à son époque, mais assurément moribonde depuis longtemps[11].

L'importance de ces vies des hommes illustres n'a pas échappé à Donald Kelley : « Ce que Pétrarque accomplit pour l'histoire en général, ce fut de poser l'Antiquité latine comme idéal culturel et politique, réintroduisant le “culte de Rome” en termes historiques, en faisant de l'Antiquité un objet d'étude plutôt qu'une tradition vivante mais tristement dégénérée, comme elle l'avait été pour Dante[12]. » Creusant la distance temporelle, Pétrarque rend possible une distinction critique et historique. Dans une lettre à Giovanni Colonna, il distingue les deux périodes qu'il scinde clairement : « J'entends par histoire ancienne tous les faits qui se sont passés avant que le nom du Christ soit connu à Rome et vénéré par les empereurs romains, par histoire moderne les faits qui ont eu lieu à partir de cette époque jusqu'à la nôtre[13]. » Le rapport des Modernes aux Anciens sera donc spéculaire : le récit, exemple de *vertu*, est un miroir tendu à l'homme. Pétrarque attend des rois ou des hommes de la postérité qu'ils prennent en compte son récit et y puisent des exemples à imiter dans leur quête de la vraie *virtus* ou la gloire. Le projet historique de Pétrarque est à l'origine de toute une série de traités d'histoire qui mettent de nouveau en scène l'histoire maîtresse de vie. Et cette histoire est, avant tout, une affaire politique.

## *18. L'histoire maîtresse de vie*

« La vertu prendra les armes contre la fureur et la bataille sera courte ; car l'antique valeur n'est pas encore morte dans les cœurs italiens[1]. »

Ce sont ces vers mêmes de Pétrarque sur lesquels s'achève *Le prince* de Machiavel. Chez Machiavel, qui devient dès 1520 l'historiographe des Médicis, l'histoire est avant tout une création de l'homme, un récit des hauts faits des ancêtres destiné à encourager ses contemporains à imiter leurs actions les plus nobles et les plus glorieuses. En reprenant l'exemple de *La guerre de Jugurtha* de Salluste, il disait que « c'est seulement en gardant vivante la "mémoire des grands faits" que l'on peut espérer allumer "dans le cœur des hommes nobles" une ambition "qui ne pourra s'éteindre que lorsque, par leur propre *virtù*, ils auront atteint à la renommée et à la gloire de leurs aïeux"[2] ». Dans cette histoire, il n'y a pas d'intervention divine et l'objectif est d'inciter les hommes et les sociétés à retrouver un état parfait et exemplaire situé dans le passé et fondé par les aïeux ; la *fortuna* et la *virtù* deviennent les protagonistes de cette histoire. Chez Machiavel, à cause de la nature immuable de l'homme, l'histoire est conçue comme une série d'événements récurrents. Ainsi, l'histoire, comme chez les Anciens, est « maîtresse de vie » (*historia magistra vitae*). À travers les exemples, chacun finit par se trouver soi-même « si enthousiasmé par leur merveilleux exemple que tout se passe comme s'ils ne nous avaient éperonnés » qu'à seule fin de rivaliser avec leur grandeur[3].

Pour la période qui précède la Querelle, parler de l'histoire, c'est essentiellement évoquer un immense réservoir d'expériences humaines où l'on puise des leçons. L'histoire comme genre littéraire se propose de guider les hommes dans leurs actions.

L'homme était censé regarder le passé déjà là, présent sous ses yeux à travers les récits, et déterminer sa conduite selon la leçon qu'il en tirait. Ce passé illuminait les « ténèbres de l'avenir », les chemins épineux de sa vie. L'histoire donc était cet ensemble passé dont les éléments, c'est-à-dire les guerres, les actions des rois, les miracles, la révélation, les erreurs, les sottises, etc., constituaient des références pour le présent. Dans cet immense réservoir, certains récits étaient désignés comme fondamentaux et élevés au rang d'exemples. L'histoire entière était une unique et grande source d'éducation. Pour mener à bien son entreprise, pour être *virtuoso*, l'homme devait régler son comportement en considération de ces récits ; un roi était un roi, un guerrier un guerrier, et leurs comportements étaient déjà fixés par ces exemples qui offraient les limites de l'excellence dans leurs actions ; comme si la nature de l'homme était immuable, et l'environnement n'était pas différencié ou le futur déjà dans le passé. L'exemple tiré de ce réservoir, sous forme de récit, était « donné comme véridique et s'insérait dans un discours visant à convaincre un auditoire par une leçon salutaire[4] ». Cela impliquait que l'histoire soit mise en récit selon le principe de l'exemplarité, à la manière de Thucydide, pour François Hartog : « L'historien entend adresser son histoire aux hommes de l'avenir et leur transmettre, avec *La guerre du Péloponnèse*, un instrument d'intelligibilité des présents à venir. Car compte tenu de ce que sont les hommes (*to anthrôpinon*), d'autres crises analogues ne manqueront pas d'éclater dans le futur. Cette permanence de la nature humaine fonde pour Thucydide l'exemplarité de ce conflit. Sans se projeter dans l'avenir, ni envisager l'histoire comme processus, il propose tout simplement de faire de son présent un "exemple" pour toujours, ce présent n'ayant jamais été aussi "grand"[5]. » L'histoire, donc, bien avant la formulation romaine de la « maîtresse de vie », se posait déjà comme « exemple » chez les historiens grecs et, implicitement, elle visait à inciter les générations à venir à l'imiter ou à l'éviter. Clairement présent en Grèce dès le IV^e^ siècle av. J.-C., « la préface des *Histoires* de Polybe montre bien que le thème est devenu, au II^e^ siècle, convenu, sinon obligé des éloges de l'histoire[6] ». La formule romaine apparaît au I^er^ siècle av. J.-C. chez Cicéron (*De oratore*, 2, 36)[7]. Salluste, pour sa part, rapproche l'*historia ma-*

*gistra vitae* de l'émulation par les portraits des ancêtres (*La guerre de Jugurtha*, 4) : « [...] chaque fois qu'ils contemplaient les portraits de leurs ancêtres, leur âme s'embrasait très fort pour la vertu. Sans doute disait-on, ce n'était pas cette cire ni cette argile qui avaient en elles une telle faculté, mais c'est au souvenir des faits passés que cette flamme prenait son essor dans le cœur des hommes d'exception et ne s'apaisait pas avant que leur propre vertu eût égalé leur réputation et leur gloire[8]. » Et selon Pline le Jeune, suivre les ancêtres est une entreprise hautement honorable[9].

L'histoire maîtresse de vie définit un régime sous lequel le présent et l'action ont déjà leurs contours avant que d'exister, puisqu'ils ne sont concevables qu'à l'image de ce que présente le miroir de l'histoire. Plutarque soutient que l'historien et son récit sont des miroirs qui reflètent les glorieuses images de vertu. Ce récit enregistre les actions des grands hommes et montre par quelle procédure les hommes destinés à être « grands » le sont devenus. Plutarque préfère raconter les signes de l'âme qui rendent l'homme grand en dépit des actions ou événements ; et pour les raconter, il faut procéder à la manière d'un peintre qui fait éclater la pompe de l'action par les couleurs ou par la disposition. Le récit est bien entendu destiné à produire chez l'auditeur les mêmes effets. Quant à celui qui veut que sa vie devienne à son tour un exemple de vertu, il doit suivre ces exemples, imiter ces modèles[10]. Diodore de Sicile, Denys d'Halicarnasse, Tite-Live ou Tacite partagent, malgré leurs divergences propres, la même formule[11].

Dans la dédicace de son ouvrage *De la République des Turcs* à son roi François I$^{er}$, Guillaume Postel répète la même conception de l'exemplarité : « Syre, efforcés vous de vous enrichir de sapience, & principalement de celle qui est par l'histoire acquise (car l'histoire est le miroir de la vie humaine) [...] [12]. » Or les choses du passé ne sont pas suffisantes pour compléter la culture du monarque ; il doit, après avoir consulté les historiens grecs et latins, tourner ses yeux sur son présent : « [...] parce que l'expérience des choses présentes souvent aide ou émeut plus, que ne fait des anciennes [...] car les choses nouvelles, & qui sont encor'en estre, mouvent plus que les passées [...] [13]. » Il est évident qu'ici le présent n'acquiert aucune autonomie par rapport au passé ; il est seulement placé à un même niveau ; d'ailleurs, le statut du présent, en ce sens, ne diffère guère de l'idée de Thucydide selon lequel on ne pouvait écrire que l'histoire du présent, à condition que ce présent soit « exemplaire ». D'où la multiplication des histoires écrites selon ce modèle au XVI^e siècle : la gigantesque compilation de J.-A. de Thou, l'*Historia sui temporis*, n'est qu'un exemple parmi d'autres.

Quant à Bodin, qui a entrepris l'écriture d'une méthode historique pour proposer quelque valeur didactique, il commence par définir l'histoire et ses principales divisions, puis il passe à l'étude de la succession chronologique. Pour le soulagement de la mémoire, Bodin veut adapter à l'histoire les développements classiques touchant les actions humaines. Ensuite il signale ses historiens préférés et passe à la discussion du jugement critique en matière d'histoire. L'histoire doit conduire avant tout à étudier la constitution des républiques. Cette matière, selon Bodin, contient tout le secret de la science historique[14]. Là où il parle de l'utilité de l'histoire, il s'agit évidemment de louer le principe d'*historia magistra* ; et l'objectif privilégié de ce principe, depuis la redécouverte de Tite-Live, est la *vertu* : « L'histoire compte de nombreux panégyristes qui lui ont décerné des louanges aussi méritées qu'appropriées : mais entre tous celui-ci mérite la palme qui l'a nommée "maîtresse de la vie". Par ce terme qui embrasse toutes les ressources de toutes les vertus et de toutes les sciences il a voulu très opportunément signifier que toute la vie des hommes doit être régie par les lois sacrées de l'histoire comme par le canon de Polyclète[15]. »

La critique des historiens et la mise en question de leur véracité allaient de soi ; chaque période discréditait la précédente. Hérodote était en effet qualifié de « fabulateur » par sa postérité immédiate[16]. Mais le rejet des anciens historiens, à l'aube du XVII^e siècle, et en bloc, est dû à Don Secondo Lancellotti, l'abbé olivétain, ami de Gabriel Naudé et un des précurseurs italiens de la Querelle. Dans son *Farfalloni degli Antichi Historici* publié à Venise en 1636, Lancellotti dénonce tous ce qui lui semble contradictoire chez les anciens historiens, de Tite-Live à Plutarque : « C'est bien trop de nier ce que de nombreux savants, ou plutôt tous, ont couché sur le papier, et ce que l'Antiquité entière, jusqu'au siècle actuel, a estimé absolument vrai sans l'ombre d'un doute. C'est trop ! C'est bien trop ! Trop, ce que nos bons anciens ont voulu qu'on croie[17]. » Lancellotti n'a en effet aucune méthode, ni les instruments pour prouver les prétendues contradictions des historiens ; il n'a pas la science qui lui permette de se hasarder à écrire une histoire à partir d'autres documents qui disqualifieraient les anciens historiens ; il est tout simplement sceptique, il révoque tous les Anciens en doute. S'il se dresse contre les Anciens, c'est seulement parce qu'ils sont anciens. Cela est déjà un pas, démesuré et excessif, mais un pas tout de même, vers une autre écriture de l'histoire.

Or cette histoire comme exemple ou l'exemple comme histoire[18], qui commença à perdre de son efficacité à partir du début du XVIIe siècle, se trouve être peu pertinente après la Querelle, comme par exemple chez Leibniz[19]. D'ailleurs, *Historie* qui désignait ce processus dans la langue allemande allait céder sa place au mot *Geschichte* au siècle suivant[20]. Reinhart Koselleck a situé la dissolution du topos de l'ancienne *historia magistra vitae* au XVIIIe siècle. Selon lui, cette formule renvoie « à une compréhension antérieure et universelle des possibilités humaines dans une continuité historique générale. L'histoire peut amener les contemporains ou les générations suivantes à devenir plus intelligents ou relativement meilleurs, mais elle ne le peut que dans des conditions fondamentalement identiques et aussi longtemps qu'elles demeurent telles[21] ». Au XVIIIe siècle s'installe une nouvelle histoire qui acquiert une qualité temporelle propre et qui ouvre un nouveau champ d'expérience. « Les divers rythmes et les temps d'apprentissage ôt[ai]ent à un passé exemplaire son évidence », ainsi l'histoire n'éclaire plus l'avenir et selon la formule de Tocqueville « l'esprit marche dans les ténèbres[22] ». Dans cette nouvelle expérience de l'histoire, le passé et l'avenir ne se recouvrent jamais ; l'expérience une fois faite « est aussi complète que le passé », et l'avenir demeure ouvert et susceptible d'événements sans précédents. L'histoire « avance », tandis que l'histoire comme science creuse de plus en plus une distance temporelle entre le présent et le passé.

Or c'est de la Querelle que l'on peut dater ce bouleversement. La dissolution prochaine de l'*historia magistra vitae* ne s'annonce cependant pas dans le domaine de l'histoire, mais de la philosophie, suite à l'idée nouvelle d'autorité que déploie

Descartes[23]. Les usages que les Modernes vont faire de Descartes, mais aussi de Pascal et d'Arnauld, afin de consolider leurs arguments ne feront plus dépendre l'autorité de la seule ancienneté ni du passé[24]. Les fondements de l'exemplarité attribuée à l'histoire vont se dissoudre dans le mouvement de différenciation de la société moderne, au sens d'une société qui puisera en son sein, et non plus dans l'extériorité d'une tradition transcendante, ses principes d'organisation[25]. L'histoire sera privée d'enseignement ; l'imitation de vertu efficace, l'avenir devra désormais tenir les promesses qui étaient jusqu'alors celles du passé.

## *19. De l'imitation, I*

L'objet de l'imitation, comme l'objet de l'histoire, chez Pétrarque, est la *vertu* romaine. Cette *vertu* mène l'homme à la gloire (bien qu'elle soit partiellement dédaignée par un Pétrarque qui traverse une crise spirituelle au moment où il écrit *Mon secret*). Sa vie, dans la mesure où il nous a permis de la connaître, et ses écrits témoignent de la façon dont il met cette notion en scène et l'applique à la fiction de sa vie. Certains épisodes de sa vie sont tout aussi significatifs que ses écrits quant à sa conception de l'*imitatio*. Je citerai en premier lieu le couronnement du poète au Capitole : en 1341, après un examen minutieux par Robert d'Anjou, Pétrarque reçoit de la main du sénateur Orso dell'Anguillara la couronne de laurier. Il doit ce couronnement à la composition de l'*Africa*, un poème en hexamètres, qui prend l'*Énéide* de Virgile comme modèle et raconte les faits glorieux de Scipion l'Africain pendant la deuxième guerre punique.

Rome, Campidoglio : deux lieux mythiques. Mille ans après, cette cérémonie de couronnement fait renaître une antique tradition en plein cœur de la ville éternelle. Pétrarque s'adresse à Robert : « La coutume du couronnement qui avait été non seulement interrompue pendant tant de siècles mais presque tout à fait livrée à l'oubli, alors que des préoccupations et des affaires bien différentes assaillaient la république, a connu de notre époque un retour dont tu es le stratège et moi l'exécutant[1]. » Et ce retour, dit Pétrarque, est une *nouveauté*. L'épisode est plus que révélateur des lamentations que Pétrarque répand sur son temps. Les Muses ont déserté le monde, le Capitole a perdu sa fonction ancienne, la cérémonie du couronnement est abandonnée depuis longtemps. Grâce au couronnement de Pétrarque, la *renovatio* est faite, la joie revient à Rome et ouvre la voie aux études des arts libéraux, à la *studia humanitatis*. Ainsi les Muses pourront-elles rentrer, et le peuple de Rome redevenir libre et glorieux.

La nouveauté a donc sa place chez Pétrarque : elle se manifeste sous la forme du retour de l'ancien oublié, dédaigné, maltraité. Elle ne peut ressurgir que de la collaboration du poète et du prince. C'est cette alliance qui crée le retour compris comme nouveauté. Si en effet le poète doit imiter Virgile, le prince doit à son tour imiter Auguste. Telle est l'unique condition de possibilité de grandeur dans un temps désolé : « Beaucoup d'indices m'ont montré que tu [Robert d'Anjou] approuvais tout à fait certaines attitudes de César Auguste[2]. » L'ascension du mont Ventoux dont j'ai longuement parlé est un autre épisode de la vie de Pétrarque qui met en évidence l'imitation ; elle est une réplique de l'ascension du mont Hémus par Philippe V de Macédoine telle que la raconte Tite-Live. La matérialité de l'ascension est donc le produit de l'imitation d'un exemple royal.

Quant au choix du genre des *Rerum Familiarium Libri*, l'*epistolario* dérive aussi du principe de l'imitation d'un autre exemple, c'est-à-dire celui de Cicéron, et ce n'est qu'en 1345, à la suite de la découverte des lettres de Cicéron (*Ad Atticum*) à Vérone que Pétrarque conçoit l'idée de rassembler ses lettres sous une forme cohérente. La division des *Familiares* pose aussi un problème de ce genre : Pétrarque veut d'abord imiter la division en douze livres de l'*Énéide* de Virgile, puis il opte pour une structure en vingt livres suivant les *Lettres à Lucilius* de Sénèque, avant de s'arrêter finalement à une division en vingt-quatre livres qui n'est qu'une imitation d'Homère[3].

Mais ce qui vaut pour la vie de l'homme vaut aussi pour son écriture : il doit imiter le style des Anciens, sans s'en tenir nécessairement à un seul modèle, fût-ce Cicéron. Marcus Tullius incarne la grandeur du style, et surtout dans ses *Lettres* dont Pétrarque adopte le ton ; Cicéron n'est pas considéré comme le modèle unique. Il semble que Pétrarque mette à distance critique Cicéron, le « découvreur de l'œuvre de Tullius »[4]. Imiter, selon lui, ne veut pas dire copier ; il s'agirait plutôt de rechercher la similitude, et non pas l'identité. Pétrarque est en ce sens, comme on le verra, une sorte d'anti-Pierre Ménard.

Suivant les conseils qui figurent dans la lettre 84 des *Lettres à Lucilius* de Sénèque, Pétrarque veut que l'œuvre ressemble au modèle sans être identique : la ressemblance ne doit pas être comme celle entre l'original et la copie, mais comme celle qui est entre le père et le fils. Cette ressemblance, les peintres l'appellent « air », et elle marque une sorte de différence. L'imitation implicite est celle des poètes, l'autre est celle des singes[5]. Ainsi, Pétrarque condamne la ressemblance physique, ouverte, et qualifie de singes ceux qui la recherchent. Il lui semble plus important, non pas d'éviter, mais de cacher l'imitation, de manière à trouver son style propre, qui ne ressemble à nul autre, et d'apporter « quelque chose de nouveau ».

Pour imiter il faut un modèle. Ce modèle devrait être considéré comme l'accomplissement d'un certain style, d'une certaine beauté. Le modèle doit être le parfait *exemple* de la chose qu'il représente. L'imitateur doit donc imiter ce modèle parfait pour retrouver la grandeur, la beauté du sujet, etc. ; à cette fin il lui faut emprunter la route qu'un autre a déjà empruntée, il doit le suivre pas à pas pour pouvoir atteindre la perfection. Mais pourquoi doit-il en être ainsi, si le modèle a déjà accompli la perfection ? Dans quel but doit-on essayer de retrouver et répéter une perfection qui existe déjà ? Le passage du temps crée un écart qu'il faut combler par l'imitation d'un modèle, situé dans le passé ou dans l'au-delà.

Or chez Pétrarque, l'imitation littéraire ne se contente pas d'un seul modèle : « Dans l'Antiquité, Pétrarque aime principalement tout ce qui est dialogue, ou comme il dit d'un mot qu'Érasme reprendra, *colloquium*[6]. » Cette amitié, ce goût du dialogue, ce rapport intime sont plus qu'apparents dans les lettres qu'il a écrites à Cicéron, à Horace et à Virgile[7]. Chez Pétrarque, l'imitateur diffère du modèle, il n'est pas son esclave. Il est apte à faire autre chose, à faire autrement, à condition d'entrer en émulation avec le vrai sens du modèle. Il doit être comme une abeille qui tire le suc de diverses fleurs en vue de faire un miel tout à fait particulier : « Il faut en somme suivre le conseil de Sénèque, qui fut déjà celui d'Horace : il faut écrire comme les abeilles font du miel, de manière que les divers éléments se mélangent en un seul qui soit différent et meilleur[8]. » Qui plus est, le mot implique même le dépassement des Anciens. Dépasser veut aussi dire, dans le lexique de Pétrarque, transcender le monde antique, l'englober et le dévorer. Dans ce sens, Pétrarque déplace la structure — dogmatique — de l'imitation vers une appréhension plus « flexible ». Nicholas Mann en donne un exemple en évoquant les manuscrits de la seconde lettre adressée à Dionigi di Borgo San Sepolcro (IV, 2) : il existe « une copie de cette dernière lettre dans son état d'origine, c'est-à-dire la forme épistolaire dans laquelle elle fut envoyée en 1339. Une citation de Virgile (*Géorgiques*, II, 491 : *metus omnes et inexorabile fatum / Subiecit pedibus strepitumque Acherontis avari*) insérée dans le texte n'est ni reconnue ni identifiée ; s'agirait-il de l'une de ces citations inconscientes qui surgissent spontanément de la mémoire poétique de Pétrarque ? Impossible de le savoir, mais la rédaction intermédiaire de la même lettre, datant probablement d'environ 1353, quand il travaillait déjà au recueil, le montre sur le qui-vive : cette fois il signale sa citation avec un *ut Maro ait*, “comme dit Virgile”, rehaussant ainsi quelque peu le ton de son discours. Dans la rédaction finale, cependant, celle qu'il a retenue dans le texte définitif du recueil, et qui doit dater de 1366 environ, il modifie plus radicalement sa phrase, enlevant la citation et la remplaçant par une formule de son propre cru : “La plus noble des victoires est de se vaincre soi-même ; ainsi régner sur soi est le plus illustre des règnes” (IV, 2, 8)[9] ».

Une Querelle des Anciens et des Modernes était chose inconcevable pour Pétrarque : la nouveauté qu'il propose consiste à faire revenir les Anciens parmi les Modernes pour que la *virtus* ancienne recommence à circuler et que les Modernes deviennent grands à l'instar des Anciens, qui, eux aussi, pour s'élever, avaient imité les Grecs, leurs propres Anciens[10]. En cela, Pétrarque fraye un chemin propre aux Modernes en leur proposant de se faire les égaux des Anciens, par-delà les écarts du temps.

### 20. *Florence comme Rome*

Deux textes donnent au présent le statut éminent posé par Pétrarque : *Invectiva in Antonium Luschum Vicentinum* (1403) de Coluccio Salutati et *Ad Petrum Paulum Histrum Dialogus* (1401) de Leonardo Bruni[1].

L'*Invectiva* de Salutati est une réponse à l'*Invectiva in Florentinos* d'Antonio Loschi, le chancelier des Visconti, et une condamnation féroce de la politique de la maison des Visconti à Milan. Selon Salutati, la douce liberté est un bien céleste qui surpasse toutes les richesses du monde, et les Florentins, qui consacrent une « force romaine » à la défendre, la défendront comme leur vie. Cette liberté, ils l'ont reçue de leurs parents et ils la légueront à leurs fils[2].

Salutati prêche l'exception florentine : cette conception de la liberté — non pas la liberté frénétique des passions mais la liberté devant les lois — est, dit-il, une conséquence de l'origine romaine de la ville de Florence. Car Florence est une œuvre des Romains qui l'ont fondée ; plusieurs traditions encore vivantes ainsi que les noms des lieux en sont la preuve. Dès le début, Salutati a donc besoin, pour pouvoir soutenir la grandeur de la ville, de lui constituer une origine glorieuse, c'est-à-dire une origine romaine[3]. Cette liberté de la ville de Florence doit être comprise par opposition à la tyrannie : la liberté est une conséquence de l'obéissance aux lois qui règlent la plus juste mesure de l'égalité[4]. Salutati accuse Loschi de vivre sous un tyran. Être florentin ne se résume-t-il pas à être citoyen romain par la loi et par la nature et par conséquent être libre et non pas esclave ? Or ceux qui vivent sous les Visconti ne sont que des esclaves.

Florence est la fleur de l'Italie. Nul lieu ne peut égaler la force de ses murs, la beauté de ses palais, de ses temples, de ses édifices, la splendeur de ses portiques, la richesse de ses places, l'ampleur de ses avenues, la grandeur de son peuple, la gloire de ses citoyens ; cette ville est riche, riches et féconds sont ses champs, sa campagne : « Où y a-t-il des hommes plus illustres, pour ne rien dire de la série interminable, fastidieuse à rappeler, d'hommes célèbres pour leurs actions, vaillants dans les armes, puissants et fameux par des moyens justes ? D'où viennent Dante, Pétrarque, Boccace[5] ? » C'est sur cet éloge de Florence que prend fin l'*Invectiva* de Salutati. Florence, ville libre, est l'unique et véritable orgueil de l'Italie.

Le texte de Bruni, *Ad Petrum...*, commence là où Salutati s'est arrêté : « Florissante par le nombre de ses habitants, par la magnificence de ses édifices, par la grandeur de ses entreprises, les germes d'arts remarquables et de toute humanité trouvaient aussi leur demeure en elle ; et voilà que ces germes, qui semblaient totalement éteints, poussent chaque jour un peu plus et bientôt, à ce que je crois, ils diffuseront une forte lumière[6]. » *Ad Petrum...* est une lettre adressée à Pier Paolo Vergerio et raconte les dialogues qui ont eu lieu entre Bruni, Niccolò et Roberto Rossi chez Coluccio Salutati. La « *vita civile* » est marquée ici par le goût du dialogue et de la conversation ; mettant en arrière-plan la ville de Florence soucieuse de faire renaître les études éteintes qui font l'honneur de l'homme, Bruni décrit le rapport que son époque entretient avec le passé.

La conversation définie comme une pratique civique est exaltée dès le début : « C'est pourquoi moi qui me soucie de votre bien et qui désire vous voir profiter au maximum de vos études, je m'indigne non sans raison avec vous de ce que vous négligiez la coutume de discuter, dont dérivent tant d'avantages. Il est absurde de parler avec soi-même et d'examiner de nombreuses questions entre quatre murs et en solitaire, pour ensuite participer aux réunions d'hommes comme si on ne savait rien[7]. » Ainsi Salutati commence-t-il par évoquer l'utilité que l'homme retire du dialogue et de la conversation ; en racontant des épisodes de sa vie, il évoque les heures qu'il a passées à discuter avec Luigi Marsili : de cet homme, dit-il, qui possédait une incroyable éloquence, j'ai appris beaucoup de choses ; cet homme parlait toujours de Cicéron, de Virgile et de Sénèque ; il ne se contentait pas de les citer tout simplement, leurs paroles ne semblaient plus être rapportées, mais elles devenaient ses propres expressions. En parlant de son expérience avec cet homme qui exerce l'imitation à la manière de Pétrarque, Salutati laisse entrevoir sa conception de la nouveauté : il dit qu'il n'a jamais pu lui dire quoi que ce soit de nouveau. Chaque fois qu'il essayait de lui dire une chose nouvelle, son ami la connaissait déjà. En revanche, tout ce que Luigi disait était nouveau pour Salutati, qui dit avoir beaucoup appris et, grâce à l'autorité des Anciens, avoir pu surmonter ses incertitudes.

Sommes-nous toujours dans le domaine de la prééminence donnée au principe de l'ancienneté ? Apparemment ; on apprend de celui qui est plus âgé, de celui qui est plus sage : il est sage parce que plus âgé, et sage parce qu'il rapporte à son tour le savoir d'autres. L'enchaînement et la transmission des savoirs possibles, le savoir étant par principe le savoir des Anciens, il est évident qu'il ne peut y avoir de savoir nouveau, et ainsi de suite. Mais, dans la mise en scène de ce dialogue par Bruni, on devine une sorte de tentative, si faible soit-elle, de dépasser ce statut du savoir, dans le renversement des positions ; de l'écoute de celui qui sait (la relation du maître et du disciple), on passe à une production de savoir par l'ensemble du groupe, par la confrontation de paroles entre égaux. C'est ici que naît l'idée de l'académie, qui dominera la production du savoir des siècles à venir. En adressant cette lettre à un ami qui ne peut pas participer au dialogue, Bruni donne à lire les prémisses d'une République des lettres naissante. Dans cette mise en scène, Salutati et Niccolò s'affrontent, non pas sur le statut des Anciens, mais sur les pères fondateurs des études humanistes, leurs concitoyens, Dante, Pétrarque et Boccace.

Salutati termine son discours. Au tour de Niccolò : il évoque lui aussi les avantages du dialogue, les souvenirs avec Luigi, des moments passés avec Chrysoloras, son précepteur des études grecques. Et il s'adresse à Salutati : si l'on n'a pas exécuté pleinement tes vœux de dialogue, ce n'est pas notre faute mais celle de notre époque. Nous sommes nés dans une époque de désordre culturel, de misère de livres. Personne ne pourrait sans impudence parler de la moindre question. Nous avons préféré apparaître silencieux plutôt qu'effrontés[8]. Tout est corrompu, il suffit de regarder le passé et de le comparer à ce qui se passe aujourd'hui. Cela vaut par exemple pour la philosophie, empruntée aux Grecs par Cicéron et importée en Italie ; ses œuvres ont été la source de tous les courants philosophiques ; mais les hommes ont négligé ces livres, et les Muses n'ont plus rien produit de tel dans la langue latine. Et si aujourd'hui une bonne partie de ses livres est perdue, et le reste corrompu, comment peut-on apprendre la philosophie ? Niccolò attaque directement ses contemporains, dont les aristotéliciens qui ne connaissent rien et s'appuient seulement sur l'autorité d'Aristote : « Et quand il s'agit de vérifier une assertion, ils mettent en avant des propositions tirées de ces livres qu'ils attribuent à Aristote : des termes méchants, durs, capables de vexer et de fatiguer n'importe quelle oreille[9]. » C'est qu'à l'époque de Cicéron on lisait le grec, alors que les contemporains de Niccolò l'ignorent.

Cela vaut aussi pour les autres disciplines, la dialectique (« ces barbares britanniques ! »), la grammaire, la rhétorique, etc. Sans maîtres, sans livres, sans culture, nul ne peut exceller. Mais, quand Niccolò arrive au cas de Salutati, on change de niveau : le savoir de Salutati est bien évidemment proche de celui des Anciens, et peut-être les surpasse-t-il même. Mais à cette exception près, la scène est triste : où est Pline, où sont les histoires de Tite-Live, celles de Salluste ? « Une journée ne suffirait pas, dit-il, si je voulais me référer aux noms de tous ceux dont notre époque a été privée[10]. » Les temps sont tristes.

Salutati reprend la parole : sans doute les arts libéraux ont-ils vécu une crise, mais il nous reste encore des livres de Cicéron. Varron est perdu ? Oui, c'est insupportable, mais nous avons toujours les livres de Sénèque. Mettons-nous à travailler à partir de ce que nous avons, cultivons notre jardin, s'exclame Salutati : « Nous désirons ce que nous n'avons pas et négligeons ce que nous possédons[11]. » Et de conclure qu'on a vu fleurir trois hommes dans l'étude des lettres, Dante, Pétrarque et Boccace, dont la gloire a atteint le ciel, et de l'avis de tous, ils sont l'orgueil de la ville de Florence.

L'opinion des foules importe peu à Niccolò : à ses yeux, Dante est un ignorant, qui ne connaît même pas Virgile ; il commet également des erreurs de chronologie ; plus grave, il se trompe quand il condamne Brutus, l'homme à la grande *vertu*, exemple de justice, de modestie et de grandeur d'âme. En assassinant César, n'a-t-il pas revendiqué la liberté du peuple romain ? César n'avait-il pas abusé du pouvoir par la force des armes ? Dante ne sait rien de la liberté romaine. Et Pétrarque, en qui on a voulu voir le Virgile des temps modernes, il n'a finalement rien accompli[12].

Je te conseille, répond Salutati, d'être plus aimable, plus ami avec tes concitoyens et d'essayer d'apprécier leurs mérites approuvés par une multitude de personnes. Cet argument longinien de l'approbation par la multitude, par les âges et par le temps, va devenir, à la fin du XVIIe siècle, un des critères de canonisation des œuvres et des auteurs. Boileau accusera Perrault d'avoir essayé d'abaisser la gloire des Anciens approuvée par une multitude de génies à travers les âges.

Le deuxième livre de Bruni s'ouvre sur un nouvel éloge des beautés de Florence (comme on le verra plus tard, ces louanges ressemblent à celles que fera de Versailles l'Abbé du *Parallèle* de Perrault) : « Les édifices de notre cité sont splendides, les jardins, les palais… je ne peux m'empêcher de les regarder et de les admirer, dit Salutati avant de compléter la *laudatio* : En effet, je ne crois pas que ni Rome, ni Athènes, ni Syracuse aient été si pleines de grâce et d'élégance ; en cela notre Florence l'emporte de loin[13]. »

C'est à ce moment qu'intervient Pietro, absent le jour précédent. Dans son discours approbateur, il évoque un aspect important de la *laudatio* de Bruni : ne célèbre-t-elle pas merveilleusement toute espèce de *vertu* civile ? Le discours montre très bien la façon dont la cité s'est appropriée les lois romaines et la liberté chère à ce peuple, tout en condamnant les penchants impériaux. Salutati répond : pour exalter notre cité, il fallait condamner les Césars. Pietro lui demande si Bruni a suivi Lactance en cela, qui accuse César de parricide. Salutati répond qu'à côté de Cicéron ou de Lucain ou bien de Suétone, Lactance ne fait pas autorité ; par ailleurs, il ne croit pas que César soit coupable de parricide, comme il l'a montré dans son *De tyranno*. Il faut aussi reconnaître la grandeur de certaines de ses entreprises, dit Salutati ; mais, quant à exhorter ses enfants à suivre la *virtus*, il prierait Dieu pour qu'ils ne ressemblent pas à César[14]. À la demande de Roberto, Salutati commence à parler des poètes jusqu'à ce que Niccolò avoue s'être fait, à propos de Dante et de Pétrarque, l'avocat du diable. Ainsi Bruni renverse-t-il encore les positions : celui qui avait été, parmi eux, le plus critique des Modernes et le plus grand admirateur des Anciens devient le plus grand admirateur des contemporains.

Il n'est pas étonnant que, dans son éloge de Dante, Niccolò ne commence pas par la *Commedia*, mais par la distinction des domaines politiques que Dante avait opérée dans sa *Monarchie* : « Existe-t-il peut-être quelqu'un qui oserait nier sa puissance d'imagination, lorsqu'il retrouva cette représentation des trois règnes, si merveilleuse et si nouvelle[15] ? » C'est un moment crucial de l'articulation de la politique et de la chose littéraire à travers le champ sémantique de la nouveauté : Dante est vu comme celui qui a ouvert la voie à la cité pour une autonomie possible. Même la question de César, que Niccolò rediscute, est un prétexte pour réaffirmer la licence poétique : « Aux peintres et aux poètes il fut toujours permis d'oser certaines choses[16]. » Bien entendu, Dante, homme cultivé et érudit, n'ignorait en rien l'histoire, dit Niccolò, mais son évocation de César résulte d'une figure de style, d'une pure fiction, et non pas d'une recherche de la réalité historique : « Crois-tu peut-être que Dante, l'homme le plus savant de son époque, n'ait pas su de quelle manière César avait pris le pouvoir ? et qu'il ait ignoré qu'il avait étouffé la liberté ? et que, pour la douleur du peuple romain, Marc-Antoine avait posé la couronne sur la tête de César ? Peux-tu croire qu'il ne connaissait pas quelle vertu toutes histoires attribuent à Brutus[17] ? » Quant à Pétrarque, son concitoyen, il est l'homme le plus cultivé qui ait jamais existé ; il est celui qui a « ressuscité les études libérales éteintes depuis longtemps et qui a ouvert la voie à notre formation culturelle ; et il fut peut-être le premier de tous à rapporter dans notre cité le laurier poétique[18] ».

Le texte de Leonardo Bruni s'achève sur l'affirmation par Niccolò, celui qui n'a pas écrit une seule ligne de sa vie de peur de ne pouvoir égaler les Anciens, de la supériorité de son époque et de sa cité. À propos du triumvirat (Dante, Pétrarque et Boccace), il ne peut cacher son admiration : « Mais plus cela me paraît difficile, plus j'admire ces poètes florentins qui, en dépit de l'adversité des temps, ont cependant réussi, grâce à leur génie surabondant, à égaler ou, mieux encore, à surpasser les poètes anciens[19]. »

On ajoutera un dernier exemple, celui de Leon Battista Alberti. Dans la dédicace à Brunelleschi qu'il intègre à la version italienne de son traité sur la peinture, Alberti déplore la perte des arts et des sciences de l'Antiquité, qui « font aujourd'hui défaut comme s'ils avaient tout à fait disparu[20] ». Le thème de la perte, de l'oubli du savoir antique est évoqué par le biais de la lecture de l'histoire ancienne. C'est chez les historiens anciens qu'on trouve le récit de ces « vertueux temps passés antiques », où est décrite l'abondance des arts et des sciences. Or, aujourd'hui, il est de plus en plus rare de voir ces merveilleux et ingénieux peintres, architectes, sculpteurs, etc. La nature, maîtresse des choses, dit Alberti, vieille et fatiguée de nos jours, ne produit plus de géants ni d'esprits aussi ingénieux que quand elle était jeune et glorieuse. Mais à son retour d'exil, il constate, dans cette cité de Florence et dans les œuvres de Brunelleschi, de Donatello et de Masaccio, un art et une industrie très élevés qu'il est presque impossible de situer en dessous des exemples anciens. Il était, dit-il, déjà très difficile d'atteindre le niveau de ces arts en les étudiant et en les imitant ; mais aujourd'hui, notre gloire doit être beaucoup plus répandue, parce que « sans précepteurs, sans aucun exemple nous découvrons des arts et des sciences inouïs et inédits ».

Voilà sous la plume d'Alberti, l'éloge de l'inédit et de l'inouï : en effet, le mérite de ces découvertes réside dans le fait qu'elles ont été accomplies sans précepteurs, sans aucun exemple, sans modèles, sans passé, sans rien. La coupole érigée par Brunelleschi en est le meilleur exemple : elle n'a pas de précédent. C'est à lui qu'Alberti dédie ainsi son ouvrage sur la peinture où il décrit la géométrie et la perspective, l'étude soutenue et fidèle de la nature, les moyens de l'*inventio* grâce auxquels le peintre résolu et appliqué pourra égaler, voire surpasser les Anciens, parce que, dit-il, « rien n'est parfait à la naissance. Parmi ceux qui prendront notre suite, peut-être y aura-t-il quelqu'un de plus studieux et de plus ingénieux que nous qui saura, j'espère, réaliser la peinture parfaite et absolue[21] ».

Assurément, dans le cas des coupoles, il y avait le modèle légendaire de Sainte-Sophie, modèle miraculeux pour l'Europe. Chaque architecte digne de ce nom se mesurait à son échelle. Mais l'essentiel est ailleurs, comme le note Lévi-Strauss. La vraie question n'est pas « de savoir quels résultats réels elles [les sociétés] obtiennent, mais quelle intention durable les guide, car l'image qu'elles se font d'elles-mêmes est une partie essentielle de leur réalité[22] ». Or l'intention durable qui commence à guider les Florentins d'abord, et une bonne partie de l'Europe ensuite, semble être la volonté d'atteindre à chaque moment une nouveauté inédite.

## *21. De l'imitation, II*

Le mot magique qui a ouvert la caverne de la Renaissance fut celui d'« imitation ». Le débat sur la conception de l'imitation, initié par Pétrarque, sera vite délaissé par la génération suivante (c'est, par exemple, le cas de Bembo) qui ne laisse aucune place à un Pétrarque capable d'ouvrir les portes à des variations subjectives. La subjectivité que Pétrarque avait entrouverte, cette invention qui venait du for intérieur à travers l'imitation, allait être écartée par les exigences d'un temps qui qualifierait le style de Pétrarque de bigarré et d'incorrect. Les humanistes seraient de plus en plus soucieux, comme l'affirme Marc Fumaroli, « de s'en tenir plus étroitement au bon usage de la latinité dorée, et de son représentant le plus prestigieux, Cicéron[1] ». Les analyses de McLaughlin vont dans le même sens : « Pétrarque n'a jamais cru que Cicéron était le seul modèle de bon latin[2]. » Et son imitation implicitement éclectique des Anciens « demeurera la norme stylistique pour les futurs humanistes jusqu'à la seconde moitié du XV^e^ siècle[3] ». Inaugurés par Pétrarque, les débats autour du concept de l'imitation (en latin et en langue vulgaire) sont repris et amplifiés par Politien, Cortesi, Bembo et Pic de La Mirandole avant de devenir le socle de la Querelle.

Un des premiers débats se déroule entre Ange Politien et Paolo Cortesi, dans le sillage de Pétrarque. Politien condamne la reproduction, la ressemblance, l'imitation à la manière des singes : « Pour ma part, je trouve que tous ceux qui ne composent que par imitation ressemblent en vérité à des perroquets ou à des pies, qui répètent ce qu'ils ne comprennent même pas[4]. » Selon Politien, il manque à tous ceux qui imitent de l'énergie, du sentiment, du caractère. Les imitateurs sont ennuyeux, languissants ; leur lecture provoque le sommeil. Chez eux, rien n'est vrai, solide ni fécond. Politien s'emploie ensuite à donner des conseils à Cortesi : il faut lire et assimiler Cicéron et d'autres auteurs de valeur, remplir son cœur de connaissances et enfin rédiger par soi-même, en se débarrassant du souci de reproduire Cicéron. Il reprend la métaphore vieille et usée du « marcher sur les traces des grands », pour affirmer qu'il est impossible de courir si l'on s'occupe à placer ses pieds dans les traces d'autrui. Or s'il en est ainsi, « de même ne peut-on bien écrire sans oser, pour ainsi dire, s'écarter de ce qui est prescrit. Sache enfin que c'est le propre d'un esprit stérile que d'imiter toujours, sans jamais rien produire de soi-même ».

Contrairement à Politien qui, à la suite de Pétrarque, condamne la singerie, Cortesi fait sienne l'autre facette de l'imitation pétrarquesque. Évidemment il ne faut pas reproduire, dit-il ; et pourtant, comme les voyageurs qui ne connaissent pas la langue du pays ont du mal à le parcourir sans l'aide d'un guide, comme les bébés ne peuvent se promener qu'avec leur nourrice, il faut, pour ceux qui commencent à apprendre, des modèles à imiter. Et Cortesi reprend l'exemple de Pétrarque et rapproche la ressemblance de la ressemblance du fils au père : le fils, différent mais ayant l'air, a cependant quelque chose de naturel, de propre. Selon Cortesi l'imitation est nécessaire, partout, dans tous les arts. La raison en est simple : « Car, d'une part, tout savoir est acquis grâce à une connaissance antérieure ; d'autre part, rien ne se trouve dans la pensée, qui n'ait d'abord été perçu par les sens. » La position de Cortesi est claire : puisqu'on n'apprend rien sans l'avoir d'abord perçu, puisque tout savoir préexiste à cette perception, la vérité est transcendante, on ne la crée pas ; on ne peut qu'essayer de l'atteindre, et cela, en imitant les modèles et en empruntant la voie de ceux qui ont déjà ouvert le chemin. Qui s'aventure et erre au hasard se retrouve dans les ronces. L'un se perd, l'autre atteint son objectif. On se trouve ici clairement devant deux conceptions différentes de la vérité : l'une préexiste à l'individu, elle est fixe, figée, l'autre est à construire, en devenir.

Le débat entre Pic de La Mirandole et Pietro Bembo commence par un petit traité de Pic sur l'imitation, qu'il envoie à

Bembo et où il soutient « qu'il faut imiter tous les écrivains de valeur — et non pas seulement un parmi eux — et qu'il ne faut pas imiter en toutes choses — comme tu étais toi d'avis de le faire[5] ». Pic affirme que les plus illustres auteurs de l'Antiquité ont préféré s'opposer, en une rivalité énergique, à leurs prédécesseurs, ou même s'efforcer de les surpasser largement, plutôt que de les suivre. Il reprend ici la position de Politien, qui dit qu'il faut tracer son chemin, plutôt que prendre la grande route mais n'y être qu'un auteur de deuxième ou de troisième rang. Le vrai génie est à la recherche de quelque chose d'inouï, d'inédit, de « nouveau ». Il doit inventer, tirer de son propre fonds, mettre à jour une chose nouvelle. Puisque, selon Pic, « il est plus juste de parler d'une augmentation que d'une diminution du nombre des génies. Car en matière de connaissance, notre siècle, ainsi que ceux qui l'ont immédiatement précédé, a appris bien des choses que l'Antiquité ignorait, elle si savante[6] ».

Bembo défend l'idée de la vérité unique, de la beauté unique et de l'exemple unique : « Notre esprit, en effet, regarde toujours vers ce qui est le plus éminent et le plus haut [le sublime (*hûpsos*) ?][7] », et il demande à Pic de La Mirandole : « Pourquoi n'estimes-tu pas que nous devons imiter le plus grand et le plus éminent de tous[8] ? » Il lui conseille de ne pas s'aventurer, puisque « celui dont l'esprit ne se fixe nulle part ne peut tout simplement rien réaliser de bon[9] ». Pour Bembo, le plus grand danger réside dans la volonté de nouveauté, « car la nouveauté séduit la plupart d'entre nous et en charme certains à tel point qu'ils vont jusqu'à condamner ce dont ils se sont détachés[10] » et « en fin de compte, quand bien même un dieu t'enseignerait ce que nous sommes absolument incapables de faire par nous-mêmes — à savoir un certain art, de toute évidence nouveau et vraiment divin[11] ». La vraie nouveauté relève donc de l'ordre du divin. Et le vrai objet de l'imitation est Dieu. Il est donc tout à fait raisonnable de choisir Cicéron comme modèle pour la prose, et Virgile pour la poésie. Il est impossible que « chacun forge une écriture nouvelle, pure de toute influence étrangère et tout à fait personnelle[12] ». Selon Bembo, pour atteindre le niveau de perfection des exemples que l'on prend, il faut les imiter ; arpenter un autre chemin ne permet pas d'atteindre ce degré ni de le dépasser.

Dans la République des lettres naissante, à travers ces quelques exemples, la confrontation à propos des Anciens a souvent été vue, rétrospectivement, par les historiens de la Querelle comme le moment d'engendrement du moderne, confrontation rhétorique séculaire qui allait devenir une vraie polémique publique. Cette publicité, nouvelle pour le coup, fut rendue possible par la révolution de l'imprimé[13]. L'invention de l'imprimerie affecte la façon de traiter le passé ; les études humanistes prennent une ampleur inouïe ; la République des lettres s'ouvre aux honnêtes hommes et aux non-érudits, elle s'enracine profondément dans la politique et propose un autre mode d'être-ensemble.

## *22. Les académies, I*

Le cercle de Salutati ne s'appelait pas « académie », ou du moins pas officiellement : on sait que dans une lettre à Niccolò, qui date de 1427, le Pogge (Poggio Bracciolini) parle de sa villa de la vallée d'Arno comme de son « académie campagnarde[1] ». Le même Pogge, en 1444, en prononçant l'oraison funèbre de Bruni, utilise le mot « académie » pour désigner le cercle de Salutati. Cette communauté savante est caractérisée par l'usage de la parole libre entre membres égaux et l'idéal de production du savoir en commun ; elle semble être à l'origine de l'Académie platonicienne instituée en 1460 par Cosme de Médicis (et continuée par son fils Laurent) d'après le conseil de Gémiste Pléthon et sous les auspices de Marsile Ficin (et de ses amis Cristoforo Landino, Ange Politien et Pic de La Mirandole). Mais avec une petite différence : aux yeux de Salutati et de Bruni, l'humaniste devait intervenir *activement* dans les affaires de la cité, tandis que pour Ficin ou pour Pic de La Mirandole les « affaires privées et publiques » sont plutôt *contemplatives*. Mais, en dépit de ce déplacement d'optique, cette forme de l'être-ensemble intellectuel[2] allait dominer les siècles suivants de l'Europe lettrée. Politien, Cortesi[3] et Bembo font tous partie des diverses académies de l'époque.

L'Académie platonicienne est-elle une institution du passé que les humanistes ont ressuscitée pour qu'elle puisse proposer un syncrétisme entre la chrétienté et une première révélation qui trouve son apogée chez Platon ? Paul Oskar Kristeller en débat longuement dans ses travaux[4]. David Chambers, à son tour, a résumé les discussions qui ont pris corps autour de la question de savoir si cette institution s'était réellement inspirée du modèle de l'Académie de Platon[5]. Mais au-delà des problèmes de clarification d'intentions et de sources[6], il est évident que cette Académie est devenue le modèle de toute une série d'académies florissantes, y compris celles qui allaient voir le jour en France au XVIe siècle[7].

Il faut mettre ici en évidence trois phénomènes particuliers de ce processus. Le premier, c'est qu'au moment du jaillissement de l'idée d'un regroupement sous le toit des académies, les Grecs sont de retour, et au sens propre. Sous les menaces turques, avant et après la chute de Byzance, la *polìs* de Constantin, ils trouvent refuge en Italie. Parmi eux : le cardinal Bessarion[8], Manuel Chrysoloras, Johannes Argyropoulos, etc. Avec eux reviennent aussi les Grecs anciens. On commence à collectionner les manuscrits, on apprend et enseigne le grec, on entreprend de traduire les Anciens[9]. Déjà, à la demande de Salutati, Leonardo Bruni avait commencé la traduction de certaines œuvres de Platon, mais l'introduction massive des Grecs date, bien entendu, de l'époque de Ficin[10] et de l'âge de l'imprimé[11].

Le deuxième, qui est plus particulièrement observable dans le cas de Florence, est l'extension et la consolidation d'un gouvernement princier qui prend des formes de plus en plus despotiques[12]. Cosme rentre d'exil en 1434 et construit une oligarchie placée sous son autorité ; le Conseil des Cent est établi en 1458 et plus tard un nouveau Conseil permanent, dit des Soixante-dix, est placé sous l'égide du petit-fils de Cosme, Laurent le Magnifique. Ces étapes sont les marques d'une république qui devient de plus en plus « *il governo d'un solo* [le gouvernement d'un seul homme] [13] ». Or cela n'est pas le propre de la cité de Florence, des processus similaires sont observables un peu partout en Italie. *De principatibus* de Machiavel illustre bien ce phénomène. De la même manière, dans le cas des monarchies (France, Espagne ou Angleterre), l'heure est à l'absolutisme, surtout après la consolidation du principe de la souveraineté. Les

*Six livres de la République* de Bodin marquent une étape majeure de cette orientation[14].

Le troisième phénomène est l'usage de plus en plus répandu des langues « vulgaires »[15]. Le *volgare* devient le moyen de communication de certaines académies ou cercles qui se différencient de celles qui se dévouaient à des tâches plus ardues d'ordre philologique[16]. Au cours de ces rencontres, la langue même et ses dispositifs devenaient sujets de discussion. En effet, le problème majeur, c'était la manière d'imiter les Anciens en langue vulgaire : l'Accademia degli Infiammati et Speroni, en suivant Bembo, prolonge le pétrarchisme. En France, le groupe qui s'appelle la Brigade va se transformer en la Pléiade et s'inspire de ces principes ; ainsi, en 1549 la langue française aura sa *Défense et illustration*. L'Accademia della Crusca, fondée en 1583 à Florence (entre autres par Salviati), s'est donné pour tâche de préparer un *Vocabolario* de la langue italienne (qui paraîtrait en 1612) : l'Académie française la prend pour modèle au moment où elle s'emploie à établir un *Dictionnaire* (qui ne paraît qu'en 1694). Les exemples et les rapprochements sont sans nombre, et la Querelle de la fin du XVII^e^ siècle est due, en grande partie, à l'articulation de ces phénomènes épars.

Pour lire les Anciens, il fallait d'abord publier leurs textes[17]. Or les copies que l'on faisait venir d'Orient ou que l'on trouvait au fond des monastères comportaient souvent des lacunes[18]. Pour pouvoir publier correctement les œuvres latines en latin, les ouvrages grecs en grec et en traduction, ainsi que les ouvrages en langues vulgaires, il fallait rassembler des érudits et des chercheurs. Alde Manuce est un des premiers imprimeurs qui ait regroupé les humanistes ; il commence à travailler avec les érudits et doctes byzantins du cercle de Bessarion pour une édition des œuvres complètes d'Aristote[19]. Il les incite à repérer les bonnes copies, à restituer les passages corrompus, à interpréter les lacunes, etc. La première période de la philologie à l'âge de l'imprimé (1490-1530) correspond au moment crucial de la transformation du manuscrit en imprimé. Le travail du philologue consiste à établir l'authenticité et la véracité des textes et de là à aboutir à la bonne version par la comparaison des différents exemplaires. Ce travail de correction (et de critique) est présent dans l'œuvre et les travaux des premiers éditeurs. Il s'agit de réinventer le travail du philologue. Ce point est important : s'il est vrai, par exemple, que pour un Budé le domaine de la philologie « embrasse la totalité du savoir humain, savoir transmis par les livres[20] » et que les philologues s'attachent à restituer l'Antiquité dans son intégrité, ne faut-il pas voir dans cette orientation les débuts d'une mise à distance du passé ? Il semble qu'un siècle et demi après la périodisation liminaire de Pétrarque, la ligne de démarcation entre le passé et le présent soit moins flottante grâce au travail des philologues. La question, sous forme d'une incitation à la recherche, avait déjà été soulevée par Erwin Panofsky : « Du quatorzième au seizième siècle donc, et d'une extrémité de l'Europe à l'autre, les hommes de la Renaissance ont eu la conviction que la période dans laquelle ils vivaient était un "âge nouveau" aussi nettement distinct du passé médiéval que celui-ci l'avait été de l'Antiquité classique, et marqué par un effort concerté pour faire revivre la culture de ce dernier. La seule question est de savoir s'ils avaient raison ou tort[21]. »

## *23. Se hâter lentement : Alde Manuce et Érasme*

Entre 1495 et 1515, Alde Manuce publie à Venise une centaine de livres, devenant l'éditeur principal de son époque. Selon C. Dionisotti[1], l'entreprise d'Alde est un succès exemplaire, plus intellectuel que commercial[2]. Alde le Romain était un protégé d'Alberto Pio, prince de Carpi. Il était en contact avec Pic de La Mirandole ; dès 1484, il commence à échanger des lettres avec Politien qu'il rencontre vers la fin des années 1480. Il rencontre également Pietro Bembo[3] et Jean-François Pic de La Mirandole[4]. Leurs aides éditoriales seront cruciales pour lui.

À partir de 1495, Alde commence ses activités. Le premier monument de l'imprimeur est l'œuvre d'Aristote en grec. Dionisotti a raison de dire que ce choix est une « exception » aldine : au moment où le néoplatonisme règne et alors que les commentaires arabes et chrétiens du philosophe sont toujours en vogue, publier Aristote en grec, ainsi que les commentateurs grecs d'Aristote, de Porphyre à Théophraste par la suite, indique la volonté d'Alde de restituer un Aristote originel et d'opposer aux commentaires modernes les sources de l'Antiquité pure[5]. Mais, d'autre part, Alde publie aussi en 1497 un recueil de traductions en latin des néoplatoniciens préparé par Ficin. Il ne publie rien de Pic. En 1503 paraît la défense de Platon faite par Bessarion contre Georges de Trébizonde. Et ce n'est qu'en 1513 qu'il publie Platon en grec. Toujours sous l'influence de Bembo, Alde publie Pétrarque en 1501 tout de suite après Virgile et Horace ; en 1502, c'est au tour de Dante.

Mais l'idée d'une académie est déjà évoquée dans la dédicace du deuxième volume des œuvres d'Aristote. Dans ce texte, Alde profite de sa dédicace à Alberto Pio pour lui demander des terres et un château où il instaurerait une académie : « Au contraire, tu m'assures que tu me donneras un de tes plaisants châteaux, où je pourrai exercer les mêmes pouvoirs que toi, et cela pour que je le garnisse plus aisémment et plus commodément d'excellents volumes en latin et en grec, et pour qu'on y institue une académie dans laquelle, loin de la barbarie, on se consacrera à la bonne littérature et aux beaux arts, et dans laquelle les hommes, après avoir mangé des glands pendant six cents ans, se nourriront enfin du fruit des moissons. » Alde exprime sa volonté de rester auprès du prince et de cultiver la sagesse « que les Grecs appellent philosophie[6] ». Où l'on entend l'écho de Dante et de Platon : le prince secondé par un sage ou bien le prince lui-même à la recherche de la sagesse. D'autre part, dès la première dédicace à Alberto Pio qui figure en tête du premier volume des œuvres d'Aristote publié en 1495, la fabrication des livres est associée à un devoir de réduction de la violence : « Mais il est de mon devoir d'aider les amants des belles-lettres. Certes, nous avons eu en partage des périodes troubles, tumultueuses et tristes, des périodes où l'usage des armes est plus répandu que celui des livres ; et cependant je ne prendrai pas de repos tant que je n'aurai pas veillé à constituer une abondante réserve de bons livres[7]. »

L'académie ne verra pas le jour dans un château d'Alberto Pio à Carpi ; mais au cours de son activité éditoriale, à Venise, dans des dimensions peut-être plus restreintes, ce rêve va tout de même prendre forme. Alde et ses amis fondent, apparemment autour de 1500, une académie « privée », une société de philhellènes, la *Néakadémia*. Les membres se réunissaient à dates fixes, et le grec était la seule langue autorisée au cours des sessions. Si on en croit la charte de l'académie, toute faute linguistique était sanctionnée, et le budget constitué de ces amendes était destiné à organiser des banquets qui imitaient ceux de Platon[8]. L'académie était réservée à ses membres et à des étrangers de passage, à condition qu'ils soient instruits et sachent le grec. Ainsi, en 1508, Érasme, de passage à Venise, participe pendant huit mois aux activités de l'académie ; Alde publie ses *Adages* la même année. Plus tard, l'éloge d'Alde allait être inséré dans un adage sur la devise de l'éditeur vénitien : « *Festina lente* ».

Le texte d'Érasme commence par évoquer l'origine de ce *dictum*. Et dès le début, il est question des princes ; l'homme, dit-il, qui se hâte sans calcul et sans penser, cause évidemment des dommages, mais si celui-ci est un homme de « basse condition », le dommage subi « est plus facile à réparer », tandis que, dans le cas des princes, « un seul moment de distraction, une seule décision hâtive, quelles tempêtes, Dieu immortel, ne soulèvent-ils pas souvent, quelles ruines n'entraînent-ils pas avec eux pour l'humanité[9] ? » Il est donc important que le prince adopte une attention vigilante, une lenteur calculée, une maturation qu'il associe à de la modération. Il ne doit pas s'écarter la leçon de l'Ecclésiaste : chaque chose en son temps. Ainsi ce prince doit-il ne jamais oublier le bien-être et l'intérêt de l'État ; parce que, dit Érasme, les princes sont enclins à des défauts : la fortune, la richesse, l'appel des plaisirs, le pouvoir, la flatterie de l'entourage incitent les princes à mille extravagances, notamment quand ils sont jeunes et inexpérimentés. Mais il peut au contraire arriver à un prince d'une ardeur « léonine », encouragée par le succès remporté dans de vastes entreprises, « excitée, soit par la colère soit par l'ambition ou par quelque autre désir du même ordre, enflammée par des recommandations sanguinaires, [...] que tout cela lui barre violemment la route et l'entraîne, lui-même et toute la masse de son empire, dans un précipice[10] ».

Érasme, pour illustrer son argument, tire deux exemples de l'Antiquité : Achille et Alexandre le Grand. « Homère, dit-il, attribue à ce dernier [Achille] les impulsions les plus immodérées. » En effet, la scène évoquée par Érasme est celle où Achille, furieux contre Agamemnon, tire son épée en plein conseil pour se précipiter sur le roi (*Iliade*, I, 100). Il est retenu par Pallas qui lui conseille de se limiter aux injures. Pour Érasme, cette attitude d'Achille est le signe d'un « manque de contrôle mental ; divaguer au milieu d'une assemblée plénière de princes, en déversant tant d'injures violentes et si directes contre celui qui détenait le pouvoir suprême[11] ! » Quant à Alexandre le Grand, il semble qu'il ait imité Achille « et l'ait même largement dépassé : la violence de son caractère ne le poussa-t-elle pas à foncer, tête baissée, au point même qu'il a dégainé son épée contre ses meilleurs amis[12] ? »

Chez Érasme, les caractères de ces deux héros sont plutôt décrits en terme de « mauvais exemples ». Colériques, peu raisonnables, excessifs, ils ont tous deux « une noblesse de caractère coupable », mais n'arrivent pas à maîtriser leurs passions, la raison leur échappe et ce, parce qu'ils ne maîtrisent pas le temps : ils se hâtent trop rapidement[13]. Érasme explicite l'image d'un dauphin enroulé autour d'une ancre, qui est l'emblème de l'éditeur gravé sur une médaille offerte à Alde par Bembo. Le dauphin représente la vitesse, et l'ancre l'immobilité ; l'emblème traduit donc la devise d'Octave Auguste : « Hâte-toi lentement. » Veut-il à son tour attirer l'attention, comme l'avait fait Alde, sur l'aspect vertueux de la lecture de bons livres ? La littérature est-elle vue comme un moyen pour réduire la violence ? ou pour maîtriser le temps ?

Érasme, dont le style est enclin à la digression, ne s'arrête pas à une unique explication : il convoque alors la figure d'Ouroboros, le serpent mythique qui se mord la queue et signifie l'éternel retour. Ainsi, en retrouvant l'idée du cercle, il passe de l'explication de l'année à celle de l'éternité de Dieu. On en vient alors au quatrième livre de la *Physique* d'Aristote où il est question du temps et du mouvement des sphères : « Car non seulement la définition du cercle correspond à une telle conception de l'espace, mais le mouvement qui lui est lié est aussi circulaire, comme en témoigne aussi Aristote au livre IV de la *Physique*. En conséquence, quiconque sera en possession de ces connaissances et d'autres du même genre tirées des systèmes philosophiques, n'aura pas de mal à conjecturer pourquoi les Égyptiens ont voulu exprimer l'éternité au moyen d'un cercle[14]. »

La devise « *Festina lente* » trouve donc son origine dans les mystères de l'« antique philosophie » à laquelle elle fut empruntée par Octave Auguste et Titus Vespasien, « convenant admirablement au caractère et à l'esprit de chacun des deux[15] », avant de parvenir chez Alde Manuce, le troisième héritier. Selon Érasme, ce symbole est peut-être plus célèbre, plus diffusé, plus connu de nos jours qu'à l'époque ancienne où il ne figurait que sur une médaille : « [...] il est diffusé dans toutes les nations du monde, même au-delà des frontières de la chrétienté, et figurant sur toutes les catégories d'ouvrages imprimés dans chacune des deux langues, diffusé, reconnu, possédé, célébré par tous ceux qui pratiquent le culte des disciplines libérales ; et plus particulièrement par ceux qui, écœurés de la science barbare et grossière, aspirent au savoir véritable et antique pour la restitution duquel cet homme est pour ainsi dire né, et apparemment fait et comme formé pour cet objectif par les Destins eux-mêmes[16]. »

Alde Manuce est celui qui travaille pour que la matière littéraire, source du savoir véritable et antique (véritable, puisque antique et antique, puisque véritable : le principe d'ancienneté est à l'œuvre), soit restituée dans sa vérité et dans sa pureté. Le travail est herculéen : il va chercher les manuscrits qui restent encore cachés (que ce soit à cause de la négligence des chercheurs ou bien de l'ambition de ceux qui veulent garder le monopole du savoir), il corrige les fautes, restitue les passages obscurs, etc. Ce travail est digne de l'esprit d'un roi ; il est sacré, immortel et universel[17]. Selon Érasme, telle était jadis la fonction des grands princes, et spécifiquement celle de Ptolémée qui a acquis une gloire éternelle avec sa bibliothèque. Mais la bibliothèque de Ptolémée était contenue entre les murs étroits de l'édifice d'Alexandrie, alors qu'Alde est en train d'édifier une bibliothèque qui n'a pas d'autres limites que le globe terrestre lui-même[18].

Or, deux pages plus loin, Érasme se lamente sur la triste situation du secteur éditorial : la tâche de copiste est, de nos jours, confiée à des individus obscurs, à des moines inexpérimentés ou, scandaleusement, à des femmes. On publie n'importe quoi, n'importe comment et n'importe qui s'improvise éditeur : même pour être boulanger, dit-il, il faut une permission, mais pour être imprimeur, il ne faut rien de tel. Certains de ces imprimeurs apportent peut-être quelque connaissance utile, mais la grande partie des livres qu'ils publient cause de graves nuisances aux études. C'est là qu'Érasme évoque, dans une même phrase, la question de la nouveauté et de la confrontation des Anciens et des Modernes. L'abondance des livres a un effet de satiété tel qu'elle « agit comme une sorte d'appât sur l'esprit des hommes naturellement portés à la réplétion et avides de nouveautés, qui sont ainsi détournés de la lecture des auteurs anciens, que rien ne peut surpasser, même si je ne nie point que des Modernes soient capables de découvrir quelque chose qui ait échappé aux Anciens. Il se peut, par exemple, que surgisse un érudit qui enseigne tel ou tel point laissé dans l'ombre par Aristote. Toutefois je ne pense pas voir apparaître un homme capable d'enseigner le système complet de la philosophie d'une manière plus parfaite[19] ».

Pour Érasme, il est donc évident que l'homme moderne, avide de nouveautés, n'a d'autre choix que de combler les lacunes des Anciens, il ne peut rien inventer qui soit juste ou vrai ; le seul travail qui lui reste est d'essayer de parfaire ce qui existe et de suivre l'exemple des Anciens. La nouveauté, chez Érasme, est vue comme un penchant naturel de l'homme et elle est encore une fois associée au danger : si, dit-il, nous passons des heures à lire toutes sortes de balivernes écrites par n'importe qui, l'autorité des magistrats, des conseillers, des institutions scolaires, des hommes de loi et des théologiens sera finalement ruinée : « Le pouvoir suprême sera concentré entre les mains d'un petit nombre et nous subirons une tyrannie barbare, analogue à celle des Turcs. Tout passera sous la coupe d'un seul individu ou de quelques-uns, et il ne restera plus le moindre vestige d'une société policée, la violence militaire imposera partout sa loi. Toutes les nobles disciplines seront mises à bas, une loi unique sera en vigueur. »

Or la société policée n'est possible que si chaque partie du corps politique conserve son autorité légitime ; au peuple, il faut donner sa part de droit, aux conseillers et aux magistrats le respect, aux évêques et aux prêtres l'honneur. Le pacte immuable permettant la stabilité n'est possible que grâce à l'équilibre de ces parties. Et finalement la *concors discordia* de ces éléments et « cette variété qui tend à une seule et même fin » servent, dit Érasme, beaucoup plus fidèlement les institutions de l'État. La paix, la stabilité et l'harmonie, encore une fois, sont évoquées comme étant les fins vers lesquelles tendent les sociétés humaines. Et les livres nouveaux qui échappent à la censure (non pas nécessairement à celle de l'Église) sèment, souvent, la confusion dans les sociétés[20]. D'où cette conclusion d'Érasme : la nouveauté est la chose la plus dangereuse qui soit pour la santé d'un État.

Quant aux prises de position d'Érasme sur le problème de l'imitation[21], on trouve un texte faisant partie du corpus du débat qui opposait déjà Pic à Bembo : il s'agit du *Cicéronien* (*Dialogus ciceronianus*) publié à Bâle en 1528[22]. Le dialogue met en scène trois personnages : Hypologue, qui incarne la raison utilitaire, Buléphore, qui porte conseil et s'inspire de la méthode socratique, et Nosophon, le maniaque de l'éloquence cicéronienne.

L'argument de Buléphore est simple : la cité de Rome de l'époque de Cicéron n'est plus, ni ses institutions, ni son ancienne splendeur. Les choses étant désormais altérées, si on veut s'exprimer, il faut adopter une manière différente de celle de Cicéron. Selon Buléphore, l'éloquence cicéronienne ne correspond pas aux réalités de la vie chrétienne. Pour autant il ne propose pas de le discréditer complètement : il est contre ceux qui se réclament de la gloire de Cicéron. Il pense qu'ils tournent en ridicule les préceptes de son éloquence : « Car des singes de ce genre [les cicéroniens] nuisent aux études et au développement moral de la jeunesse[23]. » Que faut-il faire alors ? Buléphore répond à sa propre question : « Les cicéroniens devraient donc d'abord mettre tous leurs soins à comprendre les mystères de la religion chrétienne et à lire l'Écriture sainte avec autant de ferveur que Cicéron en mettait à lire les philosophes, les poètes, les spécialistes du droit et de la religion et les histoires. C'est grâce à cette culture que Cicéron fut ce qu'il a été[24]. » Ainsi, dans le discours d'Érasme, l'imitation devient-elle une imitation en parallèle : il s'agit de déterminer comment occuper par rapport au temps présent (radicalement différent de l'Antiquité) la même place qu'avait occupée Cicéron par rapport à son propre présent. L'imitation devient un procédé pédagogique permettant d'occuper cette position.

D'autre part, il est évident qu'une antinomie antiquité / chrétienté est à l'œuvre chez Érasme, ce qui n'était pas le cas jusque-là. Avant lui, ces deux sphères étaient plutôt en harmonie, complémentaires dans l'idéal humaniste. Mais, dans cette antinomie florissante à l'aube de la Réforme, l'Antiquité n'est pas complètement discréditée ; parce que, selon Érasme, les belles lettres constituent un moyen pédagogique pourvu qu'elles aient le Christ pour dessein. Le Christ est la somme de la vertu, le maître et le centre. C'est pourquoi le prince chrétien doit être attentif à l'égard des historiens de l'Antiquité : « Prends garde, qu'ils [les historiens] ne t'imposent des noms d'écrivains ou de héros consacrés par l'assentiment des siècles. Hérodote et Xénophon, cette paire de païens, offrent le plus souvent de fâcheux modèles aux princes, bien que le but de leur histoire soit le plaisir littéraire ou la peinture des grands hommes. Salluste, Tite-Live ont des passages magnifiques toujours plein d'érudition, mais ils n'approuvent pas tout ce qu'ils racontent et le prince chrétien devra, sur certains point, se montrer encore moins approbateur. Quand on te parle d'Achille, de Xerxès, de Cyrus, de Darius et de César, ne te laisse pas séduire par le prestige du nom : il n'est question que de grandes, de furieuses canailles : tel est le nom que Sénèque emploie à leur égard[25]. » L'*historia magistra* est toujours là, à sa place ; mais l'Antiquité n'est plus le modèle unique, privilégié, et ses exemples sont souvent à éviter.

## *24. Acheminement vers la Querelle*

Quand on regarde les manuels de la littérature italienne, on s'étonne de voir qu'aucune Querelle *italienne* des Anciens et des Modernes n'a jamais eu lieu. Le mot Querelle ne figure pas dans l'histoire littéraire italienne : par exemple, Tiraboschi, le premier à écrire une très vaste *Storia della letteratura italiana* au XVIIIe siècle (en neuf tomes et seize volumes), ne mentionne qu'une *Querelle*, et il faut que ce soit celle des Français. La dernière compilation monumentale, la *Letteratura italiana* publiée chez Einaudi en plusieurs volumes au cours des années 80, ne renferme pas une telle entrée et ne suggère aucun autre syntagme (comme par exemple le cas anglais de « Battle of the Books ») sous lequel un tel événement aurait pu être classé. Pour autant, il existe en Italie des pré-codifications de cette confrontation, mais elles relèvent d'un autre système de représentation. Dans la patrie des lettres, la confrontation existe, mais sous une forme différente, et il n'y a peut-être pas de différence radicale entre les défenseurs des Modernes et des Anciens. Cette culture se définit apparemment sous le signe de l'ancien (au moins jusqu'à un certain moment), et chaque confrontation est subordonnée à une seule et même représentation : cela implique que la confrontation ne peut revêtir la forme d'une Querelle. Inversement la forme *polémique* a une importance généralisée[1].

La polémique qui a opposé Bembo à Pic ou Érasme aux cicéroniens sur l'imitation est de cette nature. Se présentant avant tout sous la forme d'une *confrontation amicale*, elle porte sur le principe d'imitation des Anciens : « Matérialisée par la parution de deux petits traités en forme d'épîtres, elle reprend une controverse séculaire qui dérive de l'essence même du cicéronianisme, et qui avait déjà été renouvelée, une dizaine d'années auparavant, par le conflit des positions rhétoriques d'Angelo Poliziano et de Paolo Cortesi[2]. » C'est ainsi que Santangelo présente son édition des lettres. Dans son introduction, il précise à plusieurs reprises le caractère polémique de cet échange épistolaire, qui est une polémique et non pas une « Querelle » ; mais une telle distinction a-t-elle une portée évidente ? Oui, parce que la polémique se développe sous la forme d'échanges épistolaires, ce qui conduit à supposer que le sujet a été traité, initialement, dans le cadre d'une conversation. Il s'agit donc avant tout d'un échange de paroles. Santangelo précise que l'amitié entre les deux hommes remonte à une période antérieure à leur polémique et qu'ils demeurent amis après. Ce contexte amical détermine leur manière d'agir : après avoir échangé des paroles, ils échangent des lettres. Les lettres attestent qu'il s'agit non pas d'une bataille à gagner, mais d'une présentation des arguments permettant de convaincre l'autre : « [...] il faut te contredire : c'est précisément ce que je vais essayer et m'efforcer de te faire voir clairement, en utilisant tous les arguments que je pourrai, afin que si, pour ma part, je ne vote pas contre toi (car qui pourrait agir ainsi envers un ami, et un ami tel que Bembo ?), tu n'ailles surtout pas, pour autant, décréter de ton côté que le débat doit être tranché en ta faveur[3]. » La patrie des lettres est traversée par des polémiques. Pourtant le terme *polemos* ne conduit-il pas à un champ de bataille ? N'a-t-il pas pour synonymes confrontation, contestation, controverse, dispute, combat, bataille, attaque, provocation ? Dans ces conditions, pourquoi pas *Querelle* ?

Jacques Barchilon avait intitulé un de ses articles « Charles Perrault contestataire-polémiste[4] ». Si Perrault est un polémiste, faut-il voir aussi en Lancellotti un polémiste, comme l'a fait Ezio Raimondi : « Victime peut-être aussi des inimitiés qu'il avait dû se procurer très vite avec son caractère bizarre, inquiet et polémique, en un mot, difficile[5] » ?

Don Secondo Lancellotti, avec la publication du premier volume de son *Hoggidi, ovvero il mondo non peggiore ne piú calamitoso del passato* en 1623 et du deuxième, *L'Hoggidi, ovvero gli ingegni non inferiori a'passati* en 1636, se place d'emblée dans l'antichambre de la Querelle[6]. L'*Hoggidi* de Lancellotti est une protestation élevée contre l'apologie aveugle du passé ; selon lui le temps présent est un âge d'or, et les malheurs du temps présent, au fond, ne sont pas tellement plus terribles que ceux du passé. Le mal existe depuis longtemps et le temps présent ne contribue pas particulièrement à son règne. Pour conforter son opinion (et celle de Queneau : « l'histoire est la science du malheur des hommes »), Lancellotti propose à la fin de son livre une liste des malheurs advenus en Europe depuis l'an mil jusqu'à 1599 : famines, sécheresses, orages, inondations, guerres et naissances monstrueuses (les femmes qui enfantent des lions) se succèdent. Les femmes d'aujourd'hui, par exemple, ne sont pas plus fatales que celles d'hier ; la raison d'État existe depuis la fondation des États ; de la corruption chez les Romains, n'en parlons même pas ; les princes sont-ils plus ignorants ? Il est évident que les lettres, la musique, la philosophie, les sciences ne sont aucunement inférieures à celles du passé. Et pour conclure, dit Lancellotti, ceux qui se lamentent sur les beaux jours du passé font de l'aujourd'huisme (*hoggidianisme)* stérile : le génie du siècle où nous sommes est infiniment supérieur aux siècles passés. Lancellotti, selon ses propres mots, est un homme « ingénieux, sincère, libre et réel », mais peut-être moins anticonformiste qu'on a bien voulu le croire. Dès son arrivée à Paris, il trouve en la personne de Richelieu le combattant de l'*hoggidianisme* et en celle de Guillaume Bautru (qui est un serviteur du cardinal et confrère de Desmarets à l'Académie) un protecteur, et ainsi, à mon avis, s'ouvre en France la porte de la Querelle[7].

La Querelle française a récupéré un autre Italien : le poète burlesque de *La Secchia rapita*, Alessandro Tassoni. Tassoni, en 1608, puis en 1612, à Modène, publie neuf de ses *Pensieri diversi* et, en 1620, il y ajoute une dixième. Cette « dixième pensée », publiée à Carpi, est intitulée *Paragone degli ingegni antichi e moderni* (*Parallèle des génies anciens et modernes*)[8]. La ressemblance avec le titre de Perrault est frappante. Dans ce livre, Tassoni, de l'Académie de la Crusca et protégé du cardinal Cesi, se propose d'examiner les doctrines et les arts pour voir si les Anciens l'emportent sur les Modernes. Tassoni, à la manière d'un Machiavel, pense que les gens d'aujourd'hui pourront égaler et même surpasser les Anciens à conditions d'alimenter l'« ancienne vertu romaine et grecque ». On retrouve la même condamnation de l'éloge aveugle du passé que dans la préface du deuxième livre du *Discours sur les décades* de Machiavel : « Les choses présentes, nous les voyons avec les imperfections qu'elles ont et avec celles que la jalousie trouve en elles ; quant aux choses anciennes et perdues, nous les estimons deux fois plus cher que leur valeur, car leurs défauts ne sont pas visibles, et leurs éloges ont été enflés par les écrivains avec tout un cortège de mots prétentieux[9]. » Tassoni, dans ce *Parallèle*, essaye de regarder les choses en les divisant en trois parties : contemplative, active et factuelle. Et ainsi il commence à comparer les grammairiens, logiciens, théologiens, philosophes, médecins, moralistes, princes, législateurs, militaires, historiens, poètes, orateurs, agriculteurs, mathématiciens, géomètres, cosmographes anciens et modernes ; et il se demande si dans les domaines de la république, de la sculpture et de la peinture, de la musique, de l'astronomie, de l'astrologie et finalement de la curiosité, les Modernes sont meilleurs que les Anciens : « Jamais le monde n'a eu autant de secrets curieux et merveilleux que notre époque ; et jamais les princes ne s'en sont vu proposer de plus importants et cachés, ni en plus grand nombre[10]. »

Les livres de Tassoni ou de Lancellotti passent inaperçus. Ils ne suscitent aucune réaction de la part du public lettré. Or il faut noter que dans la Querelle française, tout se passe en public : Perrault fait lire son poème en public, Boileau, furieux, quitte la salle, des satires et des injures circulent de main en main, les sentiments sont blessés, les deux protagonistes s'isolent, des camps se forment, et finalement arrive la réconciliation, apparemment forcée, leur permettant de se rencontrer de nouveau ; le 30 août 1694, ils s'embrassent, comme pour sceller un traité de paix, tout en se préparant, en secret, à une nouvelle attaque destinée à leur faire reprendre le terrain perdu. Ainsi s'explique par exemple la présence de la lettre d'Arnauld à Perrault (en faveur de Boileau), écrite le 5 mai 1694, parmi les *Œuvres diverses* de Boileau publiées en 1701.

La Querelle de Perrault advient donc au terme d'un processus où le canon d'imitation des auteurs anciens, que les institutions perpétuaient, révèle ses limites. Les institutions qui avaient pour objectif l'établissement du savoir des Anciens se transforment et cessent d'être les lieux de redondance de l'Antiquité, pour devenir des lieux de savoir et de recherche. L'enjeu ne porte plus sur la valeur propre de l'Antiquité, mais sur celle du présent. Or ce présent qui se construit commence à se détacher du passé. Finalement, dès la Querelle du *Cid*, le corps harmonieux de la République des lettres est divisé ; on passe de la polémique à la Querelle.

## *25. Regards actuels sur la République des lettres*

Les conditions de possibilité d'une Querelle des Anciens et des Modernes telle qu'on la constate à la fin du XVIIe siècle sont étroitement liées à l'appropriation et au rejet des discours qui circulent dans le réseau de communication de la République des lettres. Cette institution sans frontières est au seuil de la différenciation des champs du savoir et de la recherche.

« Pays sans territoire, sans frontière et sans gouvernement, la "République des lettres" existe partout où se trouve au moins un de ses membres. C'est donc un pays en dehors de l'espace. C'est aussi un pays où aucune particularité n'est admise : on y participe en tant qu'être raisonnable et sociable, laissant au-dehors tout ce qui divise les individus et les oppose les uns aux autres : les affiliations familiales, sociales, ethniques, politiques, confessionnelles. En ce sens, c'est un pays en dehors du temps, une sorte d'Église universelle, invisible et laïcisée, dont les membres sont censés ne servir que la vérité[1]. » À travers cette définition, Krzysztof Pomian veut repérer dans cette République « les premières applications de l'exigence de l'objectivité de l'historien ». Si l'objectivité de l'historien consiste en une impartialité devant les événements de son temps, Pomian admet que cette définition est « utopique » : cette exigence est, comme il le souligne, « irréaliste ». Et pourtant, quand il insiste sur le processus de « la codification de diverses techniques de la recherche et de critique des sources », il relève un aspect de la République des lettres qui avait déjà été identifié par Momigliano : l'évolution vers l'écriture d'une histoire différente de celle des historiens du passé[2].

À la fin du XVIIe siècle, pour Pierre Bayle qui devient le Mercure de ce « pays », l'objectivité dont parle Pomian ne peut être que la conséquence du fait que la liberté, la raison et la vérité règnent dans la République des lettres. En effet, Bayle soumet à une interrogation infinie tout ce qui est considéré comme « vrai » ou « vraisemblable » : tout ce qui relève de la raison appelle une telle attitude. Chaque homme illustre dans la République des lettres doit avoir à cœur de valoriser le point précis qui les réunit et ne pas prendre en compte les différences qui les séparent : « en ce sens-là, tous les Savants se doivent regarder comme des frères[3] », Ainsi continuera-t-il jusqu'à la fin de sa vie à donner des « nouvelles » de cette « République des lettres ».

Cette République était celle des philologues, mais aussi des savants, savants parce que philologues. À la manière de Guillaume Budé, Marc Fumaroli affirme que toute science, « de la médecine à la géographie, des mathématiques à l'histoire, est alors fondée sur l'étude des textes antiques qui lui servent de point de départ. La *res literaria* englobe Strabon et Hippocrate,

Euclide et Thucydide, au même titre que Virgile et Horace, Homère et Longus. L'imitation en langue vulgaire, pour le plaisir des "ignorants", de la poésie et du roman antique n'est qu'une dérivation seconde, et dans une certaine mesure secondaire, à partir de ce fonds commun dont le plus noble usage est de l'ordre du savoir et non du plaisir. Les géants des "Lettres", sous Henri IV et Louis XIII, sont des érudits tels que Casaubon, Scaliger, Saumaise, Sirmond, Pétau[4] ». Cette affirmation qui résume en effet le XVI^e^ siècle ne correspond plus du tout à la situation du XVII^e^ siècle : on assiste alors à la naissance d'un autre ordre qui privilégie aussi le plaisir dans les lettres, au-delà du savoir philologique, et qui étend le domaine de la science aux auteurs modernes.

Ce changement est perceptible dans le *Parallèle* de Perrault, qui attire l'attention sur la transformation de la notion du public tout en soulignant la révolution de l'imprimé en tant qu'il changea la face de la littérature. Selon lui, à travers l'abondance des livres, on assiste à l'élargissement des frontières de la République des lettres et on constate l'apparition de nouveaux membres. Les « ignorants » entrent en scène comme des acteurs de premier ordre : « L'abondance des livres a apporté encore un autre changement dans la République des lettres, qui est qu'autrefois il n'y avait que les Savants de profession qui osassent porter leur jugement sur les ouvrages des Auteurs, à qui ils donnaient ordinairement beaucoup de louanges à la charge d'autant, & qu'aujourd'hui tout le monde s'en mêle. On a vu par le moyen des traductions ce que c'était que les Grecs & les Romains, & que d'être savant n'était pas une chose qui rendît un homme d'une autre espèce que les autres. De là il en est arrivé qu'il n'y ait presque plus de Dames ni de Courtisans qui ne jugent des ouvrages d'esprit & qui n'en jugent plus cruellement que les Savants, ne craignant point que l'on leur rende la pareille ; & de là vient qu'on admire très peu de choses, & que l'approbation publique est si difficile à obtenir » (I, 62-63)[5].

Un des aspects fondamentaux de cette République est sa tendance à la collection : il s'agissait au début de constituer une « bibliothèque » [6]. Mais d'un siècle à l'autre, les amateurs d'antiquités, qu'on nommait « antiquaires », ont collectionné non seulement des manuscrits mais aussi des tableaux, des médailles, des inscriptions, des vases, des sculptures, des fossiles, etc. Leurs cabinets contenaient mille traces différentes du passé, « ces fragments d'histoire qui ont échappé au naufrage du temps[7] ». Des manuscrits qui venaient du fin fond des bibliothèques des abbayes, ainsi que des antiquités et des monnaies, y prenaient place. « De Thou, les Godefroy, les Denis, Mazarin, Colbert, avaient dans leurs bibliothèques, à côté de leur fonds d'imprimés, des portefeuilles de manuscrits[8]. » Philippe Ariès insiste sur le fait que les premiers érudits étaient des collectionneurs et cite l'exemple de J.-A. de Thou, président du Parlement de Paris au début du XVII^e^ siècle, qui a laissé une magistrale *Histoire universelle*, en langue latine : « Il réunissait dans son "cabinet", où des antiques rappelaient le goût de la Renaissance, à la fois les amateurs de textes et d'histoire, et les beaux esprits[9]. » Or ces amateurs d'antiquités, ces curieux qui étaient au commencement de l'élaboration d'un savoir institutionnalisé (c'est par exemple le cas d'un Cassiano del Pozzo[10]) seront fortement critiqués vers la fin du XVII^e^ siècle. Cette critique correspond à un changement de paradigme : au moment où le savoir est institutionnalisé, l'érudit philologue tel qu'il est défini par Budé ou le collectionneur-antiquaire, qui avaient l'un et l'autre tendance à englober la totalité du savoir historique, n'auront plus l'espace pour que leur parole puisse faire autorité.

Le fait est évoqué par Michel de Certeau : « Cette place laissée en blanc ou cachée par l'analyse qui exorbitait le rapport d'un sujet individuel à son objet, c'est *une institution du savoir*[11]. » C'est une institution, dit-il, qui est à l'origine des « sciences » modernes, comme le montrent, au XVII^e^ siècle, les « assemblées » d'érudits (à Saint-Germain-des-Prés, par exemple), les réseaux de correspondances et de voyages qui forment alors un milieu de « curieux » ou, plus clairement encore, au XVIII^e^ siècle, les cercles savants et les académies dont Leibniz se préoccupait tant. C'est dans ces « institutions » qu'un nouveau type d'argumentation fondé sur l'expérience et la démonstration va entrer en vigueur en dépit du « principe d'ancienneté ». Ainsi la justesse ou la vérité d'un argument ne saurait-elle être avancée qu'après l'approbation des preuves par les membres de ces institutions.

Selon de Certeau encore, la naissance des « disciplines » est liée à la création des groupes. Et avec la spécialisation réciproque des « corps » ou des « institutions » à l'intérieur de la société, on assiste à une redistribution de l'espace social. Dans un contexte où des « académies » sont les lieux de production du savoir institutionnalisé, curieux et antiquaires amateurs ne sont plus que des fournisseurs de matériaux en vue de la formulation d'un savoir institutionnalisé, puisque tout « document » ne peut être « monument » qu'à partir de son intégration dans un processus de construction sémantique. Et c'est le cas, par exemple, des travaux de la « Petite Académie » au XVIIIe siècle.

Alain Viala estime, à juste titre, primordial le cadre dressé par les académies, en tant qu'il rend possible la Querelle : « [...] elle s'engage et se développe surtout au sein des institutions privilégiées des nouveaux doctes : les académies. Elle naît, à propos de l'épopée et du merveilleux chrétien, dans les cercles de Marolles et Habert de Monmort. Elle agite peu après l'académie d'Aubignac — dont Guéret[12] fut le secrétaire — et l'académie Lamoignon — où Boileau fit ses premières armes — puis la “Petite Académie” et l'Académie française. Et partout cette onde de choc provoque des scissions dans ces cercles que les nouveaux doctes avaient édifiés comme les bastions de leur récente hégémonie. » Viala constate avec clairvoyance ce changement de paradigme, autour de l'attitude à l'égard des « curieux » de la deuxième moitié du XVIIe siècle : « Cette unanimité partielle [...] dans l'hostilité envers les érudits déclarés définit les Anciens aussi bien que les Modernes comme des *nouveaux doctes*[13]. »

La Bruyère, partisan des Anciens, figure parmi les représentants de la construction de cette attitude vis-à-vis des « curieux » au commencement de l'ère de l'institutionnalisation[14]. Il en est de même pour Perrault, le Moderne par excellence : « Il y a quelques Curieux qui ont le goût très fin ; mais il y en a beaucoup qui ne se connaissent en tableaux que comme la plupart des Libraires se connaissent en Livres. Ils savent le prix, la rareté et la généalogie d'un tableau sans en connaître le vrai mérite, comme les Libraires savent parfaitement ce qu'un Livre doit être vendu, l'abondance ou le peu d'exemplaires qu'il y en a, et l'histoire de ses éditions, sans rien savoir le plus souvent de ce qui est contenu dans le Livre » (I, 241-242) [15].

## 26. *Les académies, II*

La révolution de l'imprimé s'accompagne d'une révolution des académies. L'imprimé élargit les frontières d'une conception forgée en Italie du Nord : la République des lettres. Cette république virtuelle avait donné à tous les lettrés le sentiment qu'ils travaillaient dans un même esprit, sinon toujours pour les mêmes fins. L'imprimerie, qui jusque-là n'avait été considérée par les lettrés que comme une simple technique d'appoint dans la diffusion du savoir, remarque Fumaroli, diffuse en Europe les acquis d'un siècle de philologie grecque et latine, et les œuvres mêmes déjà écrites par l'humanisme italien trouvent un accès « définitif » à l'imprimé et viennent constituer un réseau de bibliothèques. « Elles répandent les modèles de recherche et de sociabilité savantes élaborés en Italie. L'expression "République des lettres" franchit les Alpes, et des "académies" apparaissent en France[1]. » Le parcours de ces académies, leurs préoccupations, leurs membres et leurs rôles sont analysés par Frances A. Yates : nombreuses, elles se réfèrent souvent au modèle de l'Académie platonicienne ; leurs membres sont en relations étroites avec leurs confrères italiens ; plusieurs acteurs de l'histoire de la Querelle appartiennent, soit directement soit par des liens d'amitiés, à ces académies. Ainsi, l'Académie de Baïf, la première en France à être fondée par un décret royal en 1570 et qui est consacrée à la musique et à la poésie, est en relation avec les néoplatoniciens d'Italie ; par ailleurs, Jean Antoine de Baïf, ami et élève de Jean Dorat, va fonder avec Peletier et Ronsard la Brigade qui deviendra bientôt la Pléiade. Du Bellay et ses amis sont au courant des écrits de Speroni qui appartient à l'Accademia degli Infiammati. La *Défense et illustration de la langue française* de Du Bellay n'est-elle pas due en grande partie aux écrits de Speroni[2] ?

Du côté des sciences, toujours en Italie, Federico Cesi fonde en 1603 son Accademia dei Lincei (Académie des Lynx) dont Galilée est un des membres fondateurs ; mais le père de Cesi réunissait déjà dans sa villa plusieurs écrivains, et parmi eux Alessandro Tassoni. Le premier livre de cette institution scientifique pionnière à être publié avec sa marque, un « lynx » au regard perçant, est le livre de Johannes van Heck, *De Nova Stella Disputatio* (Rome, A. Zanetti, 1605). Il concerne la place et l'éloignement d'une *nova* apparue en 1604, que Heck avait observée tandis qu'il travaillait à la cour de Rodolphe II à Prague. Du côté de l'Angleterre, Bacon rêve d'une institution pour son « Advancement of Learning » ; et son rêve se réalisa, après sa mort, par la fondation de la Royal Society of Sciences (1637). Mais déjà, du côté de la France, et dans le domaine scientifique, le père Marin Mersenne[3] dominait la scène : de Gassendi à Peiresc, de Descartes à Hobbes, son Académie devient le haut lieu de la curiosité approfondie. Ainsi, grâce aux académies et à la politique de l'État, émerge comme le nouveau centre de gravité[4].

Au cours du XVIIe siècle, le poids de cette tradition des académies privées ne diminue pas. Qui plus est, les membres de ces académies se placent sous la protection de la haute magistrature et sont liés au pouvoir royal. Le monarque absolu devient à la fois le garant et la raison d'être des travaux de la République des lettres française. L'Académie française est l'organe d'une ambition royale. Ceux qui veulent rétablir l'ordre dans un pays et y faire ressusciter les connaissances sont les monarques, et l'ultime but de ces connaissances, tel que décrit par Perrault, est la glorification du monarque : « Les ouvertures par où les Sciences & les Arts reviennent sur la Terre sont les règnes heureux des grands Monarques qui en rétablissant le calme & le repos dans leurs États y font refleurir toutes les belles connaissances » (I, 53). La fondation par Richelieu de l'Académie française en 1637 (date officielle, car les réunions ont commencé dès 1634) [5], de l'Académie des inscriptions et des médailles en 1663 par Colbert et de l'Académie des sciences en 1666 constitue des moments décisifs pour la célébration de la gloire du roi.

« Quel siècle pour ses Rois, des hommes révéré / Au siècle de LOUIS peut être préféré[6] ? » Si Perrault qualifie d'adolescence du siècle l'époque de Richelieu, qui voit naître l'Académie française, le siècle de Louis le Grand en est la vieillesse, car on y atteint le plus haut degré de perfection (I, 54). Dans son discours de réception à l'Académie française, le 1er juillet 1684, Boileau, nommé historiographe du roi avec Racine (à partir de 1677), insiste sur sa tâche d'historiographe et sur ce qu'on attend des membres de l'Académie à l'époque de Louis XIV : « La bonté qu'a eue le plus grand Prince du monde, en voulant bien que je m'employasse avec un de vos plus illustres Écrivains à ramasser en un corps le nombre infini de ses actions immortelles, cette permission, dis-je, qu'il m'a donnée, m'a tenu lieu auprès de vous de toutes les qualités qui me manquent. [...] Permettez pourtant que je vous désabuse, si vous vous êtes persuadez que ce grand Prince, en m'accordant cette grâce, a cru rencontrer en moi un Écrivain capable de soutenir en quelque sorte par la beauté du style et par la magnificence des paroles, la grandeur de ses exploits. C'est à vous, Messieurs, c'est à des plumes comme les vôtres, qu'il appartient de faire de tels chef d'œuvres, et il n'a jamais conçu de moi une si avantageuse pensée[7]. » L'histoire c'est d'abord l'histoire de la grandeur du prince « très chrétien ».

L'histoire de la Petite Académie s'articule en trois moments : fondée en 1663 par Colbert et son équipe (Perrault, Chapelain, Charpentier, Cassagne et l'abbé de Bourzeys), l'Académie des inscriptions et des médailles a pour mission de fixer à travers les médailles le souvenir des principaux événements du règne. Le deuxième moment commence après la mort de Colbert, avec le ministère de Louvois. Il est marqué par l'exclusion de Perrault et son remplacement par Boileau. Le troisième moment vient ensuite avec la réforme du règlement, le 19 juillet 1701. À partir de cette date commence le règne de l'abbé Bignon, ami de Fontenelle et de Tournemine. Le premier et le deuxième moments de l'Académie ne sont guère différents l'un de l'autre : les académiciens proposent des sujets et des devises de médailles destinées à commémorer les événements et les actes principaux du règne.

La seule différence entre les deux premiers moments de l'Académie fut le choix de la langue qu'on devait utiliser. À l'époque de Colbert, c'était le français, mais sous le règne de Boileau le latin : « M. Charpentier de l'Académie françoise, ayant composé des inscriptions pleines d'emphase, qui furent mises par ordre du Roy au bas des Tableaux des Victoires de ce Prince, peints dans la Galerie de Versailles par M. Le Brun ; Monsieur de Louvois, qui succéda à Monsieur Colbert dans la Charge de surintendant des Bâtiments, fit entendre à sa Majesté, que ces Inscriptions déplaisaient fort à tout le monde ; et pour mieux lui montrer que c'était avec raison, me pria de faire sur cela un mot d'écrit qu'il peut montrer au Roy. Ce que je fis aussitôt. Sa Majesté lut cet écrit avec plaisir, et l'approuva. De sorte que la saison l'appelant à Fontainebleau, il ordonna qu'en son absence on ôtât toutes ces pompeuses déclamations de Monsieur Charpentier, et qu'on y mît les Inscriptions simples, qui y sont. [...] Il est vrai que la langue Latine dans cette simplicité a une noblesse et une énergie, qu'il est difficile d'attraper en notre langue[8]. » C'est au sujet des inscriptions et des médailles et dans le cadre de la Petite Académie que sera débattu l'un des thèmes de la Querelle des Anciens et des Modernes, c'est-à-dire la supériorité ou l'infériorité de la langue française. Cet aspect de la Querelle, comme d'autres, est une parfaite codification des discours précédents sur la primauté du latin ou du vulgaire.

Vers la fin du siècle, les fonctions des académies royales se rapprochent et deviennent similaires. D'ailleurs Perrault avait déjà proposé à Colbert en 1666 un projet visant à unifier ces académies en une « académie générale »[9]. Il faut encore insister sur la tâche de l'Académie au cours de ses deux premiers moments : elle ne consistait qu'en la célébration de la gloire du roi. Mabillon[10], de la congrégation de Saint-Maur, qui participait aux travaux de la Petite Académie, définit cette tâche en ces termes : « La gloire de nos rois doit faire la principale application de l'Académie[11]. »

## 27. *Le temps, ce grand sculpteur*

La nouveauté s'entend classiquement comme la conséquence d'un rapport au temps, qui est le seul cadre du mouvement. Nul ne s'est encore affranchi des termes de l'opposition entre, d'une part, l'éternité / immuabilité et, d'autre part, le temps / mouvement, telle que Platon l'a posée dans le *Timée*.

Le démiurge de Platon crée le monde selon le modèle éternel des dieux (*Timée*, 37d-38a) : quand il comprend que ce monde vit et se meut, il se réjouit et veut le rendre plus semblable au modèle éternel[1]. Mais substantiellement les deux mondes sont différents : « Cette éternité, l'adapter entièrement à un Monde engendré, c'était impossible. » Son auteur s'est alors donné pour tâche de fabriquer une image de l'éternité immobile qui progresserait selon la loi des nombres : ce fut le Temps. Selon Platon, les saisons, les années, les mois, les jours et les nuits ont été créés en même temps que le Ciel. « Car tout cela, ce sont des divisions du Temps : le passé et le futur sont des espèces engendrées du Temps, et lorsque nous les appliquons hors de propos à la substance éternelle, c'est que nous en ignorons la nature. » La seule catégorie applicable à la substance modèle éternelle est le présent : « Au contraire, *était*, *sera*, sont des termes qu'il convient de réserver à ce qui naît et progresse dans le Temps. Car ce ne sont que des changements. » Or ce qui est immuable et inchangé n'a pas de *devenir* ; il demeure, il est. Ce qui est sujet au changement, c'est ce qui a été fait à partir du modèle qui, par conséquent, devient. On peut parler du passé et du futur de chacun, mais l'éternité n'a jamais connu et ne connaîtra jamais ni la jeunesse ni la vieillesse. Le temps imite l'éternité et « se déroule en cercle ». Chez Platon, le Temps engendré aspire à l'éternité et au modèle parfait. Mais ces deux substances sont différentes, et le vecteur de l'engendré ne peut jamais atteindre un présent éternel ; les deux finalités ne se croisent jamais ; le créé est moins parfait que son modèle[2].

Autre texte, non moins fondamental pour la postérité, est le quatrième livre de la *Physique* d'Aristote. En effet, ce n'est pas par rapport à une transcendance qu'Aristote essaye de définir le temps, mais en soi ; or bien évidemment sa nature est obscure. Au lieu de s'arrêter à ces apories, Aristote passe au concept d'instant afin de poser dès le début la grande question de la mesure. L'instant est donc une limite à travers laquelle on peut définir le temps en un avant et un après. D'ailleurs, l'instant n'est jamais identique à soi ; sinon, il n'y aurait pas du temps.

Le temps donc n'*est* que par le mouvement, or il n'est pas le mouvement ; pour qu'il soit possible de percevoir le mouvement, il est nécessaire qu'il y ait un avant et un après, donc un changement perceptible. « Et quand nous percevons l'avant et l'après, dit Aristote, on dit que le temps est. » Ce temps est de l'ordre du nombre croissant ; il est donc une numérotation à travers laquelle on perçoit son existence tout en le mesurant. Or les choses qui sont toujours ne se trouvent pas à l'intérieur du temps ; leur essence ne peut être mesurée par le temps. Où l'on voit poindre à nouveau le problème du lieu qui contient tout sans être lui-même contenu — problème qui découle de l'hypothèse de la dernière sphère située aux confins de l'univers selon la cosmologie antique, autrement appelée Empyrée par Dante[3]. Aristote en conclut que les choses susceptibles de génération et de corruption se trouvent nécessairement dans le temps[4].

Le septième traité de la *Troisième Ennéade* de Plotin développe ces mêmes arguments : « L'éternité et le temps sont deux choses différentes ; l'éternité est dans la nature qui dure toujours, et le temps, dans ce qui naît et dans l'univers sensible » (III, 7, 1) [5]. Pourtant, l'éternité et le temps se ressemblent : ce sont des êtres augustes, même si celui-ci est fait à l'imitation de celle-là. L'éternité est unité ; c'est « une vie qui persiste dans son identité, qui est toujours présente à elle-même dans sa totalité, qui n'est pas ceci, puis cela, mais qui est tout à la fois, qui n'est pas une chose puis une autre, mais qui est une perfection indivisible ; tel un point où s'unissent toutes les lignes, sans qu'elles s'épandent jamais au-dehors ; ce point persiste en lui-même dans son identité ; il n'éprouve aucune modification ; il est toujours dans le présent, et il n'a ni passé ni futur ; il est ce qu'il est, et il l'est toujours » (III, 7, 3). Au contraire les choses engendrées ont un passé et un futur ; si on enlève le futur aux choses sensibles, elles cesseront d'être, « puisqu'elles acquièrent à chaque instant un état nouveau » (III, 7, 4). Selon Plotin, l'univers sensible est doté d'un avenir : il change continuellement, passe d'un état à l'autre, dans un mouvement circulaire, puisqu'il aspire à l'être immuable. Cet être immuable, cet Un, Plotin le considère Auguste (III, 7, 6).

La création du temps chez Plotin est assez étonnante et plurivoque, elle présuppose l'unité de l'Un et du Vivant : « Avant d'avoir engendré l'antériorité et de lui avoir lié la postérité, qu'elle réclame, il reposait dans l'être ; il n'était pas le temps, il gardait sa complète immobilité dans l'être. Mais la nature curieuse de l'action, qui voulait être maîtresse d'elle-même, choisit le parti de rechercher mieux que son état présent. Alors elle bougea, et lui aussi se mit en mouvement ; ils se dirigèrent vers un avenir toujours nouveau, un état non pas identique à leur état précédent, mais différent, et sans cesse changeant. Et après avoir cheminé quelque peu, ils firent le temps, qui est une image de l'éternité » (III, 7, 11).

Le mouvement de l'âme, pour sa part, est « un progrès incessant à l'infini ; au lieu de ce qui est tout entier à la fois, un tout qui doit venir parties par parties et qui est toujours à venir » (*ibid.*). Le temps est l'allongement progressif de l'âme, qui aspire à l'Un. La contribution de Plotin est cruciale, en ce que l'être (comme la société humaine chez Dante) dans le temps est pris dans un progrès vers un but défini à l'horizon de l'avenir : l'état parfait, l'éternité, Dieu pour le dire en un mot.

## 28. *Le temps qui se tend vers l'éternité*

Tout ne trouve cependant pas sa solution dans le système de Plotin : Augustin, après lui, bute sur l'aporie majeure de la mesure du temps[1]. On ne peut mesurer que ce qui *est*. De fait, quand Augustin pose la question ontologique de la nature du temps, il ne se départit pas d'abord de l'approche des sceptiques pour qui « le temps n'a pas d'être, puisque le futur n'est pas encore, que le passé n'est plus et que le présent ne demeure pas[2] ». Rapidement, l'évêque d'Hippone, pour mesurer ce qui n'*est* pas, place le futur et le passé dans le présent dont les modalités prennent la forme de l'attente et de la mémoire. Ce processus s'opère à l'intérieur et par le biais du langage ; le futur et le passé *sont* parce que nous prédisons des événements et racontons des choses. « Solution élégante », selon Paul Ricœur : « En confiant à la mémoire le destin des choses passées et à l'attente celui des choses futures, on peut inclure mémoire et attente dans un présent élargi et dialectisé qui n'est aucun des termes précédemment rejetés : ni le passé, ni le futur, ni le présent ponctuel, ni même le passage du présent[3]. » Augustin est amené à concevoir dans l'âme trois modes de temps : le présent du passé, le présent du présent, le présent du futur ; la mémoire, la vision et l'attente correspondent à ces trois modes du présent. Or, à ce stade, dit Ricœur, on n'a pas encore résolu l'énigme de la *mesure* du temps : car il faut, pour résoudre l'énigme, écarter la solution cosmologique « afin de contraindre l'investigation à chercher dans l'âme seule, donc dans la structure multiple du triple présent, le fondement de l'extension et de la mesure[4] ».

Le choix d'Augustin de recourir au mouvement et surtout au mouvement des astres n'est finalement pas surprenant dans sa tentative d'isoler un temps propre à l'âme, dans la mesure où c'est bien ce qui rend nécessaire une dissociation du temps et du mouvement. Le premier argument est la réduction des astres au rang des autres mobiles ; le deuxième argument invite à mesurer le temps par autre chose que le mouvement. Quant au troisième argument, il pose que si les astres ne sont que des luminaires destinés à marquer le temps, le mouvement des astres ne peut donc pas constituer le temps. En fin de compte, la vitesse des éléments cosmologiques qui servent de mesure est altérable : Dieu, en sa qualité de maître de l'univers, peut à tout moment changer la vitesse des astres. Quand Augustin dit que le temps est plutôt la mesure du mouvement que le mouvement lui-même, ce n'est pas à un mouvement régulier des corps célestes qu'il pense, mais à la mesure du mouvement de l'âme humaine[5]. L'extension du temps est une distension de l'âme. La possibilité de mesurer vient finalement du triple présent et de l'empreinte laissée dans la mémoire (l'âme) par les choses passées. Les choses passent, et une impression demeure dans la mémoire. Selon les propres termes d'Augustin : « L'impression, que les choses en passant font en toi, y demeure après leur passage, et c'est elle que je mesure quand elle est présente, non pas ces choses qui ont passé pour la produire[6]. »

La passivité de l'impression s'oppose à l'activité d'un esprit tendu en des directions opposées — entre l'attente, la mémoire et l'attention : « Je me prépare à chanter un chant que je connais. Avant que je ne commence, mon attente se tend vers l'ensemble de ce chant ; mais quand j'ai commencé, à mesure que les éléments prélevés de mon attente deviennent du passé, ma mémoire se tend vers eux à son tour ; et les forces vives de mon activité sont distendues, vers la mémoire à cause de ce que j'ai dit, et vers l'attente à cause de ce que je vais dire. Néanmoins mon attention est là, présente ; et c'est par elle que transite ce qui était futur pour devenir passé. Plus cette action avance et avance, plus s'abrège l'attente et s'allonge la mémoire, jusqu'à ce que l'attente tout entière soit épuisée, quand l'action tout entière est finie et a passé dans la mémoire[7]. » Ce qui se produit pour le chant peut se produire pour une action plus ample, la vie entière de l'homme ou l'histoire.

Il y a chez Augustin une espérance de la stabilité qui, selon Ricœur, donne « au présent humain une certaine ressemblance avec le présent éternel de Dieu ». L'antériorité de l'éternité est donnée dans le contraste entre « l'être qui n'a pas été fait et qui pourtant est » et l'être qui « change » et « varie »[8]. Dieu a fait les choses et les êtres par l'éternité de son Verbe : tout a été dit pour toujours et simultanément. Sinon, la création se serait produite dans le temps et dans le changement, ce qui est en soi contradictoire avec la nature même d'une création *ex nihil.* Dieu n'est pas un artisan qui fait à partir de quelque chose ; sa création ne souffre pas un avant. Mais comment le créateur qui n'a jamais eu d'avant ni d'après, qui est sans commencement et sans fin, peut-il assigner aux choses créées de commencer d'être et de finir d'être ? « Que faisait Dieu avant de faire le ciel et la terre ? » ; « S'il était inoccupé et ne faisait aucun travail, pourquoi ne s'est-il pas de même toujours aussi dans la suite comme toujours auparavant abstenu de travailler ? » ; « Si Dieu avait une volonté éternelle de produire une création, pourquoi n'est-elle pas éternelle aussi[9] ? »

À cela Augustin répond que Dieu ne faisait « rien ». C'est un néant qui entoure le temps. Il n'y a pas d'avant à la création, parce que Dieu en créant le monde a aussi créé le temps : « Il n'y avait pas d'alors là où il n'y avait pas de temps[10]. » La réponse que donne Augustin pose donc l'antécédence comme excellence : « Tu précèdes tous les temps passés selon la hauteur de ton éternité toujours présente. » Les catégories temporelles sont impropres à penser un « avant du monde ». Il n'est donc pas ontologiquement de nouveauté possible.

## 29. « *Je suis dégoûté de la nouveauté* »

Mais alors de quoi disputait la Querelle sur l'excellence des Modernes ? L'objet a une étymologie éclairante[1]. Le mot *nouveau* (nouvel ou nouvelle) est issu, sous la forme *novel*, début XIIe siècle, devenue *nouveau* au XIIIe siècle, du latin *novellus*, « jeune, récent », diminutif de *novus*. En français, l'adjectif qualifie ce qui est d'apparition, de création récente et qualifie d'abord un être jeune (1130), puis une chose fraîche (1130-1140), une personne qui a acquis un titre ou une fonction qu'elle n'avait pas encore (1165) et une personne sans expérience (fin XIIe siècle, d'où le mot *novice*). Dès l'ancien français, le mot se nuance des acceptions d'inédit, original, hardi et quelquefois « singulier, inattendu » et bientôt de « surprenant » (1580).

La valorisation de la notion de nouveauté est tardive, elle apparaît au XIXe siècle, au moment de la valorisation de la notion de modernité. Mais son acception contemporaine se forge dans les débats de la Querelle et aux troubles et bouleversements du temps. Le lieu commun que partagent les auteurs de l'époque moderne veut qu'il n'y ait rien de nouveau, mais, si nouveau il y a, il est sûrement à craindre, à éviter ou à combattre. Le mot avait encore un sens péjoratif jusqu'au XVIIIe siècle et s'appliquait presque exclusivement aux propagateurs d'idées nouvelles en matière religieuse ou bien juridique.

Dans le domaine du droit coutumier, au XVIe siècle, à la suite des projets d'unification, Étienne Pasquier en annonçait déjà le danger. L'innovation des lois étant porteuse de catastrophes et ruinant les pays, il fallait à tout prix l'éviter : « Car quand ceste innovation de loix, sur lesquelles toy, Curial, fondes la grandeur de ton Prince, est coustumiere en un pais, c'est l'entiere desolation & ruine. Et vaudroit mieux certainement vivre sous la crainte & obeissance des anciennes (quoy qu'elles fussent, peut estre, mauvaises) que d'en tailler & decouper de jour à autre à son plaisir[2]. » En effet, Pasquier ne se limita pas au droit ; il s'opposa à la réforme de l'orthographe, il combattit les poètes de la Pléiade qui forgeaient des mots indépendamment de l'usage, il fut hostile à la nouvelle médecine et injurieux quand il parlait de Copernic ou de Paracelse (« appelez les innovateurs ou heretiques si vous voulez »). Ainsi chez Pasquier, notamment dans ses *Recherches*, la nouveauté est étroitement associée au désordre, à la révolte, aux troubles[3].

Montaigne partageait cette attitude univoque. Vivant en un temps de massacres, de guerres civiles et de schismes, il ne celait pas son dégoût pour tout ce qui est nouveau : amoureux de l'honneur des Anciens, il ne voyait autour de lui, dans son monde actuel, que lâcheté, bassesse et couardise. Il se tourna vers les Anciens, surtout vers Plutarque, pour retrouver les signes des grandes âmes, et vers le stoïcisme en raison de son recueillement. Et les sauvages ? Ils devinrent les héros d'un récit d'émerveillement, en tant qu'ils appartenaient à des sociétés presque paradisiaques, sorties tout droit d'un temps où la paix et l'honneur régnaient glorieusement sur la surface de la terre. Il n'est pas étonnant de voir Montaigne se dresser en ennemi des nouveautés : plus que la nouveauté, peut-être est-ce le dépérissement de toute mesure humaine qui le rendait si pessimiste. Mais comment ne pas l'être devant de telles atrocités[4] ?

Comme Pasquier, Montaigne fut hostile à tout changement dans le domaine des lois. Il le condamne sévèrement au chapitre 23 du premier livre des *Essais* : « En voici d'une autre cuvée. Il y a grand doute, s'il se peut trouver si évident profit au changement d'une loi reçue telle qu'elle soit, qu'il y a de mal à la remuer, d'autant qu'une police, c'est comme un bâtiment de diverses pièces jointes ensemble d'une telle liaison, qu'il est impossible d'en ébranler une que tout le corps ne s'en sente. Le législateur des Thuriens ordonna que quiconque voudrait ou abolir une des vieilles lois, ou en établir une nouvelle, se présenterait au peuple la corde au col ; afin que si la nouveauté n'était approuvée d'un chacun, il fût incontinent étranglé[5]. » La suite du texte indique explicitement le danger : la nouveauté. Mais ici, apparemment la nouveauté en question est la Réforme : « Je suis dégoûté de la nouveauté, quelque visage qu'elle porte, et ai raison, car j'en ai vu des effets très dommageables[6]. »

Dans la pensée de Montaigne, la nouveauté fut donc associée à la destruction de l'ancien. Ce qu'il faut conserver, c'est l'ancien, surtout dans le domaine de la loi, des usages et des coutumes. L'antiquité est une qualité qu'il faut respecter. Ainsi en est-il de l'antiquité de l'État. La nouveauté dans la « police » conduit à la guerre civile. L'objectif des lois est d'écarter n'importe quel prétexte à innover : « Mais le meilleur prétexte de nouveauté est très dangereux », dit Montaigne, et cite Tite-Live : « Tant on ne saurait approuver le moindre changement à l'usage antique[7] ».

Le chapitre 26, « De l'institution des enfants », transpose les mêmes arguments en matière d'éducation : « Qu'il se contente de se corriger soi-même, et ne semble pas reprocher à autrui tout ce qu'il refuse à faire, ni contraster aux mœurs publiques. *Licet sapere sine pompa, sine invidia* ["On peut être sage sans ostentation, sans arrogance"]. Fuie ces images régenteuses du monde et inciviles, et cette puérile ambition, de vouloir paraître plus fin, pour être autre ; et comme si ce fût marchandise malaisée, que répréhensions et nouveautés, vouloir tirer de là, nom de quelque péculière valeur. Comme il n'affiert qu'aux grands Poètes, d'user des licences de l'art, aussi n'est-il supportable, qu'aux grandes âmes et illustres de se privilégier au dessus de la coutume[8]. »

La nouveauté est un vice, qui empêche d'être soi-même et force à contredire les mœurs publiques ; elle est un danger qui valorise le paraître plus que l'être. Seules les grandes âmes peuvent s'élever au-dessus de la coutume : « [...] le sage doit audedans retirer son âme de la presse, et la tenir en liberté et puissance de juger librement des choses, mais quant au dehors, qu'il doit suivre entièrement les façons et formes reçues. [...] Car c'est la règle des règles, et générale loi des lois, que chacun observe celles du lieu où il est[9]. » Ce balancement entre liberté de l'esprit et respect de l'ordre des choses se marque bien dans ses précieuses réflexions sur La Boétie : quand Montaigne parle du *Discours de la servitude volontaire*, il condamne d'abord l'usage et le détournement de sens opéré par « ceux qui cherchent à troubler et changer l'état de notre police[10] ».

Le contenu du livre de La Boétie, dit Montaigne, était sérieux ; mais c'était un sujet que La Boétie avait traité quand il était enfant, et seulement « comme sujet vulgaire et tracassé en mille endroits de livres ». Quant à la liberté, il est vrai que La Boétie aurait préféré être né à Venise, république harmonieuse où les habitants sont libres parce qu'ils ne reconnaissent « autre seigneur que la loi et la raison ». Montaigne soutient alors que cette même liberté était marquée par un profond respect des lois : « Mais il avait une autre maxime souverainement empreinté en son âme, d'obéir et de se soumettre très religieusement aux lois, sous lesquelles il était né. Il ne fut jamais un meilleur citoyen, ni plus affectionné au repos de son pays, ni plus ennemi des remuements et nouveautés de son temps ; il eût bien plutôt employé sa suffisance à les éteindre, qu'à leur fournir de quoi les émouvoir d'avantage : il avait son esprit moulé au patron d'autres siècles que ceux-ci[11]. »

Le patron d'autres siècles, l'immuabilité des lois, la nouveauté comme vice : on retrouve Platon et sa *République* sous la plume de Montaigne : « Platon, en ses lois, n'estime peste au monde plus dommageable à sa cité, que de laisser prendre liberté à la jeunesse, de changer en accoutrements, en gestes, en danses, en exercices et en chansons, d'une forme à une autre ; remuant son jugement, tantôt en cette assiette, tantôt en celle-là : courant après les nouveautés, honorant leurs inventeurs ; par où les mœurs se corrompent, et les anciennes institutions, viennent à dédain et à mépris[12]. »

Le chapitre que Montaigne consacre aux « cannibales » préfigure une vision culturelle qui sera discutée longuement dans le plus long texte des *Essais*, l'« Apologie de Raimond de Sebonde ». Selon Montaigne, le bien se situe du côté de la nature, dans la constance de la création ; sans doute l'homme est-il misérable dans sa condition mortelle, mais il l'est bien plus encore dans sa recherche en vue de surpasser ses limites et les limites de la nature. Les bêtes sont heureuses ; l'homme, être peu tranquille, se lance délibérément vers les contrées obscures des passions et se retrouve en proie à « l'inconstance, l'irrésolution, l'incertitude, le deuil, la superstition, la sollicitude des choses à venir, voire après notre vie, l'ambition, l'avarice, la jalousie, l'envie, les appétits déréglés, forcenés et indomptables, la guerre, la mensonge, la déloyauté, la detraction, et la curiosité[13] ». Or la tranquillité de l'âme n'est possible que dans l'isolement de la pensée (bien que la personne assume des charges publiques) ; le sage est celui qui accepte sa propre condition d'ignorant[14].

Montaigne nous propose apparemment une vie qui n'est comparable qu'à la sienne, une vie sans extérieur ni élément étranger, une vie calme, paisible sans changement, ni curiosité, voire sans voyages. En quelque sorte une vie stoïque[15], exempte « des agitations que nous recevons par l'impression de l'opinion et science, que nous pensons avoir des choses. D'où naissent la crainte, l'avarice, l'envie, les désirs immodérés, l'ambition, l'orgueil, la superstition, l'amour de nouveauté, la rebellion, la desobeyssance, l'opiniastreté, et la pluspart des maux corporels[16] ».

Quant à la curiosité, elle est qualifié de passion « avide et gourmande de nouvelles, qui nous fait abandonner toutes choses, pour entretenir un nouveau venu[17] ». De la curiosité, dit Montaigne, la chrétienté a eu une connaissance particulière dès les origines : elle l'a regardée comme un mal naturel et originel en l'homme qui en conçut l'ambition d'augmenter sa sagesse et sa science, « la première ruine du genre humain ; c'est la voie par où il s'est précipité à la damnation éternelle[18] ». Il s'agit, bien évidemment de la douce dégustation du fruit défendu par Adam et Ève et de la fin de leur séjour idyllique dans le jardin d'Éden.

L'orgueil est une autre passion qui tourmente l'esprit et mène droit à la perte : « C'est l'orgueil qui jette l'homme à quartier des voies communes, qui lui fait embrasser les nouveautés, et aimer mieux être chef d'une troupe errante, et dévoyée, au sentier de perdition, aimer mieux être régent et précepteur d'erreur et de mensonge, que d'être disciple en l'école de vérité, se laissant mener et conduire par la main d'autrui, à la voie battue et droiturière[19]. »

Selon Montaigne, il est évident que la nouveauté résulte des passions qui tourmentent l'âme ; maîtrisons donc les passions, et nul n'aura plus besoin de nouveautés. Un siècle plus tard, les molinistes et les quiétistes allaient proposer de supprimer toute action pour libérer l'âme. Sans action, sans mouvement, l'âme n'est évidemment proie à aucune passion : ainsi la nouveauté aurait été bel et bien supprimée par une simulation de la mort. Cette alarmante proposition de Miguel de Molinos est condammée par le pape Innocent XI le 2 novembre 1687. 1687 est une année bien étrange ; elle est non seulement l'année de la lecture du poème de Perrault, mais aussi celle de la publication des *Principia* d'Isaac Newton qui est entièrement consacrée à l'étude du mouvement des corps.

## *30. Montaigne ou la quête du bonheur...*

Vers la fin du chapitre « Des cannibales », Montaigne rapporte un voyage à rebours. Il s'agit de trois indigènes qui sont écartés de leur voie « battue et droiturière » pour pouvoir venir en France et rencontrer le roi. Ce récit condamne, une fois de plus, l'état du vieux monde, accablé d'injustices et de cruautés, mais tout autant la nouveauté : « Trois d'entre eux, ignorant combien coûtera un jour à leur repos, et à leur bonheur, la connaissance des corruptions de deçà, et que de ce commerce naîtra leur ruine, comme je présuppose qu'elle soit déjà avancée (bien misérables de s'être laissés piper au désir de la nouveauté, et avoir quitté la douceur de leur ciel, pour venir voir le nôtre) furent à Rouen, du temps que le feu Roi Charles neuvième y était[1]. »

Il est évident que la volonté de connaissance, de voir et de voyager est associée à la nouveauté, comme si Montaigne faisait un éloge de l'immobilité (mais ne doit-il pas partir pour l'Italie ?). D'ailleurs, agitation, remuement, mouvement, abondance, excès sont des mots qui irritent. Il faut tout bonnement « être » puisque « les bêtes nous montrent assez combien l'agitation de notre esprit nous apporte de maladies[2] ». Or les humeurs meuvent par le mouvement du temps, et chaque jour qui apporte quelque chose de nouveau fait que l'homme flotte entre divers avis et ne veut « rien librement, rien absolument, rien constamment[3] ». Il est clair qu'ici la constance et l'absolu sont identifiés à la liberté. Ainsi, dans le cas des habitants du Brésil : « Ce qu'on nous dit de ceux du Brésil, qu'ils ne mouraient que de vieillesse, on l'attribue à la sérénité et tranquillité de leur air, je l'attribue plutôt à la tranquillité et sérénité de leur âme, déchargée de toute passion, pensée et occupation tendue ou déplaisante : comme gens qui passaient leur vie en une admirable simplicité et ignorance, sans lettres, sans loi, sans Roi, sans religion quelconque[4]. »

Les choses nouvelles, au chapitre 42 du premier livre, sont directement associées aux choses « douteuses », en raison de la difficulté qu'il y a à faire des choix, dans la mesure où Montaigne met en avant l'« imbécillité du jugement humain[5] » comme cause première. En effet, le jugement humain est faible, fade, languissant, médiocre, en cela qu'il recommande les choses non pas par leur bonté ou utilité mais « par la rareté ou nouvelleté, ou encore par la difficulté[6] ».

L'opposition de Montaigne à la nouveauté a un fondement transcendant, un caractère purement religieux : « Si nous tenions à Dieu par l'entremise d'une foi vive ; si nous tenions à Dieu par lui, non par nous ; si nous avions un pied et un fondement divin, les occasions humaines n'auraient pas le pouvoir de nous ébranler, comme elles ont ; notre fort ne serait pas pour se rendre à une si faible batterie ; l'amour de la nouveauté, la contrainte des Princes, la bonne fortune d'un parti, le changement téméraire et fortuite de nos opinions, n'auraient pas la force de secouer et altérer notre croyance ; nous ne la laisserions pas troubler à la merci d'un nouvel argument, et à la persuasion, non pas de toute la Rhétorique qui fût onc ; nous soutiendrions ces flots d'une fermeté inflexible et immobile[7]. »

Le refus de la nouveauté découle-t-il de la nature profonde du religieux ? Le primat du religieux impliquerait la prévalence absolue d'un passé fondateur, d'une tradition souveraine, qui devancent les choix des êtres vivants dans le présent et s'imposent comme loi générale ou règle immuable, partagée de tout temps et pour chacun. Cette articulation d'une coprésence de l'origine et d'une disjonction d'avec le même moment est définie par Marcel Gauchet comme une *permanence* coutumière et une *dépendance* sacrale : « Ce qui donne sens à l'existence n'est pas de nous, mais d'avant, et pas d'hommes comme nous, mais d'êtres d'une autre nature, dont la différence et la sacralité consistent en ceci surtout qu'eux furent des créateurs, alors qu'il n'y a plus eu depuis lors que des suiveurs [...] En bref, *dehors comme source et l'immuable comme règle*[8]. »

Au deuxième livre des *Essais*, vers la fin du chapitre 12, l'« Apologie de Raimond de Sebonde », Montaigne expose sa propre conception du temps et de l'éternité, qui s'avère être une étrange mixture de plusieurs éléments[9]. Il commence par citer Lucrèce (*De rerum natura*, V, 828-831) :

*Car le temps modifie la nature du monde entier,*
*Et toutes choses vont nécessairement d'un état à un autre.*
*Rien ne demeure semblable à soi, tout passe,*
*La nature transforme et fait changer toute chose*[10].

Dans ce monde, où Montaigne a bâti sa demeure, rien n'est stable. L'enfance meurt, elle devient jeunesse, jeunesse à son tour vieillesse : « Le jour d'hier meurt en celui du jourd'hui, et le jourd'hui mourra en celui de demain ; et n'y a rien qui demeure, ne qui soit toujours un[11]. » Citant Héraclite, il met l'accent sur la continuité : la mort du feu est la génération de l'air ; la mort de l'air, la génération de l'eau. Or, dit-il, nous demeurons, dans la durée d'une vie, toujours même et un. Comment se fait-il alors que l'homme soit marqué par des désirs opposés, qu'il aime un jour une chose, un autre jour une autre ? C'est que les sens sont trompeurs : on croit aux apparences, on se trompe sur la nature de ce qui est véritablement. Ce qui *est* véritablement est ce qui est éternel. L'éternel n'a jamais eu de naissance, il n'aura jamais de fin : le temps n'affecte pas l'éternité, il ne peut pas l'altérer. Le temps — Montaigne suit le *Timée* — est une chose mobile « qui apparaît comme en ombre, avec la matière coulante et fluante toujours, sans jamais demeurer stable ni permanente ; à qui appartiennent ces mots : devant et après, et a été ou sera, lesquels tout de prime face montrent évidemment que ce n'est pas chose qui soit ; car ce serait grande sottise et fausseté toute apparente de dire que cela soit qui n'est pas encore en être, ou qui déjà a cessé d'être. Et quant à ces mots : présent, instant, maintenant, par lesquels il semble que principalement nous soutenons et fondons l'intelligence du temps, la raison le découvrant le détruit tout sur le champ : car elle le fend incontinent, et le partit en futur et en passé, comme le voulant voir nécessairement départi en deux. Autant en advient-il à la nature, qui est mesurée, comme au temps, qui la mesure. Car il n'y a non plus en elle rien qui demeure, ne qui soit subsistant ; ains y sont toutes choses ou nées, ou naissantes, ou mourantes[12] ». Le seul être qui n'est pas né et qui ne mourra pas est donc Dieu auquel les catégories temporelles ne s'appliquent pas ; les catégories temporelles qui impliquent déclinaisons, passages ou vicissitudes ne concernent que les êtres imparfaits : « Par quoi il faut conclure que Dieu seul est, non point selon aucune mesure du temps, mais selon une éternité immuable et immobile, non mesurée par temps, ni sujette à aucune déclinaison ; devant lequel rien n'est, ni ne sera après, ni plus nouveau ou plus récent, ains un réellement étant, qui par un seul maintenant emplit le toujours ; et n'y a rien qui véritablement soit que lui seul, sans qu'on puisse dire : il a été, ou : il sera ; sans commencement et sans fin[13]. »

L'homme n'agit que par la volonté de Dieu, qui seule décide de l'élever ; mais pour atteindre à cette élévation, ce bonheur, l'homme doit renoncer aux moyens terrestres. Montaigne conclut par là que cette métamorphose miraculeuse ne peut exister qu'à travers la foi chrétienne, et — comme chez Pétrarque — non pas par les moyens du stoïcisme.

L'« Apologie de Raimond de Sebonde » développe la théologie naturelle de Montaigne, à la manière de celui dont Yves Bonnefoy dit qu'il rêva de faire un avec le monde et qui avait entrepris la douloureuse tâche de l'écrire : « Et quelle tâche lui est laissée, à lui qui s'interroge ainsi devant la terre qu'il aime et qu'il voudrait dire, quelle tâche sans fin pour simplement ne faire qu'un avec elle ! Quelle tâche que l'on conçoit dès l'enfance, et que l'on vit de rêver possible, et que l'on meurt de ne pouvoir accomplir ! » (*La vie errante*, 1993, p. 44).

Le modèle de Montaigne ne se trouve pas dans ce monde : placé à l'*avant* du monde, il existe toujours dans un *au-delà*. Sa pensée est gouvernée par la primauté du passé associée à celle du transcendant. La suite est marquée par la révélation et l'arrivée du Christ : Dieu est intervenu dans ce monde, si bien que pour l'homme, chassé de l'Éden, le meilleur parti à prendre est de vivre dans un état tel que les lois très anciennes donnent sens à son existence. En revanche, tout ce qui relève du champ sémantique du « nouveau » constitue un défi ; c'est de là que naît son interrogation sur la nécessité des lois qui peut-être assureront à l'homme de vivre dans un environnement tranquille, stable, paisible et lui fourniront les moyens d'un bonheur terrestre peu probable.

Montaigne reprend les opinions des Anciens en la matière ; selon Épicure, par exemple, les lois, y compris les pires, sont si nécessaires à la société humaine que, sans elles, les hommes s'entre-mangeraient. Quant à Platon, nous rapporte Montaigne, il estime que, sans lois, les êtres humains vivraient comme des bêtes. L'esprit humain est un outil « vagabond, dangereux et téméraire », qui a besoin qu'on lui ajoute « l'ordre et la mesure » ; il faut lui opposer « les barrières les plus contraintes qu'on peut » et déterminer les limites de son extension, de sa liberté. En un mot, il faut l'éduquer. Mais l'esprit humain, cet obscur objet, volatile et fuyant, échappe à chaque tentative : « On le bride et garrotte de religions, de lois, de coutumes, de science, de préceptes, de peines, et récompenses mortelles et immortelles : encore voit-on que par sa volubilité et dissolution, il échappe à toutes ces liaisons. » Il existe pourtant des âmes, quoique en très petit nombre, qui sont réglées, fortes, et auxquelles on peut se fier. Ces âmes peuvent « avec modération et sans témérité voguer en la liberté de leurs jugements, au-delà des opinions communes. Il est plus expédient de les mettre en tutelle ».

La subjectivité, la volonté de suivre sa vocation comporte des dangers ; il faut donc tenir le droit chemin, le suivre et ne pas le quitter. Il vaut toujours « mieux de vous resserrer dans le train accoutumé, quel qu'il soit, que de jeter votre vol à cette licence effrénée ». De là vient la nécessité de suivre les grandes âmes, fortes et bien réglées, pour éviter de faire fausse route et pour atteindre, quoique jamais complètement, la sagesse. Montaigne sait que son esprit est lui aussi sujet à la dérive. La nouveauté est donc à éviter : « Or de la connaissance de cette mienne volubilité, j'ai par accident engendré en moi quelque constance d'opinions et n'ai guère altéré les miennes premières et naturelles. Car quelque apparence qu'il y ait en la nouveauté, je ne change pas aisément, de peur que j'ai de perdre au change. » Et, quand il n'est pas capable de choisir, il préfère suivre un autre, qui l'est. Montaigne déclare qu'au moment des troubles il a préféré se tenir au passé, de manière à pouvoir surmonter les difficultés qui sont arrivées à son époque : « Ainsi me suis-je, par la grâce de Dieu, conservé entier, sans agitation et trouble de conscience, aux anciennes créances de notre religion, au travers de tant de sectes et de divisions, que notre siècle a produites. »

Le fondement religieux qui gouverne la pensée de Montaigne distingue clairement deux arguments : la vérité relève de l'intemporel, tandis que la connaissance humaine n'est qu'accoutumance. Cette dernière est donc falsifiable selon les périodes et les lieux. C'est pourquoi Montaigne témoigne un respect à la fois immense et réservé vis-à-vis des Anciens, surtout à propos des sciences physiques ou de la nature : « Les écrits des Anciens, je dis les bons écrits, pleins et solides, me tentent, et remuent quasi où ils veulent ; celui que j'oy, me semble toujours le plus roide ; je les trouve avoir raison chacun à son tour, quoi qu'ils se contrarient. » Par exemple, les hommes ont cru pendant des siècles à une certaine représentation du ciel ; or cette représentation, celle de Ptolémée, avait déjà ses détracteurs en la personne de « Cleanthes le Samien ou de Nicetas Syracusien » qui soutenaient « que c'était la terre qui se mouvait, par le cercle oblique du Zodiaque tournant à l'entour de son essieu ». Et aujourd'hui ? « Copernicus a si bien fondé cette doctrine, qu'il s'en sert très réglément à toutes les conséquences Astrologiennes. » Et dans le futur ? « Que prendrons nous de là, sinon qu'il ne nous doit chaloir lequel ce soit des deux ? Et qui sait qu'une tierce opinion d'ici à mille ans ne renverse les deux précédentes ? »

Montaigne ainsi détruit les conditions de possibilités d'un progrès en matière scientifique. L'entendement humain ne sera jamais capable d'atteindre la vérité, le temps ne constitue pas un facteur important dans la connaissance : « Ainsi quand il se présente à nous quelque doctrine nouvelle, nous avons grande occasion de nous en défier, et de considérer qu'avant qu'elle fut produite, sa contraire était en vogue ; et comme elle a été renversée par celle-ci, il pourra naître à l'avenir une tierce invention, qui choquera de même la seconde[14]. » La nouveauté, somme toute, demeure ici encore impossible, faute de jamais pouvoir être nouvelle.

## *31. Bossuet et Fénelon contre la nouveauté*

Le *Dictionnaire* de Furetière (1690) cite Calvin et Luther et associe la nouveauté au *réformateur*. Les protestants sont des *novatores* monstrueux : l'usage que fait Bossuet du terme dans son *Oraison funèbre* d'Henriette-Marie de France, reine de Grande-Bretagne, va dans cette direction : « Donc la source de tout le mal est que ceux qui n'ont pas craint de tenter au siècle passé la réformation par le schisme, ne trouvant point de plus fort rempart contre toutes leurs nouveautés que la sainte autorité de l'Église, ils ont été obligés de la renverser[1]. » Bossuet associe la nouveauté, bien évidemment, au mal et à l'erreur : « L'erreur et la nouveauté se faisaient entendre dans toutes les chaires[2]. »

Or une accusation réciproque, de « nouveauté », était dressée contre l'Église catholique ; en effet, selon les protestants, c'était l'Église qui avait propagé des nouveautés pendant des siècles et elle se trouvait dans l'erreur ; au cours des âges, en introduisant et accumulant les nouveautés, elle s'était éloignée de l'état originel de la Sainte Écriture et par conséquent la Réforme proposait, à juste titre, un retour à l'ancien, aux fondements de la religion chrétienne. L'accusation de « nouveauté » et d'erreur était donc réversible : déjà en 1627, Pierre du Moulin publiait un livre de mille trente-quatre pages intitulé *Nouveauté du papisme, opposée à l'antiquité du vrai christianisme*, pour attribuer la propagation de la nouveauté à l'Église catholique[3]. Contre-attaque, mais excessive : en 1657, Nicolas Charpy de Sainte-Croix publie un livre bizarre qui annonçait l'antiquité de la nouveauté de l'Église, pour pouvoir la défendre contre les accusations de nouveauté[4] ; apparemment il dépassait tant les limites de la fantaisie que le Grand Arnauld, sous le pseudonyme de sieur de Bonneval, s'est senti obligé de procéder à sa réfutation[5].

Mais, la nouveauté, bête noire des adversaires, avait une capacité d'action presque autonome : selon Bossuet, c'était une chimie extrêmement dangereuse, voire épidémique, qui brûlait les cœurs. Le goût de la nouveauté était comme une drogue ; une fois qu'il l'avait pris, l'homme risquait de devenir dépendant : « Ces disputes n'étaient encore que de faibles commencements, par où ces esprits turbulents faisaient comme un essai de leur liberté. Mais quelque chose de plus violent se remuait dans le fond des cœurs : c'était un dégoût secret de tout ce qui a de l'autorité, et une démangeaison d'innover sans fin, après qu'on en a vu le premier exemple[6]. » Et Bossuet, fidèle jusqu'au fond de son âme à la tradition, impitoyable guerrier et ennemi des nouveautés, écrivait, en 1696, cette déclaration de croisade, pour répondre aux injures qu'un livre répandait contre lui : « Ce que j'ai à faire de ma part, c'est de continuer de m'opposer, autant qu'il me sera possible, aux nouveautés, pour lesquelles ces gens-là ont un zèle si aveugle[7]. » Il est significatif de voir apparaître, sous la plume de Bossuet, quoiqu'il la récuse, la nouveauté, en tant qu'objet de fascination pour les hommes de son siècle et non seulement dans le domaine du religieux. Ne va-t-il pas de soi qu'un discours sur la nouveauté n'est possible qu'à partir du moment où la présence de celle-ci est détectable ?

Bossuet ne fut pas le seul à formuler les méfaits de la nouveauté. Fénelon, évêque de Cambrai, sévèrement attaqué par Bossuet pour ses propos semi-quiétistes et exilé depuis 1697 dans son archevêché, déploie une activité doctrinale et littéraire intense. Acteur de la Querelle, il adopte une position intermédiaire : il s'inquiète de la corruption des mœurs et du peu de respect vis-à-vis des Anciens ; ses propos ne tranchent assurément pas sur les plus répandus à son époque. C'est l'Église qui détient la vérité.

Dans son *Avis à une dame de qualité*, Fénelon invite à se méfier de la nouveauté : « Il suffit qu'elle sache assez bien la religion pour la croire et pour la suivre exactement dans la pratique sans se permettre jamais d'en raisonner. Il faut qu'elle n'écoute que l'Église, qu'elle ne se prévienne pour aucun prédicateur contredit ou suspect de nouveauté[8]. » Il faut connaître pour croire, sans jamais raisonner sur la pratique, et ne suivre que les prescriptions de l'Église. Les *Mémoires politiques* ne disent rien d'autre : « Il peut ajouter que, pour ses sentiments sur la religion, il n'en veut jamais avoir d'autres que du Saint-Siège, qu'il ne tient à rien d'extraordinaire, et qu'il aurait horreur de ses amis mêmes, s'il apercevait en eux quelque entêtement, ou artifice, ou goût de nouveauté[9]. » Conformément au sens lexical que j'ai indiqué, les « novateurs » sont les ennemis de l'Église : « Cette protection [de l'Église par le Prince] des canons se tourne donc uniquement contre les ennemis de l'Église, c'est-à-dire, contre les novateurs, contre les esprits indociles et contagieux, contre tous ceux qui refusent la correction[10]. »

Fénelon tient lui aussi que « c'est un goût dépravé, une passion aveugle de dire quelque chose de nouveau[11] ». Aussi l'éloquence ne supporte-t-elle pas l'innovation : parler, c'est s'en tenir aux lieux communs, ne pas s'éloigner de la tradition des Pères. La primauté du passé règne en souverain chez Fénelon : « Parler avec cette précaution, c'est demeurer dans les bornes posées par nos Pères ; c'est suivre religieusement la tradition ;

c'est rapporter sans aucun mélange de nouveauté les expériences des saints et le langage qu'ils ont tenu en parlant quelquefois d'eux-mêmes avec simplicité et pure obéissance[12]. »

Au soubassement, chez Fénelon comme chez Montaigne, des propos contre la nouveauté, il se retrouve la nature de la femme, tentatrice et corruptrice depuis la Chute. Dans *De l'éducation des filles*, Fénelon est on ne peut plus explicite : « Surtout inspirez aux filles cette sagesse sobre et tempérée que saint Paul recommande, faites-leur craindre le piège de la nouveauté, dont l'amour est si naturel à leur sexe[13]. » L'inclination des femmes à quitter la règle en faveur de la nouveauté relève, encore une fois, de leur nature : « [...] elles ne choisissent et ne quittent rien par règle, il suffit qu'une chose bien inventée ait été longtemps à la mode, afin qu'elle ne doive plus y être, et qu'une autre, quoique ridicule, à titre de nouveauté prenne sa place et soit admirée[14]. »

## *32. Un Dieu cinématographe ?*

De cela, que retenir ? Qu'un glissement du sens de la nouveauté s'opère alors dans quelques milieux de la société de l'époque. La nouveauté et ses significations semblent être valorisées, sinon comment entendre Montaigne : « Madame, si l'étrangeté ne me sauve, et la nouveauté, qui ont accoutumé de donner prix aux choses, je ne sors jamais à mon honneur de cette sotte entreprise[1] ; mais elle est si fantastique, et a un visage si éloigné de l'usage commun, que cela lui pourra donner passage[2]. »

Déjà en 1621, dans la préface (« Démocrite Junior au Lecteur ») de son *Anatomie de la mélancolie*, Robert Burton mettait l'accent sur cette valeur d'échange : il semble qu'un titre inattendu, inouï, tel qu'il annonçait quelque chose de « nouveau » devait aider à la carrière d'un livre beaucoup plus que les autres : faut-il y voir une stratégie éditoriale ou un appétit du public envers tout ce qui annonçait du « nouveau » ? Tout en citant Scaliger, Burton dit : « Il est toutefois habituel de nos jours d'attribuer un titre fantaisiste à un livre si l'on veut le vendre ; car comme les alouettes se font prendre à la tirasse, nombre de lecteurs frivoles en resteront bouche bée comme des badauds devant une peinture antique dans une échoppe de peintre, alors qu'ils ne jetteraient même pas un coup d'œil à un livre plein de bon sens. D'ailleurs, comme le fait remarquer J.J. Scaliger, *rien n'attire davantage le lecteur qu'un argument inattendu, inédit, et celui-ci se vendra mieux qu'un pamphlet scurrile,* et *davantage encore quand le palais est excité par l'attrait de la nouveauté*[3]. »

Perrault s'inscrit dans ce champ sémantique qui, riche de polyvalence, s'étend de Montaigne jusqu'à la fin du XVIIe siècle. Il lui revient de transformer celui-ci en un champ de bataille. Il ne lui avait pas échappé que l'usage du mot « nouveauté » avait fait florès dans les titres des livres scientifiques et médicaux du XVIIe siècle[4], suite à des bouleversements majeurs intervenus dans le domaine de la connaissance de la nature et dont il saura tirer arguement dans le *Parallèle.*

Le « nouveau » n'était pas inconnu du Moyen Âge : il y eut, au XIIIe siècle, la *Poetria nova* de Geoffrey de Vinsauf[5], la *Rethorica novissima* de Boncompagni, la *Vita nuova* de Dante accompagnée de *dolce stil nuovo* ; au XIVe, des ouvrages comme *Novum lumen* et *Novum Testamentum* (attribués à Arnald de Villanova) étaient déjà en circulation. Les voyages de Colomb et de Magellan eurent pour conséquence de baptiser nouveaux des lieux comme New Spain, Nouvelle-France, New England, New York, Nova Scotia, New Haven, etc. Dès 1537, Bonaventure des Périers se moquait de la passion aveugle de ses contemporains à chercher et trouver partout du nouveau. De fait, l'historienne Lynn Thorndike montre l'accélération des emplois du mot : avec l'apparition de nouvelles étoiles à partir de 1572, les astronomes font entrer dans le champ du savoir un ciel nouveau et une terre nouvelle. En 1527, Paracelse a essayé d'introduire une *Nouvelle Médecine* à l'université de Bâle. Un livre sur les nouvelles maladies a été publié en 1541. En 1544, Gomez Pereira a écrit sur la nouvelle médecine, et Petrus de Marchtis sur la nouvelle chirurgie. Bientôt, Claudius Campensius publia une nouvelle interprétation des *Aphorismes* d'Hippocrate. En 1587 Patrizi publia sa *Nouvelle Géométrie* et il dédia en 1591 sa *Nouvelle Philosophie* au pape Grégoire XIV. David Origan dressa les nouvelles *Éphémérides de Brandebourg* des mouvements des corps célestes pour les années 1595-1655[6]. Au début du XVIIe siècle, la qualificatif, dans les sciences, se répand au risque de devenir stéréotype : Boyle décrit ses expériences sur la pression de l'air comme des nouvelles expériences et Hobbes termine son *Léviathan* en soulignant la nouveauté de son entreprise : «... *I hope the novelty of it [...] will please.* » (« J'espère que sa nouveauté [...] plaira. ») L'ère est celle de la nouvelle philosophie, laquelle, on ne saurait s'en étonner, sera condamnée[7].

Ce développement se nourrit de l'opposition à l'aristotélisme et à la pensée scolastique portée tout autant par les découvertes médicales faites par Paracelse, les progrès que Galilée a fait faire à l'astronomie grâce à ses lunettes et par l'intérêt pour les méthodes expérimentales. Un siècle avant Perrault il s'est donc joué dans le domaine des sciences une première Querelle des Anciens et des Modernes, dont la grande Querelle de 1687 se fait l'écho : Perrault, dans son poème *Le siècle de Louis le Grand*, étend l'acception de la nouveauté à ces découvertes d'un nouveau monde, mais aussi — et ce n'est pas de moindre importance — d'autres mondes, dans les cieux et dans la matière.

> Grand Dieu depuis ce jour qu'un art incomparable,
> Trouva l'heureux secret de ce Verre admirable
> Par qui rien sur la Terre & dans le haut des Cieux
> Quelque éloigné qu'il soit, n'est trop loin de nos yeux,
> De quel nombre d'objets d'une grandeur immense,
> S'est accrue en nos jours l'humaine connaissance :
> Dans l'enclos incertain de ce vaste Univers,
> Mille mondes nouveaux ont été découverts,
> Et de nouveaux Soleils, quand la nuit tend ses voiles,
> Égalent désormais le nombre des étoiles.
> Par des Verres encor non moins ingénieux,
> L'œil voit croître sous lui mille objets curieux
> Il voit, lors qu'en un point sa force est réuni,
> De l'Atome au Néant la distance infinie ;
> Il entre dans le soin des moindres petits corps,
> De la sage Nature il y voit les ressorts,
> Et portant ses regards jusqu'en son Sanctuaire
> Admire avec quel art en secret elle opère.
> Lors qu'insensiblement consacrant leurs écrits
> Le Temps aura pour eux gagné tous les esprits :
> Et par ce beau relief qu'il donne à toute chose,
> Amené le moment de leur Apothéose[8].

Perrault, en bon augustinien, ne croit pas, dans ses *Pensées chrétiennes*, qu'il y ait, dans l'éternité, de succession des parties et des moments : le temps est à l'éternité ce que les rivières sont à la mer : « Si nous n'avions jamais vu que des eaux courantes nous pourrions croire que cette succession de parties est de l'essence de l'eau comme sa fluidité, son humidité, etc. De même que nous croyons que la succession des moments les uns aux autres est de l'essence de la durée, parce que nous ne connaissons point d'autre durée que celle où cette succession de moments se rencontre ; au lieu que si nous pouvions concevoir l'éternité elle nous paraîtrait comme elle l'est en effet : un seul moment où une infinité de moments existent tous ensemble et qui ne succèdent point les uns aux autres[9]. »

Pour expliciter son opinion, Perrault prend un exemple, au demeurant assez surprenant. Il parle d'une certaine machine que les enfants utilisent comme jouet : « Par une ouverture on voit, en faisant tourner une roue qui est enfermée dedans, paraître des moutons qui viennent l'un après l'autre, un chien ensuite, un berger. De la manière que la machine est composée on ne voit ces figures que l'une après l'autre, car lorsque les unes commencent à paraître par un des coins de l'ouverture, les autres se cachent sous l'autre coin de la même ouverture. Cela représente le temps qui nous découvre de la même manière toutes les choses qui arrivent dans le monde. Mais si l'on rompait ce qui couvre cette roue et qu'on pût la voir tout entière, on verrait en même temps et d'un même coup d'œil les brebis, le chien et le berger, et en la manière, si cela se peut dire, dont Dieu voit d'une seule vue les choses passées, les choses présentes et les choses à venir[10]. »

On entend là l'écho d'Augustin : seul le point de vue de Dieu est capable de voir le temps ; il est l'auteur du mouvement, il est, dirait-on de nos jours, le cinématographe. L'homme des choses qui adviennent n'a qu'un souvenir, et ne voit pas le futur. Or le futur est déjà là, le temps ne faisant que nous révéler les événements qui figurent sur sa roue. Ainsi l'homme marche-t-il dans les ténèbres vers un avenir préfiguré : « La perfection du monde qui n'arrivera qu'à la consommation des siècles est qu'il n'y ait qu'une volonté. Aussi la religion chrétienne ne tend qu'à cela[11]. »

## 33. *La* nova *est-elle* Ke-sing ?

Le soir du 11 novembre 1572, à Herrivad, au royaume du Danemark, Tycho Brahé, âgé de vingt-six ans, venait juste de terminer quelques expériences alchimiques, quand il aperçut dans le ciel une étoile inconnue, très brillante, dans la constellation de Cassiopée. Il l'observa pendant des nuits et des nuits, jusqu'à obtenir un résultat. Ce résultat marque un tournant dans l'histoire de l'astronomie occidentale : l'étoile ne bougeait pas par rapport au fond de ciel et ne présentait donc pas de parallaxe. En d'autres termes : c'était une étoile placée très haut dans le ciel, au-delà de Saturne, peut-être même dans la sphère des « fixes », selon la conception de l'époque. Au bout de quelques semaines d'observation, Tycho se rend compte que sa couleur et sa magnitude changent : elle ne peut être qu'une étoile fixe. Mais les étoiles fixes sont supposées être invariables : il décide de l'appeler *nova* (or les Chinois connaissaient déjà les *nova*, ils les appelaient *Ke-sing* : étranger, d'une physionomie singulière). En 1573, il publie à Copenhague son *De nova et nullius aeui memoria prius uisa Stella*. L'étoile brillante allait disparaître au début de 1574.

La *nova* de Brahé serait un de ces « nouveaux soleils » du poème de Perrault et Brahé occupe une place d'honneur dans le quatrième tome du *Parallèle* : « Tycho Brahé ayant fait plusieurs observations à l'occasion d'une nouvelle étoile qui parut au commencement de l'année 1572, dans la constellation de Cassiopée, & qui y parut pendant plus de seize mois parvint à la connaissance du vrai lieu des Étoiles fixes, excité par l'exhortation que Copernic en avait faite à son disciple, comme je l'ai déjà remarqué, & par le besoin qu'il avait de le savoir pour bien parler de cette nouvelle étoile, il connut ensuite presque toutes les erreurs de ceux qui l'avaient précédé. [...] il ajouta ensuite deux cents étoiles au Catalogue des Anciens. Je ne dois pas oublier qu'il a inventé un grand nombre d'instruments très utiles pour observer, & que le degré qui ne se divisait qu'en six ou en douze, fut divisé par lui en soixante parties qu'il appela Minutes, lesquels il divisa ensuite en plusieurs parties ; on se sert encore des mêmes divisions » (IV, 31-33).

Cette apparition de la *nova* pose d'abord un problème de classification. La nouveauté est, dans ce cas-là, un défi par rapport à l'ordre des choses connues. Elle est sans précédent, singulière, unique ; elle ne figure pas dans les écrits des Anciens, elle n'a pas de semblable[1]. Elle brise une logique, elle rompt avec le passé et avec la classification usuelle de l'astronomie, rend obsolètes les outils intellectuels de l'ancienne cosmologie : Tycho ne peut que raconter, décrire l'événement ; il ne peut pas l'expliquer. Aussi est-il dans l'obligation de l'interpréter selon d'autres systèmes qui « expliquent » l'inexplicable. Il a recours à l'alchimie et à l'astrologie : comme cette étoile ne peut guère être qu'un signe divin, il faut essayer d'en déchiffrer la signification au moyen des catégories de l'alchimie et la considérer, selon le modèle astrologique, comme un prodige qui annonce l'avenir. Le nouveau brise ici le cadre conceptuel et se présente comme un problème.

*Le siècle de Louis le Grand* évoque la question des comètes ; comparant la physique d'Aristote au savoir de l'époque contemporaine, particulièrement aux considérations que Tycho formule à partir de l'observation des comètes :

> Chacun sait le décri du fameux Aristote
> En Physique moins sûr qu'en Histoire Hérodote ;
> Ses écrits qui charmaient les plus intelligents,
> Sont à peine reçus de nos moindres Régents.
> Pourquoi s'étonner ? Dans cette nuit obscure
> Où se cache à nos yeux la secrète Nature,
> Quoique le plus savant d'entre tous les humains
> Il ne voyait alors que des fantômes vains.
> Chez lui, sans nul égard des véritables causes,
> De simples qualités opéraient toutes choses.
> Et son système obscur roulait tout sur ce point,
> Qu'une chose se fait de ce qu'elle n'est point.
> D'une épaisse vapeur se formait la Comète,
> Sur un solide Ciel roulait chaque Planète[2]...

Les observations que Tycho Brahé fait de la comète apparue le soir du 13 novembre 1577 et de celle de 1585 prouvèrent ses hypothèses. La comète de 1577 avait une parallaxe trop petite pour pouvoir évoluer dans les régions du monde sublunaire. La conclusion de Brahé fut très importante : les comètes se déplaçaient dans les régions éthérées du monde et non pas dans le monde sublunaire comme Aristote et ses disciples ont voulu nous le faire croire pendant des siècles. Et si les comètes étaient situées au-dessus de la Lune, les planètes ne pouvaient pas être fixées dans les sphères de cristal de l'astronomie traditionnelle. La « réalité des sphères » de l'ancienne représentation du cosmos, disait Brahé dans une lettre à Kepler, devrait donc être « exclue des cieux ». Ainsi, loin d'être un corps solide, dur et impénétrable, comme l'évoque le poème de Perrault, le ciel devait au contraire être « fluide et libre, ouvert dans toutes les directions ». Un des dogmes essentiels de la cosmologie traditionnelle, celui de l'incorruptibilité et l'immuabilité des cieux, s'en trouve ruiné[3].

C'est à tort que Perrault attribue à Kepler les considérations sur les comètes (IV, 33). Dans son *Astronomia nova seu Physica coelestis* (1609), Kepler élargit et développe les calculs de Tycho Brahé. Cette même année, Galilée tourne ses « lunettes » vers le ciel et, selon les mots de Perrault, « rien sur la Terre & dans le haut des Cieux / Quelque éloigné qu'il soit, n'est trop loin de nos yeux / [...] S'est accrue en nos jours l'humaine connaissance, / [...] Mille mondes nouveaux ont été découverts / Et de nouveaux Soleils ». Avec le chancelier Bacon et Descartes, Galilée est un des précurseurs qui ont donné à l'humanité les moyens de connaître « davantage avec le temps » la manière dont la nature opère, « de sorte qu'on lui sera en quelque façon redevable, ainsi qu'à ceux que je viens de nommer, de toutes les découvertes qui se feront à l'avenir » (IV, 173). Dans une lettre à Kepler de 1597, Galilée déclare qu'il s'est rallié à la doctrine de Copernic depuis plusieurs années. Or les conséquences de cette adhésion seront fatales. Il construit sa lunette d'approche (c'est-à-dire le télescope) avec des verres qu'il fait venir des Pays-Bas et il commence à observer d'abord la Lune puis les astres à partir de 1609 ; la date est cruciale, et l'on a déjà évoqué le poème de Perrault : « Grand Dieu depuis ce jour qu'un art incomparable, / Trouva l'heureux secret de ce Verre admirable. »

Quel est le rapport exact entre cet événement et la « nouveauté » ? D'abord, la surface de la Lune ressemble à celle de la

Terre, en cela elle a une nature terrestre et tourne dans les cieux : à partir de là, le mouvement de la Terre n'est plus une absurdité. Ensuite, il y a des taches sur la surface du Soleil, ce qui constitue un défi à l'aristotélisme qui prônait l'immuabilité, l'inaltérabilité et l'incorruptibilité du monde sublunaire. Juste après la publication de son *Siderius Nuncius*[4], en 1610, Galilée présenta ses projets futurs au secrétaire du grand-duc de Florence et insista sur le caractère nouveau de sa démarche : « Science entièrement nouvelle et découverte par moi-même en commençant par ses premiers principes[5]. » La nouvelle physique et la nouvelle astronomie devaient non seulement démontrer la vérité copernicienne mais aussi fonder une nouvelle science de la nature[6]. Galilée mena sa campagne de reconnaissance tambour battant, tout en ayant recours à une voie dangereuse : en essayant de séparer la vérité de la foi de la vérité de l'étude de la nature, il recherchait en même temps dans l'Écriture sainte la confirmation de sa nouvelle science[7]. Or l'héliocentrisme était sévèrement écarté et allait être qualifié d'« hérétique » : le 5 mars 1616 un décret de la congrégation de l'Index censure les livres coperniciens et suspend l'autorisation du *De revolutionibus*[8]. En 1632, Galilée publie son *Dialogo dei Massimi Sistemi* qui dramatise l'opposition entre les deux systèmes du monde, celui des Anciens et celui des Modernes, au bénéfice assuré de ces derniers. On connaît la suite de l'histoire : le livre sera interdit par l'inquisiteur de Florence, et Galilée condamné à abjurer.

En soi, il n'y a rien de nouveau dans les observations de Galilée : que la surface de la Lune soit comme celle de la Terre, qu'il y ait des taches solaires, qu'on découvre des satellites autour de Jupiter (ils sont aussitôt baptisés *Medicea Sidera* en l'honneur de la famille régnante de Toscane), toutes ces découvertes appartiennent à l'ordre du factuel. La surface de la Lune a toujours été telle, les taches du soleil existaient déjà à l'époque des Grecs, les satellites de Jupiter tournaient autour de la planète depuis une éternité. Mais, dès lors que tout est désormais observable à partir de 1609, grâce au télescope, le grand changement est que désormais la volonté de trouver du nouveau devient une « intention durable », elle guide l'entreprise scientifique, à tout le moins l'astronomie, science des cieux par excellence.

Le *Dialogo dei Massimi Sistemi* met en scène trois personnages (deux occupant des positions asymétriques, le troisième plus ou moins neutre). Il présente quelques affinités avec le *Parallèle* de Perrault : « Je dis que notre siècle présente des événements et des observations d'une nouveauté et d'une importance telles que je ne doute point qu'Aristote, s'il avait vécu dans notre époque, aurait changé d'avis. Ce qui se voit clairement dans sa manière même de faire de la philosophie : car, tout en écrivant ses considérations sur les cieux inaltérables etc., étant donné qu'on n'a vu aucune nouvelle chose s'engendrer ou se dissocier des vieilles, on peut en déduire implicitement que, s'il avait vu un de ces événements, il aurait estimé le contraire et que, comme il convient, il aurait privilégié l'expérience sensible par rapport au discours naturel. Car, s'il n'avait pas voulu considérer l'expérience sensible, il n'aurait pas argumenté en faveur de l'immuabilité, dans la mesure où les sens ne pouvaient percevoir aucune mutation[9]. » Galilée inverse l'ordre : la vérité découle désormais du présent, elle n'a rien à voir avec celle du passé. Nous sommes, irrévocablement, dans la sphère de la nouvelle philosophie[10].

L'impact de cette pulsion est mesurable chez Perrault : pendant des siècles, les hommes se sont bornés aux écrits des Anciens et ils ont cru que « toute notre étude se devait renfermer à puiser dans les écrits de ces grands hommes, les vérités que nous cherchons ». Désormais l'observation de la nature a pris le pas ; pour être savant, il ne s'agit plus de citer les ouvrages des Anciens, mais au contraire d'accéder à la connaissance immédiate de la nature. Si le clivage est immédiat — entre les Anciens et les Modernes —, il est délicat à cerner : les Anciens sont, ici, présents grâce à certains Modernes. Ces Modernes sont Anciens, puisqu'ils ne croient plus à la nouveauté : « Ils croyaient que le temps de trouver, d'imaginer & de penser quelque chose de nouveau, ou d'une manière qui fut nouvelle, était passé, que ç'avait été un privilège accordé seulement à ces grands génies, & qu'il ne nous restait plus pour notre partage, que la gloire de pénétrer dans leurs pensées & de nous enrichir des précieux trésors dont la Nature leur avait été si libérale » (I, 95-96).

La suite du texte de Perrault est un manifeste de la nouveauté, dans lequel la métaphore biblique de la manne évoque tout à la fois le miracle tombé du ciel, la marche vers la liberté et l'horizon de la Terre promise : « On a étudié la Nature même pour la connaître, & comme si elle eut été bien aise qu'on fût revenu à elle après l'avoir quittée & négligée si longtemps pour écouter ceux qui en parlaient sans l'avoir bien connue. Il n'est pas croyable quel plaisir elle a pris à se communiquer à ceux qui l'ont recherchée & qui lui ont donné tous leurs soins, elle leur a ouvert mille trésors & révélé un nombre infini de mystères qu'elle avait tenu cachés aux plus sages des Anciens. [...] Je ne suis pas surpris que de vieilles gens hors d'âge à recevoir de nouvelles idées persistent dans leurs anciennes préventions, & aiment mieux s'en tenir à ce qu'ils ont lu dans Aristote, qu'à ce qu'on veut leur faire comprendre sur leurs vieux jours. Je ne m'étonne pas non plus que la plupart des Maîtres ès Arts tiennent de toute leur force pour les Anciens qui les font vivre. Mais je ne puis comprendre comment des hommes qui ne sont point encore dans un âge trop avancé, & à qui il ne revient pas de cette prévention, ne veuillent pas ouvrir les yeux sur des vérités incontestables ; que les uns nient encore la circulation du sang dans les Animaux & celle de la sève dans les Plantes ; que les autres se rangent encore du côté de Ptolémée contre Galilée & Copernic ; & tout cela de peur d'avouer qu'on en sait plus que n'en savaient les Anciens. N'est-ce pas préférer les vêtements tout usés de ses ancêtres à des habits tout neufs beaucoup mieux faits & mille fois plus magnifiques, ou si vous me permettez de le prendre d'un ton plus haut, aimer mieux regretter les oignons d'Égypte, que de se nourrir de la manne nouvellement tombée du ciel » (I, 97-98). De Galilée à Perrault, la nouveauté s'installe lentement comme une valeur positive : l'homme doit presque *naturellement* préférer le nouveau à l'ancien.

## *34. Les bornes de l'Antiquité & de la Nouveauté*

Cette installation de la nouveauté au cœur de la quête des sociétés occidentales, qui est le trait distinctif de la modernité, s'opère non sans une ambivalence extrême, car comment borner l'antiquité et la nouveauté ?

Le Président du *Parallèle*, qui représente les Anciens, soutient qu'il est désormais impossible d'inventer de nouvelles fables et fictions (grecques et latines) et il tire du principe que les fables et la fiction sont ce qu'il y a de plus beau dans la grande et noble poésie ; la conclusion veut que la recherche des poètes modernes soit vaine. Perrault, par la bouche de l'Abbé, argue que les fables et les fictions qui étaient neuves à l'époque des Anciens sont aujourd'hui très usées et « elles n'ont pas la grâce de la nouveauté[1] ». Pour autant son adversaire acharné, André Dacier, atteste la même chose et affirme que le goût de la nouveauté est une valeur : « Car l'homme aime à apprendre, & la Fable lui ouvre ce chemin. C'est par là que les enfants commencent à écouter ce qu'on leur dit, & à s'y attacher. La raison de cela, c'est que la Fable est un conte nouveau, non de ce qui est, mais d'une chose toute différente, or il n'y a rien de si agréable, que ce qui est nouveau & inconnu, & c'est cela même qui nous fait aimer les sciences[2]. »

La préface dédiée à Louis XIV par le père René Rapin illustre cette attitude hautement ambivalente qui existe encore à la fin du siècle : « Ce que je vous propose là, Monsieur, est si nouveau, que les Anciens, qui nous ont donné de si belles connaissances de tous les arts & de toutes les sciences, n'en ont rien connu. [...] Mais parce qu'en effet ce qui est nouveau dans les sciences est sujet à tomber dans le bizarre, comme disent les Italiens, *Questo è nuovo mà bisarmente pensato* : allons au-devant de ce défaut, cherchons le vrai sans nous éloigner du solide en ce que nous pensons, & n'imaginons rien qui ne soit fondé en raison, si nous voulons que nos pensées soient bien reçues du Public, auquel on peut imposer pour un temps, mais point pour toujours[3]. »

Le mot « ancien », qui figure dans le titre des quatre volumes du *Parallèle des Anciens et des Modernes* qui paraissent entre 1688 et 1697, désigne avant tout les Grecs et les Romains : « [les] Anciens, dont il s'agit entre nous [...] ne sont précisément que les Grecs et les Romains, comme nous en sommes déjà convenus » (IV, 88-89). Mais, dans le corps du texte, Perrault déplace l'accent vers les partisans des Anciens.

Huet ne manque pas de reprocher à Perrault d'ignorer le passé des Modernes : « Je trouve encore un autre défaut essentiel dans l'entreprise de Perrault. Lorsqu'il a fait la comparaison des Anciens & des Modernes, il a dû fixer les bornes de l'Antiquité & de la Nouveauté, afin que chacun d'eux pût connaître son bien et le défendre. Mais il a laissé ce point indécis, pour en profiter[4]. » Perrault applique à son siècle le même modèle de l'enfance du monde qu'il avait appliqué à l'histoire. Ainsi la « Nouveauté » que Huet utilise curieusement pour désigner l'âge opposé à l'Antiquité n'est-elle en effet que le siècle de Louis XIV : « Prenons pour exemple le siècle où nous vivons. On peut regarder comme son enfance le temps qui s'est passé depuis la fin des guerres de la ligue jusqu'au commencement du Ministère du Cardinal de Richelieu, l'adolescence est venue ensuite & a vu naître l'Académie française, l'âge viril a succédé, & peut-être commençons-nous à entrer dans la vieillesse... » (I, 54). Les Modernes apparaissent sur la scène de l'histoire à partir du XVI^e siècle. Ils n'ont donc pas de modèles, sinon Louis XIV, le modèle par excellence.

Quant aux Anciens, Perrault les rend intelligibles à son lecteur en les référant à d'autres peuples ou peuplades, des Chinois aux Iroquois, des paysans français aux Turcs. Par ces analogies, le lecteur se déplace du registre des « vrais » Anciens morts et passés, vers ces « autres » Anciens, contemporains et présents, pour mieux comprendre et réfuter les Grecs, les Romains et leurs partisans. En effet, le texte de Perrault fait comme si le registre ethnographique donnait une « voix » aux morts et comme si les divers peuples du monde s'inscrivaient sur un même registre temporel que les Grecs et les Romains. Le souci d'apologie est évident. Un premier schème du progrès, des origines jusqu'à Perrault, se dessine : les tribus « premières » récemment « découvertes » et les ethnies du monde entier illustrent un premier moment ; en se référant parfois au passé des Grecs ou en se représentant ce que fut la Grèce, on découvre, à travers le texte de Perrault, non seulement la toute première enfance du monde mais aussi la différence radicale que représentent les Modernes, et spécifiquement les Français modernes vivant au siècle de l'illustre roi « très-chrétien ».

Pour réfuter Théocrite (et par là même, son traducteur Longepierre), Perrault l'accuse d'abord d'être un mauvais poète et ensuite d'appartenir à un vilain peuple ; en effet, son appartenance détermine déjà sa qualité de poète. Dans cette *Églogue* réfutée, la quatorzième, Théocrite raconte une scène où le jeune amant « transporté de rage & de jalousie » donne « deux grands soufflets » à sa maîtresse peu fidèle. Perrault commente la scène : « On dira que c'étaient les mœurs de ce temps-là. Voilà de vilaines mœurs, & par conséquent un vilain siècle bien différent du nôtre. On dira encore que cela exprime bien la Nature, oui, une vilaine Nature qui ne doit point être exprimée. Mais outre que ces excuses sont très mauvaises, je soutiens que ce n'a jamais été les mœurs d'aucune Nation, non pas même des Iroquois, de donner des soufflets à une Maîtresse qu'on régale chez soi... » (I, Préface, XXXV).

Voilà les Iroquois érigés en véritables interlocuteurs des Grecs. Or la vraie comparaison est entre les Grecs et les Modernes ; les Modernes, par leur absence, constituent un objet de comparaison. Sinon comment « faire voir » cette monstruosité des mœurs des Grecs dont le degré d'horreur (si on tient pour vrai le récit de Théocrite) s'accroît du fait de l'introduction de cet élément tiers qui permet de voir et de comprendre. Les Iroquois sont placés dans la chronologie de Perrault — s'il en existe une — en un endroit incertain, antérieur (quoique cette antériorité soit elle-même peu certaine) aux Grecs. Seule cette portion du temps qu'ils partagent rend possible la comparaison. Sont-ils les vestiges d'un temps très reculé ? Si c'est le cas, leur médiation permet d'accentuer la distance entre le siècle de Perrault et les Anciens.

Le Président défend les Anciens dans le *Parallèle*, en soutenant que les Iroquois n'utilisent pas de colonnes, d'architraves, de corniches et d'autres éléments d'architecture. L'architecture étant une activité naturelle, l'usage d'éléments architecturaux sophistiqués exigea un certain progrès. Voilà les Iroquois rejetés dans une antériorité naturelle par rapport aux Grecs. Mais son adversaire a beau jeu d'observer : « Il est vrai qu'ils n'emploient pas des colonnes & des corniches d'ordre Ionique ou Corinthien dans leurs habitations, mais ils y emploient des troncs d'arbres qui sont les premières colonnes dont les hommes se sont servis, & ils donnent à leurs toits une saillie au delà du mur qui forme une espèce de corniche semblable à celle qui dans les premiers temps a servi de modèle à toutes les autres qu'on a depuis enjolivées » (I, 130). Si l'Abbé concède au Président que les Iroquois sont originaires par rappport aux Grecs, il le pousse à accepter le fait que chaque origine trouve elle-même son origine ailleurs : avant les Grecs, il y a les Iroquois, donc *les Grecs* sont *sans miracle*. La transmission des formes rend impossible l'attribution d'un lieu particulier d'invention. Sitôt que le Président introduit la spécificité des Grecs en tant que maîtres de ces formes (« Mais il y a la forme agréable & les justes proportions [...] pour lesquelles on ne peut aussi trop louer les grands hommes qui les ont inventées »), l'Abbé déplace encore une fois le registre. Cette fois il revient à son propos : il est tout à fait naturel que les choses se perfectionnent avec le temps, et il est donc tout à fait naturel que les Grecs, postérieurs aux Iroquois, aient contribué à ce processus. D'autre part, la forme grecque de ces éléments n'est pas une fatalité, surtout pour les Modernes : « D'ailleurs si la forme de ces ornements nous semble belle, ce n'est parce qu'il y a longtemps qu'elle est reçue, & il est certain qu'elle pourrait être toute différente de ce qu'elle est, & ne nous plaire pas moins, si nos yeux y étaient également accoutumés » (I, 131-132). Les Grecs sont aussi différents des Iroquois que les Modernes le sont des Grecs. Cet aller-retour entre les sauvages contemporains et les Anciens de l'Antiquité devient vite un lieu commun, dont on attend quelque intelligibilité[5]. Pierre-Daniel Huet ou Lafitau[6] en sont d'autres exemples, Lafitau dont Michel de Certeau a lumineusement défini le regard d'ethnographe : « [Il] *rapproche* des mouvements antiques les coutumes sauvages : les uns, reliques visibles et authentiques d'un passé pourtant difficilement intelligible ; les autres, témoignages plus *éclairants* provenant d'une primitivité pourtant substitutive. En ce qui concerne *les premiers temps*, chacune des séries de vestiges fournit à l'autre ce qui lui manque. De la sorte, le vif (sauvage) permet de faire *parler* le mort (antique), mais les sauvages ne sont entendus que comme les voix des morts, échos d'une Antiquité muette[7]. »

Nicolas Despréaux sera d'un tout autre avis. Les sauvages ne peuvent rien expliquer, sinon peut-être la folle attitude des Modernes vis-à-vis des Anciens : « Clio vint un jour se plaindre au Dieu des vers, / Qu'en certain lieu de l'Univers, / On traitait d'Auteurs froids, de Poètes stériles / Les Homères et les Virgiles. /

— Cela ne saurait être ; on s'est moqué de vous, / Reprit Apollon en courroux : / Où peut-on avoir dit une telle infamie ? / Est-ce chez les Hurons, chez les Topinamboux ? / — C'est à Paris. — C'est donc dans l'Hôpital des Fous. / — Non, c'est au Louvre en pleine Académie[8]. »

## *35. La navigation antique*

La découverte d'un nouveau monde au XVI^e siècle posait déjà un défi au savoir géographique canonisé[1]. Francis Bacon, très vite, l'avait compris, qui dans *Du progrès et de la promotion des savoirs* écrivait en 1605 : « Et ce progrès de la navigation et des découvertes peut aussi fonder une espérance : celle de voir toutes les sciences aller de l'avant et augmenter. Car il semble que Dieu a arrangé ces progrès pour qu'ils soient contemporains, c'est-à-dire qu'ils se rencontrent dans le même âge. Le prophète Daniel, parlant de ces derniers temps, prédit en effet : *plurimi pertransibunt, et multiplex erit scientia* [plusieurs iront de-ci, de-là et la science sera multipliée]. Comme si le moment où le monde devait s'offrir au regard et être navigué de part en part, et le moment où la connaissance devait s'accroître, étaient destinés à survenir à la même époque. Nous voyons que cela est réalisé déjà en grande partie, car le savoir acquis ces derniers temps est rarement surpassé, même par les deux apogées que le savoir a connus précédemment, le premier chez les Grecs, l'autre chez les Romains[2]. » Perrault n'est pas en reste, qui place la découverte du Nouveau Monde sur le même plan que l'invention de l'imprimerie, de la poudre et du canon, du télescope. C'est un événement de césure : il divise le temps en deux et instaure un avant et un après, et il rend possible ce qui était considéré comme impensable, impossible ou improbable.

Avant tout se pose un problème de taxonomie : les « sauvages » minent le savoir classique et son système — rigide — de classification préalable. Le débat sur la part humaine des Indiens et sur le caractère abominable et monstrueux de leurs religions[3] aboutissait à faire de ces mêmes sauvages les descendants des Hébreux, voire les bénéficiaires des premiers rayons naturels d'une Révélation insaisissable et toute-puissante.

Un des précurseurs de la Querelle des Anciens et des Modernes, Alessandro Tassoni (dont *La Secchia rapita* sera traduite par le frère de Charles Perrault, Pierre, contre Boileau, avec l'intention de fournir un exemple plus parfait de burlesque), dans un chapitre où il cherche à répondre « pourquoi les Anciens vénéraient le soleil », donne déjà un exemple de ce travail de rapprochement : « Il ne faut pas s'étonner de ce que les Persans, les Égyptiens, les Phéniciens, les Syriens et les Grecs, et beaucoup d'autres encore, aient adoré le Soleil. [...] Au siècle où nous sommes, ceux qui sont allés en Inde ont trouvé que presque tous ces peuples adoraient le Soleil[4]. »

Ce travail de rapprochement n'était en aucun cas exceptionnel aux XVI^e^ et XVII^e^ siècles. Nombreux sont ceux qui, dans le procès soulevé par la découverte du Nouveau Monde, se penchaient sur l'identité non seulement de ces peuples mais aussi des peuples antiques. Penser l'autre, pourtant, n'était banalement qu'une façon de penser le soi. Pierre-Daniel Huet, après d'autres, soutenait l'affinité des mœurs des Amérindiens et des Hébreux dans sa *Demonstratio Evangelica* : selon lui, les coutumes et les croyances des Indiens avaient une origine hébraïque[5]. Le déluge, l'attente du Messie, la circoncision, etc., étaient des signes de cette origine commune, qui d'ailleurs se justifiait par une affinité linguistique évidente[6].

Les premières élaborations d'une théorie qui faisait des Indiens les descendants des Hébreux remontent à 1540[7], dans un manuscrit d'un certain docteur Roldàn qui, pour illustrer ses propositions, s'appuie sur des passages du Livre des Rois, et des Livres d'Ezra et d'Osée, concernant les dix tribus, les parties non peuplées du monde et la prophétie selon laquelle une partie des enfants d'Israël allait cesser d'être le « Peuple de Dieu ». Or les noms rencontrés dans le Nouveau Monde ont une affinité avec l'hébreu. Yones dérive de Yoan, Yaque de Jacob, et les noms des femmes comme Ana, Marion, Sara, Mara étaient de consonance hébraïque. Pour ne rien dire des rites et cérémonies des Indiens, répliques de ceux des dix tribus d'Israël. Il était tout à fait compréhensible que ces tribus, après une très longue période de séparation d'avec leur Dieu, eussent oublié la Loi, l'Écriture et le Livre. Pourtant, l'observation des mœurs permet de déduire des affinités : chez les Indiens, il y a la circoncision, l'interdiction de toucher les morts et de commettre l'adultère, etc. Et, selon Roldàn, ce furent les caractéristiques communes des peuples d'Israël, même si parmi ces Indiens-Hébreux dégénérés on rencontre l'idolâtrie et la corruption. Ces thèses ont connu, à travers les manuscrits, une large diffusion.

Toribio de Benavente o Motolinía, Pedro Sarmiento de Gamboa et Diego Durán, jusqu'à la fin du XVIe siècle, vont affirmer, améliorer et diffuser ces thèses dans d'autres manuscrits. Durán, par exemple, s'attache à l'analogie entre les mythes indiens et les faits de la Bible. Ces thèses qui soutiennent que les Indiens descendent des Hébreux ne voient le jour en Espagne sous forme d'imprimé qu'en 1589, date de publication du livre de José de Acosta, *Historia natural y moral de las Indias*[8], dans lequel l'auteur les critique[9].

Le premier livre imprimé dans lequel les thèses de Durán trouvent un écho n'est pas d'un Espagnol mais d'un Français : *Chronographiae libri quatuor* (1580) de Gilbert Génébrard[10], traducteur de Flavius Josèphe. Génébrard prenait ses preuves chez Thevet. Thevet, d'ailleurs, mentait probablement quand il soutenait avoir trouvé une pierre de sépulture sur une des îles des Essors (Açores), sur laquelle on voyait une inscription gravée avec des caractères hébraïques : « Et par cela chacun peut juger, que ce peuple hébreu a habité non seulement au pays de Judée, ainsi partout ce grand univers[11]. » Le débat allait suivre son cours jusqu'à Lafitau, en passant par Huet[12].

Mais demeurait encore le problème de savoir comment avait été peuplée la terre nouvelle. Huet, toujours dans sa *Demonstratio Evangelica*, reprenait le grand thème de la navigation antique[13]. Selon lui, il était assez probable que les Phéniciens et les Carthaginois, en avance en matière de navigation, fussent les premiers à atteindre le Nouveau Monde. En reprenant ce thème déjà ancien, il se situait du côté des Anciens. Or la navigation antique était déjà le *topos* d'une querelle, où on invoquait l'autorité d'Aristote ou d'autres auteurs anciens. Oviedo, Las Casas, Lopez de Gomara, Alejo Vanegas del Busto et même Acosta en avaient traité avant Huet[14]. Bodin, quoiqu'il condamnât l'innovation dans le domaine de la loi dans ses *Six livres de la Répu-*

*blique*, soutenait, dans sa *Methodus ad facilem historiarum cognitionem* (1566), que les Anciens, ne connaissant pas l'aimant, ni donc la boussole, avaient dû se limiter au bassin méditerranéen ; la gloire de naviguer dans le monde revenait à ses contemporains. L'époque moderne était selon lui celle de la certitude[15].

Loys Le Roy, traducteur infatigable de Platon, insistait sur la découverte de mille choses, belles et nouvelles, y compris un Nouveau Monde inconnu des Anciens. La navigation moderne était, certes, supérieure à l'ancienne, qui n'avait aucune possibilité de traverser l'Océan, et on devait ce miracle à la boussole[16]. D'autre part, Cardan considérait comme un vrai prodige d'être né dans un siècle grâce auquel « le monde, dont moins d'un tiers n'était connu par les Anciens, est devenu entièrement connu ». Et il ajoutait que la découverte de cette magnifique chose qu'est l'aimant était à l'origine de la traversée des « grandes mers » ; l'aimant donnait la force de résister aux nuits obscures et aux tempêtes horribles qu'on allait rencontrer dans des régions inconnues et neuves[17]. Pour Campanella, dans ce siècle, où « nous avons vécu une histoire plus riche en cent ans que le monde n'en a connu en quatre mille ans[18] », un des signes apparents d'une unification proche du monde ne pouvait pas ne pas être, parmi d'autres, l'invention de la boussole[19].

Ce lieu commun de la navigation apparaît dès la préface du premier volume de Perrault. La navigation appartient à cette « Histoire exacte du progrès que les hommes ont fait dans la connaissance des choses naturelles ». Celui qui va écrire cette Histoire (d'ailleurs, un philosophe) doit arriver à montrer combien cette connaissance a augmenté depuis le commencement du siècle : « Il en sera de même de ceux qui feront voir la différence de la navigation des Anciens, qui n'osaient presque abandonner les rivages de la Méditerranée, avec celle de nos jours, qui s'est tracé des routes sur l'Océan aussi droites & aussi certaines que nos grands chemins pour passer dans tous les lieux du monde » (I, Préface). Perrault revient à ce thème, cette fois au quatrième tome du *Parallèle*, où le Chevalier pose la question, d'une manière ironique, après une longue discussion sur le savoir géographique : « À propos d'instruments, trouvez-vous,

Monsieur le Président, que la boussole soit un instrument peu utile ? » (IV, 88).

La ligne de partage entre les Anciens et les Modernes n'étant pas fixe, la rupture n'a pas de date précise dans le temps : elle oscille entre le présent et un passé qu'il faut réfuter. Perrault pose l'invention de la boussole comme un événement fondateur de la rupture. Avant, dès que le ciel était couvert, « on était dans la crainte continuelle ». Si « les Anciens n'ont osé entreprendre les voyages de long cours », ce n'était pas faute de courage mais de boussole : « ils tremblaient toujours & avec raison sans savoir où ils allaient ». Aujourd'hui le navigateur sait où il va : « [...] un pilote va surgir à trois mille lieues loin du lieu d'où il est parti, dans le port qu'il s'est proposé sans s'écarter de sa route qu'autant qu'il le faut éviter les terres & les écueils qu'il sait être sur son passage » (IV, 91-92). Les avantages de la boussole sont cumulatifs, la découverte d'un monde inconnu aux Anciens ouvre la voie à l'arrivée des richesses et des commodités pour la vie : « L'or, l'argent, les pierres précieuses, les belles soies, les porcelaines, toutes sortes d'épiceries, & ce qui est encore plus considérable, des remèdes admirables pour la santé, & entre autres le Quinquina[20], & l'Hypecacuhana, deux spécifiques qui guérissent à coup sûr les deux plus fréquentes maladies où nous soyons sujets, la Fièvre & la Dysenterie » (IV, 92-93). L'admirable machine qu'est la boussole vient, selon le Président, de Chine où elle est en usage depuis deux ou trois mille ans. La gloire de la découverte revient aux Chinois, lesquels, par ce coup, deviennent les Anciens. Le Chevalier lui oppose une autre origine, française (IV, 89-90). En réalité, l'origine véritable de la boussole importe moins ici que la volonté d'en découdre avec l'opinion commune qui est celle des défenseurs des Anciens.

Pour naviguer, il est indispensable d'avoir des vaisseaux et des galères. Or la construction « des Vaisseaux et des Galères » apparaît à Perrault « bien plus solide, & bien mieux entendue qu'elle ne l'a été dans tous les siècles précédents » (IV, 94-95). Aujourd'hui, dit Perrault, on peut charger les vaisseaux de « cent & de six vingt pièces de canon » ; aujourd'hui les vaisseaux sont construits pour résister aux tempêtes de l'Océan. Pourtant on sait bien que les vaisseaux anciens étaient construits juste pour les tempêtes de la Méditerranée ; on ne pouvait pas les charger, ils étaient moins solides. « Une vingtaine de nos Canons [se trouvant chargés à bord des vaisseaux des Modernes] aurait enfoncé ou coulé à fonds une bonne partie des plus grands Vaisseaux des Grecs et des Romains » (IV, 95). Ainsi, l'Abbé est persuadé qu'« il n'y a point à revenir sur cet article, & qu'enfin notre manière de naviguer l'emporte en toutes choses sur celle des Anciens » (IV, 97).

De l'invention de la boussole on passe à la navigation, et de la navigation à la conclusion que les Anciens ne sauraient être une source d'inspiration. L'article « Peiresc » du livre de Perrault, *Les hommes illustres*, en témoigne : « [...] il continua son commerce de Lettres & de Curiosités, non seulement avec tout le Monde ancien qui ne suffisait pas à le satisfaire, mais avec tout le nouveau Monde dont on lui apportait sans cesse des Productions merveilleuses, ou de l'Art ou de la Nature[21]. »

## *36. Entre les Siamois et les Chinois, saint Augustin*

Les Siamois[1], encore aujourd'hui et comme hier les Anciens, croient que le monde est plat[2]. Bien que ses contemporains, ils n'appartiennent pas, aux yeux de Perrault, à la même époque que les Modernes. Coexistent donc, sous la plume de l'auteur du *Parallèle*, plusieurs temporalités, constitutrices de ce que l'on appelle le « présent ». Les Siamois vivent « dans la nature », les Anciens dans la mémoire, les Modernes dans le présent. Perrault passe aisément de l'un à l'autre, dès lors que l'ignorance est une classification possible de chacun sur l'échelle des temporalités. Les Siamois croient que la Terre est plate, à l'instar des Anciens ? « Je ne m'étonne pas beaucoup, puisque saint Augustin ne croyait pas qu'il y eût des Antipodes. »

Le débat sur le rejet de l'existence des antipodes par saint Augustin est déjà ancien à l'époque : il se rapporte à celui sur les origines des hommes qui vivent dans les terres lointaines (et non pas seulement des hommes mais aussi des animaux et des plantes). La position de saint Augustin est assez claire : il n'y a pas de preuve historique qui permette d'admettre l'existence des antipodes, on peut admettre qu'ils existent, on peut même admettre que la Terre est ronde (elle ne l'est pas ; mais puisque l'Écriture n'en dit rien, on peut l'admettre), mais l'existence des hommes sur ces terres est totalement absurde ; l'absurdité vient de ce que les hommes ne peuvent pas naviguer à travers l'immense Océan ; les Colonnes d'Hercule indiquent la fin du monde[3]. Saint Augustin est un Ancien, non plus selon l'ordre de la chronologie, mais par celui de l'ignorance. Ce dernier critère est décisif pour comprendre le statut attribué aux Chinois.

Par la convention, les Chinois ne font pas partie des Anciens. Pourtant le premier tome du *Parallèle* les classe comme tels, puisqu'ils appartiennent à l'enfance de la peinture ; c'est-à-dire à la période antérieure à Raphaël et à Titien. Pendant cette période, la beauté essentielle de la peinture consistait en la finesse des traits et des lignes au point qu'on pouvait compter les poils des barbes et des cheveux : « Les Chinois quoique très anciens dans les Arts, en sont encore là » (I, 208). Ils ne dessinent pas correctement, ils ne donnent pas de belles attitudes à leurs figures, ni des expressions naïves de toutes les passions[4]. Ce sont des défauts « qu'ils parviendront peut-être bientôt » à surmonter, mais « ce ne sera de longtemps qu'ils arriveront à l'intelligence parfaite du clair-obscur, de la dégradation des lumières, des secrets de la perspective & de la judicieuse ordonnance d'une grande composition » (I, 208-209).

Tout le raisonnement de Perrault tient dans la proposition que les Chinois partagent l'espace des Modernes, mais pas leur temps ; ils sont des Anciens par l'ignorance, non pas par la vertu d'une époque révolue. On voit tout de suite la différence : les Anciens des Chinois sont les anciens Chinois, mais, pour les Français, les Anciens sont les Grecs ou les Romains. La césure, en ce dernier cas, est irrémédiable. Il y a un temps propre aux Modernes, dissocié du temps général. En sorte, paradoxalement, que Perrault peine à circonscrire le passé des Modernes. Peut-être n'en ont-ils d'ailleurs pas, comme s'ils étaient « nés de la terre ».

## *37. Les Turcs, tribus perdues et paysans français*

À la Bibliothèque nationale, parmi les manuscrits classés sous le nom de Perrault mais en vertu d'une erreur, il se trouve la relation d'un *Voyage en Turquie* par un certain M. Laisné, envoyé en 1670, apparemment aux frais du royaume de France, et très vraisemblablement par le commis du surintendant des Bâtiments : Charles Perrault.

Les Turcs, depuis la conquête de Constantinople, suscitent à la fois la peur et la fascination[1]. Du traité d'Érasme sur la guerre juste à la politique d'alliance de François Ier, l'Europe craint ce peuple, barbare par excellence. Le Turc, dans l'imagination du lettré, occupe désormais la place qui était celle des Scythes pour la Grèce. Sauf qu'il n'y a plus de distance géographique : le Turc est déjà en Europe[2]. Le voyage en Orient des Français débute avec l'ambassade du sieur d'Aramont à l'époque de François Ier et de Soliman le Magnifique. L'ambassadeur est accompagné de chasseurs de livres et de savants, Nicolas de Nicolay, André Thevet et surtout du philologue extravagant, Guillaume Postel[3].

Fasciné par les langues orientales et par les arcanes mystérieux qui gouvernent le monde, Postel est un érudit qui oscille entre science et ésotérisme. Un des premiers professeurs au Collège royal (futur Collège de France), traducteur du Coran, il publie plusieurs livres sur les Turcs et leurs origines. La seconde partie de *De la République des Turcs, Histoire originale*, publié en 1560, nous donne l'état de ses connaissances : les Turcs ont tiré le mot « turc » de l'arabe, qui, selon Postel, dérive du chaldéen et de l'hébreux corrompu. Le mot veut dire « laissé » ou « abandonné ». Et ce mot turc est tellement odieux qu'« il n'y a [pas un seul] qui ne trouve pour injure d'être appelé Turc[4] ». Or l'origine du mot est inconnue aux Turcs d'aujourd'hui. Postel explique : « La sainte Écriture & la cosmographie ensemble nous montreront clairement par quelle raison ce vocable de Turc soit si odieux. Nous savons par l'histoire sainte, qu'alors que le royaume d'Israël, c'est à dire des dix Tribus, qui avaient rebellé à celle de Judah, & au règne de David, & au vrai & légitime chef de l'Église, pour se faire un Roi à part, ayant constitué leur puissance à Samarie [...] Depuis en Ezra est écrit comme tout ce peuple innumérable des Samaritains [...] s'en partit du pays là où il avait été conduit, & s'en alla plus par plus d'un an & demi de journées plus loin vers Orient, quant leurs prêtres leur eurent été ôtés, pour leur donner aux nouveaux Samaritains, à cause que les Lions les mangeaient s'ils n'adoraient le Dieu d'Israël, a celle fin qu'ils fussent séparés des autres peuples & races : là où peu à peu laissés & abandonnées de Dieu, & parce gagnant le titre de Turcs [...] n'ont retenu autre de leurs anciennes institutions que d'être pasteurs & Nomades[5]. » Les Turcs sont donc des Israëlites « laissés et abandonnés de Dieu », qui adoptèrent la langue du pays où ils s'arrêtèrent — le « scythique ».

Mais pour Postel les Turcs qui ne veulent plus être appelés « Turcs » et qui vivent à Constantinople sont d'une autre nature ; quant aux Turcs d'ancienne « race », ils habitent, selon l'ancienne coutume, à la campagne avec leurs animaux : ce sont des nomades. Ici, la reprise du schème Scythes nomades / Grecs citoyens est assez évidente. Au début de son livre, Postel proteste contre ceux qui ne décrivent que les vices des Turcs et promet un traitement équitable des vices et des vertus des Turcs : « Nul peuple universellement, tant Barbare soit-il, ne peut être[6]. »

Un autre auteur partage cette opinion : Antoine Galland, l'infatigable traducteur des contes des *Mille et Une nuits*. Dans sa préface à la magistrale *Bibliothèque orientale* de d'Herbelot, il soutiendra le niveau élevé des arts et du savoir des Turcs ; il parlera de la finesse de la culture, du nombre de poètes vivant dans l'empire[7]. Or, dans l'avertissement de son *Orientaliana*, il suivra l'opinion répandue : « [...] les Turcs qui sont les mêmes que les Scythes, conservent encore aujourd'hui le même génie & à peu près les mêmes coutumes que celles dont Quinte Curce & d'autres auteurs ont fait mention[8]. »

De Postel à Galland, on assiste à une multiplication des traités sur les Turcs. Ce peuple, ou cet empire, devient par sa présence même un outil d'intelligibilité pour les Européens. Il n'est pas possible de les comprendre sans leur associer une origine connue. Or ils sont différents. Depuis qu'ils sont à Constantinople, ils perpétuent les institutions d'un autre empire. À partir du XVIe siècle on assiste en Europe à une vague de traductions de Polybe, que l'on tient alors pour la meilleure source sur l'organisation et le fonctionnement des armées romaines du temps d'Auguste[9]. Il s'agit rien moins de réformer l'armée chrétienne qui, devant l'organisation des armées turques, demeure inférieure[10]. Mais la comparaison terme à terme est contestée par d'aucuns : Juste Lipse, tout en recommandant la lecture de Poybe, récusait, par exemple, la thèse que les janissaires seraient les héritiers des Macédoniens ou des Romains. En cela, il s'inscrit comme tant d'autres dans le commerce de l'esprit entre vifs et morts : « Écouter les anciens historiens — et même disputer avec eux — pour être guidé à propos du passé, du présent et du futur a été la tradition immémorielle de notre pensée historique, rappelle Momigliano. Ce contact libre de l'esprit moderne avec l'ancien a nourri les discussions parlementaires des Anglais comme les disputes sur l'équipement nécessaire pour combattre les Turcs[11]. »

Nul ne s'étonnera donc de retrouver ce libre commerce chez Perrault. Vers la fin du dernier tome du *Parallèle*, l'Abbé et le Président parlent de musique. Or la musique est depuis Monteverdi un des sujets de confrontation des Anciens et des Modernes[12]. La musique qu'on entend universellement, c'est celle des Anciens, sauf dans une partie de l'Europe. Or la musique des Anciens, à en croire Perrault, qui cite à ce propos le traité de son frère Claude, *De la musique des Anciens*[13] (inséré à la fin de ses *Essais de physique*, 1680), ne consistait qu'en un chant seul ; elle a ignoré la basse, la taille ou bien encore la haute-contre. À preuve, la musique pratiquée à Constantinople, selon ce qu'en rapporte l'orientaliste Petis de la Croix. Il raconte que l'ambassadeur Guilleragues avait des serviteurs qui jouaient bien du violon, mais, quand ils donnaient en concert aux Turcs les belles ouvertures d'opéra, les Turcs, qui ont l'oreille des Anciens, se bouchaient les oreilles et s'étonnaient d'un tel charivari. C'est qu'ils souffrent de ces tons, puisque « les Tons entiers de la Musique ne sont pas égaux entre eux, & qu'il y a un peu moins de distance de l'Ut au Ré, que du Ré au Mi, & du Fa au Sol, que du Sol au La. Cette différence se voit clairement sur le Monocorde. De là vient que quand on transpose, & que ces notes viennent à changer de place, l'oreille s'aperçoit de plusieurs duretés que les uns souffrent » (IV, 265-269).

Empruntant à Postel sa distinction entre Turcs nomades et Turcs citadins, Perrault distingue en France les paysans, qui ressemblent à ces Turcs-Israélites-Scythes-Anciens, et les citadins, dégrossis et civilisés, qui sont les Modernes. Auteur de contes de fées, il est le traducteur des trésors paysans des Anciens en récits modernes[14]. Les paysans conservent, en effet, certaines coutumes vieilles et usées, qui ne se rencontrent plus à la ville et qui « ne se pardonnent plus qu'aux vieilles gens en faveur de leur antiquité » (II, 191). Le lecteur pourrait en conclure que ces paysans sont les vrais anciens des Modernes. Perdure chez eux la réalité de la Grèce, de Rome et toute la belle Antiquité. Ainsi au premier livre de l'*Iliade*, « Vulcain dit à Junon sa mère, qu'il craint que Jupiter ne le batte » (III, 55). La chose n'est digne ni des dieux, ni d'Homère, ni des Modernes. Mais « les paysans seraient bien aises de savoir ce passage, & de voir qu'ils ressemblent à Jupiter quand ils battent leurs femmes [...] Nos paysans disent tous les jours la même chose ; mais ils le disent en riant & pour se divertir. Est-il possible qu'Homère ait pu le dire sérieusement ? » (III, 74). Quant aux princes décrits par Homère, en ce temps-là, « ils ressemblaient bien aux paysans de ce temps-ci » (III, 98).

Et la courante, danse traditionnelle des Français, se dansait « du temps de nos pères » autrement qu'aujourd'hui, mais les paysans « en usent encore de la sorte ». Depuis soixante ans, « non seulement à la Cour et à Paris, mais dans toutes les Villes du Royaume », on danse la courante moderne. Voyez encore l'exemple de la médecine : chez les Anciens, nous dit l'Abbé, « un même homme était médecin, chirurgien, & apothicaire » ; mais aujourd'hui en ville, « ce sont trois professions différentes », alors qu'à la campagne « il n'y a encore qu'un homme [...] qui fait lui seul toute la Médecine ». Et ce n'est pas la pauvreté des villages qui est en cause, mais le progrès des sciences telles que ni parmi les Anciens ni parmi les paysans aucun individu ne sera capable de les apprendre : « la tête d'un seul homme, &

qui étant d'un fort petit volume, comme celle des Anciens... » (IV, 256-257).

Les Anciens reçoivent ici une nouvelle acception : ce sont ceux qui, dans l'ignorance, ne vivent pas selon le code moderne. En sorte que, si le temps fait son œuvre et apporte ses lumières, paysans, Chinois et Turcs finiront par devenir des Modernes. À condition de savoir « rompre la glace » qui les enserre.

### *38. De l'autorité, II*

La glace qui enserre dans l'ignorance est celle des systèmes clos de classifications. Le paradigme de ces systèmes, c'est l'aristotélicien. On observe, au cours de la deuxième moitié du XVIe et dans les débuts du XVIIe siècle, un profond changement d'attitude vis-à-vis de l'autorité des Anciens en matière des sciences de la nature, à commencer par Aristote. Chez les Modernes, le statut du passé, lié à cette idée d'autorité, se modifie à travers une confrontation, entre la raison, qui appartient au présent, et l'autorité, qui vient du passé[1]. L'histoire cède la place à la raison pour qu'elle devienne à son tour « maîtresse de vie » ; et pour poursuivre avec la formule de Cicéron, l'histoire cesse aussi d'être « lumière de vérité », puisque, comme Descartes dit dans la première *Règle pour la direction de l'esprit*, « si quelqu'un veut chercher sérieusement la vérité [...] il ne doit songer qu'à accroître la lumière naturelle de sa raison[2] ».

À suivre les analyses d'Hannah Arendt[3], le monde moderne occidental a perdu cette forme spécifique d'autorité, d'origine platonicienne et qui concernait avant tout le politique. Elle reposait « sur une fondation dans le passé qui lui tenait de constante pierre angulaire, donnait au monde la permanence et le caractère durable dont les êtres humains ont besoin précisément parce qu'ils sont des mortels[4] ». Elle reposait, depuis Platon et Aristote, sur la pédagogie. L'autorité, écrit Aristote, est la condition essentielle de l'éducation de l'enfant. Elle s'adresse à des personnes qui ne peuvent encore être admises à la politique et à l'égalité parce qu'elles sont en train d'y être préparés[5]. Politiquement, dit Arendt, « l'autorité ne peut acquérir un caractère pédagogique que si l'on présume avec les Romains qu'en toutes circonstances les ancêtres représentent l'exemple de la grandeur pour chaque génération successive, qu'ils sont les *maiores*, les plus grands, par définition[6] ». Si la vieillesse, la *senilitas*, était vue par les Romains comme le zénith de la vie humaine, ce n'était pas à cause de l'expérience accumulée ni de la sagesse, mais parce que le vieillard était proche des ancêtres et du passé ; ainsi le Sénat, où siégeaient de vieux Romains, était-il par excellence le lieu de la politique : il portait tout le poids du passé et toute l'autorité dérivant de la fondation de la ville, l'*urbs*. Ainsi, peut-on conclure avec Hannah Arendt, « agir sans autorité et sans tradition, sans normes et modèles admis, consacrés par le temps, sans l'aide de la sagesse des pères fondateurs, était inconcevable[7] ». C'est pourquoi les penseurs ou les poètes grecs, sous l'égide des Romains, devinrent des exemples, des ancêtres et des « autorités ».

Sitôt que l'exemple de la perfection est dans l'avenir, l'histoire, si elle exclut le temps cyclique, n'a plus rien à enseigner. L'homme peut devenir autorité et accéder à la politique. L'expression « les âges de l'humanité » et toutes les considérations sur l'enfance du monde qui ont tant agité les acteurs de la Querelle ne reçoivent leur pleine signification que dans ce contexte politique que décrit Arendt. Ainsi le début du texte de Kant qui paraît aussi évident qu'il est mal compris prend-il sens : « Qu'est-ce que les Lumières ? La sortie de l'homme de sa minorité dont il est lui-même responsable[8]. »

L'homme sortira de sa minorité grâce à la raison : les Lumières ont gravé l'idée au fronton de leurs temples, mais elle est déjà présente dans la Querelle *via* Descartes. Selon une filiation établie par Fontenelle qui, s'il notait la fausseté d'une bonne partie de la philosophie de Descartes, voyait néanmoins en ce dernier le précurseur d'une méthode de pensée nouvelle[9]. Perrault cite Descartes, au titre des fondations de la supériorité de la raison de l'individu dans la formulation de jugements en dehors de l'autorité.

« *Le Président :* Ce que vous avancez là est très-propre pour autoriser une infinité de jeunes gens à quitter l'étude des bons livres & l'imitation des bons modèles, pour s'abandonner à leurs rêveries, afin de devenir par là des originaux singuliers & inimitables.

*L'Abbé :* Ne craignez point cela, cette tentation ne prendra point à ceux qui naissent sans génie, & qui n'ayant rien chez eux trouvent si bien leur compte à piller les autres. À l'égard de ceux qui ont le don de rêver & de méditer, il ne leur arrivera jamais de mal d'avoir digéré par la méditation, soit les pensées qui naissent de leur propre fonds, soit celles qui leur viennent de dehors, par la conversation ou par la lecture » (I, 47-48).

L'Abbé invite le lecteur a frayer le chemin tracé dès 1637 par Descartes dans son *Discours de la méthode*, prologue à *La dioptrique*[10]. Après avoir affirmé qu'aucune connaissance n'est certaine et que « la pluralité des voix n'est pas une preuve », Descartes refuse de se conduire selon les opinions des autres (de ces précepteurs, contemporains ou anciens) : « Et je me trouvai comme contraint d'entreprendre moi-même de me conduire. Mais comme un homme seul et dans les ténèbres, je me résolus d'aller si lentement et d'user de tant de circonspection en toutes choses, que si je n'avançais que fort peu, je me garderais bien au moins de tomber[11]. » Plus tard, Tocqueville dira, avec pertinence, que désormais « le passé n'éclairant plus l'avenir, l'esprit marche dans les ténèbres[12] ».

La voie de Descartes n'est plus éclairée que par la seule raison, qui saura garder des ténèbres. « Et ainsi encore je pensai que, pour ce que nous avons tous été enfants avant que d'être hommes, et qu'il nous a fallu longtemps être gouvernés par nos appétits et nos précepteurs, qui étaient souvent contraires, les uns aux autres, et qui, ni les uns ni les autres, ne nous conseillaient peut-être pas toujours le meilleur, il est presque impossible que nos jugements soient si purs ni si solides qu'ils auraient été si nous avions eu l'usage entier de notre raison dès le point de notre naissance[13]. » Or Perrault applique ce raisonnement à l'humanité et y trouve une légitimation de l'usage de la raison. La durée du monde est comparable à la durée de la vie d'un homme : elle passe par l'enfance, la jeunesse et la vieillesse. Or l'âge parfait est la vieillesse. S'ensuit, si l'on considère l'unicité de la nature humaine depuis le commencement du monde, que le monde de Perrault, si moderne soit-il, atteint le stade de la vieillesse. Les vrais Anciens et les sages sont donc les Modernes : « Cela supposé, nos premiers pères ne doivent-ils pas être regardés comme les enfants & nous comme les vieillards & les véritables Anciens du monde ? » (I, 49-50).

Descartes, si l'on en croit son biographe Baillet, avait déjà utilisé la même métaphore : « Nous n'avons aucune raison pour tenir si grand compte aux Anciens de leur antiquité. C'est nous, bien plutôt, qui sommes les Anciens, car le monde est plus vieux aujourd'hui que de leur temps, et nous avons une plus grande expérience[14]. » Descartes avait-il lu Bacon ? En effet, cette métaphore était en circulation dès 1620, date de la publication du *Novum organum*[15], et le propagateur de Bacon en France, l'académicien Jean Baudoin, faisait tout pour assurer la diffusion de cette pensée. Perrault recycle la même métaphore : « Cependant s'il est vrai que l'avantage des pères sur les enfants & de tous les vieillards sur ceux qui sont jeunes, consiste uniquement dans l'expérience, on ne peut pas nier que celle des hommes qui viennent les derniers au monde ne soit plus grande & plus consommée que celle des hommes qui les ont devancés ; puisque les derniers venus ont comme recueilli la succession de leurs prédécesseurs, & y ont ajouté un grand nombre de nouvelles acquisitions qu'ils ont faites par leur travail & par leur étude » (I, 51). Perrault fait ici référence non seulement à Descartes mais aussi à Bacon, puisque ces savants ont mis les gens de ce siècle sur « les voies de connaître davantage avec le temps » et chacun leur sera redevable de toutes les découvertes qui se feront à l'avenir. Selon Desmarets de Saint-Sorlin les choses vont dans le même sens, et les hommes, en ce qui concerne l'invention, « se conjuguent les uns les autres ; et les derniers sont les plus heureux, les mieux instruis, et les plus parfaits, selon le Génie que le Dieu leur donne[16] ». Ne sont-ils donc pas adultes, pleinement ?

## *39. L'enfance du monde*

La métaphore de l'enfance du monde suppose l'immaturité des âges passés et incite à voir dans le siècle des Modernes un des derniers degrés de perfection de l'humanité. Or c'est aussi une « dette du sens » intériorisée, et jamais explicitement avouée. C'est pourquoi les Modernes ne récuseront peut-être jamais complètement le corpus de l'Antiquité. Ils savent qu'ils furent enfants avant d'être adultes.

Chez Perrault cette perfection semble être déjà à son apogée grâce à l'ère de Louis, chez Fontenelle le perfectionnement des connaissances suit son cours vers le futur. La figure de l'enfance de l'humanité laisse l'autorité au seul présent, et postule la supériorité des raisons futures sur celles du passé qui s'instaure. Ainsi les ouvrages du passé, surtout ceux d'un passé lointain, seront-ils désormais assujettis à des modifications, puisqu'ils appartiennent aux siècles où « l'ignorance était parfaite[1] ». Fontenelle souligne que Perrault n'attaque en rien les auteurs du passé, mais leur siècle : « [...] quand il ose, par exemple, trouver quelque chose à redire dans les poèmes d'Homère, il ne s'en prend qu'à son siècle, qui ne lui permettait pas de faire mieux & non pas à son génie qu'il traite de vaste, d'immense et d'inimitable ».

La métaphore de l'enfance du monde figure chez Pascal, dans sa *Préface pour le Traité du vide*[2]. La Raison, ici, ne peut ni contredire, ni réformer, ni détruire la Révélation qui constitue le domaine de l'Autorité : « Le respect que l'on porte à l'antiquité est aujourd'hui à tel point, dans les matières où il doit avoir moins de force, que l'on se fait des oracles de toutes ses pensées, et des mystères même de ses obscurités ; que l'on ne peut plus avancer de nouveautés sans péril, et que le texte d'un auteur suffit pour détruire les plus fortes raisons. Ce n'est pas que mon intention soit de corriger un vice par un autre, et de ne faire nulle estime des Anciens, parce que l'on en fait trop. Je ne prétends pas bannir leur [les Anciens] autorité pour relever le raisonnement tout seul, quoique l'on veuille établir leur autorité seule au préjudice du raisonnement... Pour faire cette importante distinction avec attention, il faut considérer que les unes dépendent seulement de la mémoire et sont purement historiques, n'ayant pour objet que de savoir ce que les auteurs ont écrit ; les autres dépendent seulement du raisonnement, et sont entièrement dogmatiques, ayant pour objet de chercher et découvrir les vérités cachées[3]. »

La géométrie, l'arithmétique, la musique, la physique, la médecine, l'architecture et toutes les sciences soumises à l'expérience et au raisonnement devront être augmentées pour devenir parfaites, à la différence des matières où l'on recherche seulement ce que les auteurs ont écrit, comme dans l'histoire, la géographie, la jurisprudence, les langues et surtout la théologie. Selon Pascal, il est impossible de perfectionner et d'ajouter quelque chose à ces matières[4]. Perrault partage apparemment cette opinion mais il attribue l'autorité aux contemporains. La raison engendre l'autorité : « [...] la raison est la seule monnaie qui ait cours dans le commerce des Arts & des Sciences. L'autorité n'a de force présentement & n'en doit avoir que dans la Théologie & la Jurisprudence. Quand Dieu parle dans les saintes Écritures, ou par la bouche de son Église, il faut baisser la tête & se soumettre. Quand le Prince donne ses lois il faut obéir & révérer l'autorité dont elles partent, comme une portion de celle de Dieu même. Partout ailleurs la Raison peut agir en souveraine & user de ses droits » (I, 92-93).

Perrault nie toute valeur aux ouvrages dès lors que ceux-ci ne tiennent leur légitimité que de leur seule ancienneté. Les ouvrages d'Homère ou de Virgile n'ont d'importance que du seul fait du jugement des contemporains qui les tiennent pour tels, aucunement du fait qu'ils nous ont été légués par l'Antiquité. Leurs vérités relèvent de siècles révolus, les nouveautés découvertes par les contemporains ont rendu les modèles des Anciens incompatibles avec le présent.

On retrouve ici Pascal : « Tant s'en faut que d'avoir ouï dire une chose soit la règle de votre créance, que vous ne devez rien croire sans vous mettre en l'état comme si jamais vous ne l'aviez ouï. C'est le consentement de vous à vous même et la voix constante de votre raison et non des autres qui vous doit faire croire. Le croire est si important. Cent contradictions seraient vraies. Si l'antiquité était la règle de la créance, les Anciens étaient donc sans règle[5]. » C'est en empruntant cette voie que Perrault et les Modernes récuseront l'idée des défenseurs des Anciens, en premier lieu de Boileau, pour lequel, en suivant Longin, le vrai mérite des ouvrages repose sur l'approbation des âges : « Rien au monde n'est plus raisonnable que de s'en tenir aux choses jugées. Toute l'Antiquité a consacré des livres par son approbation ; il ne nous reste qu'à nous rendre assez habiles, pour voir les beautés admirables dont ils sont remplis & qui leur ont mérité les suffrages de tous les siècles », dira le Président, incarnation de Boileau, sous la plume de Perrault (I, 93). Les arguments sont identiques chez Boileau : « Mais lorsque des écrivains ont été admirés durant un fort grand nombre de siècles, et n'ont été méprisés que par quelques gens de goût bizarre, car il se trouve toujours des goûts dépravés, alors non seulement il y a de la témérité, mais il y a de la folie à vouloir douter du mérite de ces écrivains[6]. »

La distinction entre la raison et l'autorité divine ou humaine est modifiée par Perrault, à travers l'interprétation des formulations décisives de *La Logique ou l'Art de penser* d'Arnauld et Nicole (IV, 128-130). *La Logique de Port-Royal* est, pour Perrault, l'exemple du dépassement d'Aristote (le signe de sa perfection) et l'œuvre qui donne à ses idées leurs fondements. Pour Arnauld, « ceux qui critiquent une tradition suffisamment attestée doivent produire des preuves positives et des circonstances particulières sûres, capables d'affaiblir le crédit de la tradition, ceux qui la défendent peuvent se limiter à proposer des solutions simplement "possibles et vraisemblables" aux difficultés avancées et peuvent trouver dans les *circonstances communes* une *raison suffisante* pour confirmer la tradition[7] ».

Arnauld entend persuader Perrault qu'il a tort de guerroyer contre les Anciens. Il estime que Perrault, au moins dans ses jugements contre Boileau, n'avance pas assez de preuves : « ... et la raison que vous en donnez ne le prouve point[8] » ; Il l'accuse de manquer de respect vis-à-vis du jugement public[9]. « ... car il est bien juste que l'on se rende à la vérité quand on la connaît : mais il est injuste qu'on exige des autres qu'ils tiennent pour vrai tout ce que l'on croit, & qu'ils défèrent à notre seule autorité. [...] Or l'air du discours étant ainsi séparé des preuves ne marque que l'autorité que celui qui parle s'attribue ; [...] Cette injustice est encore plus grande s'il arrive qu'on emploie ces manières choquantes pour combattre des opinions communes & reçues ; car la raison d'un particulier peut bien être préférée à celle de plusieurs, lorsqu'elle est plus vraie ; mais un particulier ne doit jamais prétendre que son autorité doive prévaloir à celle de tous les autres. Ainsi non seulement la modestie & la prudence, mais la justice même obligent de prendre un air rabaissé quand on combat des opinions communes, ou une autorité affermie, parce qu'autrement on ne peut éviter cette injustice d'opposer l'autorité d'un particulier à une autorité ou publique, ou plus grande & plus établie[10]. » Arnauld ne remet pas en cause le combat contre l'autorité (sauf si cette dernière est « grande & établie »), mais il exige des preuves nécessaires qui puissent le justifier. Perrault de lui répondre qu'il ne nie pas l'existence ni la réalité historique des choses, mais la vérité et l'autorité inaltérées par les ans qu'on leur attribue prétendument et trop communément.

## *40. « Nos Rois sont nos astres... »*

Perrault, consciemment, construit son édifice comme un panégyrique du roi et de son siècle[1]. Le *Parallèle* se présente comme la vraie histoire de Louis le Grand que maints historiographes ont échoué à écrire. Il cherche à travers ses investigations la cohérence de l'univers politique et culturel et trouve son pilier : le monarque. La lente progression des protagonistes vers Versailles[2] constitue le cadre unique du *Parallèle*. Versailles y est vu avec les mêmes lunettes qui servaient à Leon Battista Alberti pour regarder Florence : Versailles est un monde[3].

Qu'importe que Louis le Grand ne soit que très rarement cité dans le *Parallèle*, tout donne à penser que si « ce siècle » existe, c'est grâce à son auteur[4]. Louis est le héros parfait, le conquérant et le dispensateur de la paix. Il est le fils de l'Église, le roi « très-chrétien », le premier de tous les hommes. Il est le soleil de justice[5] de la France, de la chrétienté, du siècle, du monde : la France entière accepte cet héliocentrisme politique. Il n'a pas son pareil. Alexandre ou Auguste sont devant lui de pâles copies[6] ; il est le modèle de lui-même[7]. Il n'imite pas, il est imité[8]. C'est ainsi qu'il se rapproche de Dieu. Ses secrets sont impénétrables. Le nombre d'hommes illustres qui ont vécu dans ce siècle est un phénomène inouï, et la marque du siècle de Louis. L'académicien Vetron résume le thème dans un discours qu'il prononce le 14 février 1692 : « Il a toutes les vertus [des princes de l'histoire] dans un plus haut degré de perfection qu'ils ne les ont eues, et sans aucun de leurs défauts. [...] Il possède seul ce que les autres n'ont que tous ensemble. [...] Prodige de grandeur ! Louis ressemble à tous les Grands, toutefois aucun de ces Grands ne lui ressemble, parce qu'il est seul semblable à lui-même, et le Grand par excellence, en un mot l'Incomparable. *Non surrexit major*[9]. »

Le symbolisme du roi n'est pas sans présenter quelque continuité avec le symbolisme astral de la Renaissance. À commencer par son aspect solaire qu'évoque la harangue de Paul Pélisson, prononcée le 3 février 1671 : « D'où viennent, Messieurs, tant de changements à la fois, & si remarquables ? Y a-t-il quelque révolution extraordinaire, quelque conjonction & quelque constellation nouvelle dans le Ciel ? [...] Ce qu'il y a de certain et d'indubitable, c'est que nos Rois sont nos astres ; leurs regards, nos influences ; leurs mouvements et leur conduite, la première source sur la terre de vos vices & de vos vertus[10]. » La vertu découle ici, comme chez Dante, des sphères du ciel[11].

Le deuxième point — où l'on retrouve Pétrarque —, c'est la place démesurée qu'occupe Hercule dans l'iconographie associée à l'imaginaire royal français[12]. Les statues et peintures d'Henri IV et Louis XIII étaient conçues d'après la silhouette du héros. Le Brun se fit le champion d'Hercule dans lequel il voyait l'incarnation de la raison héroïque[13]. Un des premiers tableaux de Charles Le Brun, *Hercule terrassant Diomède*, était destiné au palais Cardinal, et il convenait parfaitement à l'esprit de Richelieu. Le projet initial élaboré pour l'ensemble de la voûte de la Grande Galerie par Le Brun déclinait le thème d'Hercule. Or Le Brun a longuement travaillé sur ce projet et « n'y a renoncé qu'au moment où le Roi décida de faire représenter directement les événements de son règne[14] ». Hercule n'était plus un modèle de vertu pour Louis.

Enfin, on ne saurait oublier que l'ouvrage de Perrault trouve son origine dans le poème du *Siècle de Louis le Grand* qui a été prononcé à l'Académie, au cours d'une séance « solennelle » comme un panégyrique à côté de ceux de Tallemant le Jeune et de M. Daucour.

En 1657, dans sa dédicace au jeune roi de son *Clovis ou la France chrétienne*, Desmarets de Saint-Sorlin rendait grâce à

Dieu d'avoir mis les rois de France sous sa haute protection. Il attendait du monarque — le jeune Louis XIV — qu'il soit un fils zélé de l'Église. Il n'était plus besoin de combattre l'hérésie par la force, il suffisait de donner l'exemple de Saint Louis et celui de Clovis en la personne du monarque : « C'est là qu'un si sage & si vaillant Prince, après avoir donné la paix à son État, fera voir son zèle & son courage : c'est là qu'il doit acquérir le nom de *Loüis le Grand*. » La prophétie allait trouver son écho dans le poème de Perrault.

Dans la préface du long poème, intitulé *Le triomphe de Louis XIV et de son siècle*, qu'il a publié en 1674, le même Desmarets disait avoir entrepris de mettre en évidence que Louis devait être placé au-dessus des plus grands héros de l'Antiquité et la gloire de son siècle au-dessus de tous les siècles passés[15]. Dans le poème, aux côtés de Desmarets apparaît le Génie qui lui offre la vision de la grandeur du siècle de Louis. Une grandeur préparée par « une route inconnuë » : « Loin des chemins tracés par les esprits antiques, / Nous savons des détours ignorés des critiques. / Pour les sentiers battus j'eus toujours du mépris. » Puis Desmarets s'adresse directement à Louis : « Mais ton Siècle, pour son partage / À sur tous le plus haut éclat / En gloire, en sagesse, en courage, / En esprit, en sens délicat. / Jamais des temps passés les plus fameuses villes / N'eurent pour les beaux Arts tant de troupes habiles. » Il conclut l'éloge du siècle de Louis par une comparaison avec l'Antiquité : « Homère eut le printemps des Muses [...] / Virgile eut de l'été l'ardeur, la sécheresse [...] / Notre siècle qui tout moissonne / Possède d'une heureuse automne / Les beaux jours, la chaleur, & la fécondité. [...] / Si les Siècles étaient visibles, / Et s'ils renaissaient à l'instant / Par ressorts incompréhensibles / Pour voir notre Siècle éclatant, / Tous étonnez, surpris, de voir ses avantages, / De leurs biens moins parfaits lui rendraient leurs hommages / Le voyant éclairé par tes vives splendeurs : / Jamais pompe ne fut pareille. / On les verrait avec merveille / Suivre ton char de gloire, & chanter tes grandeurs. »

La trame de l'éloge du siècle et du monarque était donc déjà tissée par Desmarets, qui, en 1675, avant de mourir, lance un appel à son héritier : « Viens défendre, Perrault, la France qui t'appelle, / Viens combattre avec moi cette troupe rebelle, / Ce ramas d'ennemis qui, faibles et mutins, / Préfèrent à nos chants les ouvrages latins [...] / Perrault, arme avec moi ton stile, / Joins ta voix à ma voix. / À mon luth accorde ta lyre. / Publions en tous lieux où s'étend cette empire, / La force et la beauté des ouvrages Français. / Du siècle de Louis célébrons l'avantage[16]... »

Perrault ne manque pas le rendez-vous. Il reprend l'éloge du monarque « sans modèle » et du siècle « riche encore de son propre fonds » qui donne un air de *miracle* à celui de Louis le Grand : « Comme le siècle où nous vivons, riche des biens de tous les siècles précédents qu'il a recueillis par droit de succession, & si riche encore de son propre fonds, a vu toutes les Sciences & tous les Arts s'élever en quelque sorte à leur dernière perfection ; il n'est pas étonnant qu'il ait été si fécond en grands Hommes, s'agissant d'ailleurs de le rendre digne du règne de LOUIS LE GRAND pour qui le Ciel les a formés, & de mettre quelques proportion entre les Sujets & le Prince[17]. » La dernière perfection ? C'est apparemment une figure de style. Les frontières de la perfection allaient vite être franchies par la *Digression* de Fontenelle[18] ; un nouveau cycle historique, qui d'ailleurs n'est plus cyclique mais linéaire, semblait s'ouvrir après l'apogée du siècle de Louis — le progrès à l'infini.

## *41. Le génie, ingénieux, industrieux*

Dans l'économie du XVIIe siècle, la nouveauté est l'apanage du « génie ». Perrault en fait l'usage le plus important sans doute dans son *Épître à M. de Fontenelle*, dont il lui consacre le titre : *Le Génie*. En effet, il dit sa reconnaissance et remercie Fontenelle de contribuer à la cause des Modernes en écrivant la *Digression*. Perrault, tout au long de cette « lettre en vers », voit dans l'auteur des *Entretiens sur la pluralité des mondes* le modèle parfait du génie, et ses louanges lui permettent de répéter ses critiques contre ses adversaires. Comme le « génie » est un concept difficile à contester et qu'il prétend faire la distinction entre l'ordinaire et le singulier, il l'étend, comme il le fera plus tard dans le *Parallèle*, à la totalité de l'histoire (ici, poétique) pour pouvoir dévoiler la place et l'existence des singularités et des exceptions. Ce faisant, il découvre l'intemporel. Si l'inexplicable devient explicable grâce à la notion de génie, il faut des mots pour expliquer la chose : d'où le recours aux allégories, unités intemporelles d'explication, et notamment celle du « feu ». Il faut « dérider le front du plus sombre Critique » et « allumer dans le cœur toutes les passions[1] ».

Ici apparaît le « feu » : « C'est ce feu qu'autrefois, d'une audace nouvelle, / Prométhée enleva de la voûte éternelle, / Et que le Ciel répand, sans jamais s'épuiser / Dans l'âme des Mortels qu'il veut favoriser. » Le « feu », c'est le génie. Mortel favorisé par le Ciel, Fontenelle est trahi par la grâce du génie. D'autres avant lui en ont bénéficié : « C'est ce feu qui formait la foudre & les éclairs / Dont le fils de Xantippe & le grand Démosthène / Effrayaient à leur gré tout le peuple d'Athènes. » « Platon est un très vaste génie », écrit par exemple Perrault — hors de toute périodisation, le génie distingue des hommes illustres par leur évolution singulière dans l'univers de la connaissance en vue d'atteindre l'inconnu. L'apparition du génie ne peut être prévue. Don du ciel, comme la foudre, il n'a pas de passé, advient et marque par là un avant et un après, brisant la chaîne de la répétition : Perrault décrit le personnage du Président comme ayant beaucoup de génie, contrairement aux grands amateurs de l'Antiquité qui, « faute de savoir inventer, travaillent continuellement à remplir le vide de leur imagination stérile » (I, 2-3).

Par définition, le génie n'est pas une unité de mesure établie : il connaît des degrés. Il importe donc de comparer les génies dans le temps : « Les grands génies d'un siècle regardés en eux-mêmes, & dans leurs talents purement naturels sont toujours égaux aux grands génies d'un autre siècle », les ouvrages, qui sont les fruits de ces génies, diffèrent, « plusieurs ouvrages des Modernes, quoique leurs Auteurs soient d'un génie médiocre, valent mieux que plusieurs ouvrages des plus grands hommes de l'Antiquité » (I, 65). Homère, par exemple, est un génie, peut-être le plus bel esprit qui ait jamais existé, mais malheureusement il a commis « un très grand nombre de fautes ». Pourtant les poètes qui l'ont suivi, « quoique inférieurs en force de génie, se sont corrigés dans la suite des temps » (III, 32), que son siècle soit peu policé et un génie n'échappera pas aux erreurs de son siècle.

Le principe du génie est de transcender le cours ordinaire du savoir partagé[2]. Il permet de sortir de l'usage courant « des lieux communs et des remarques », il aide à trouver « des routes nouvelles », sans le secours des modèles, et à atteindre « cent beautés toutes originales » (I, *Le Génie*, 35) [3]. Dans un passage important, Perrault compare le « génie » à des « règles ». Le génie est immuable, il est diffusé par la Nature ; et pourtant les règles qui sont des produits de l'expérience se perfectionnent au cours de l'histoire. Plus on avance dans le temps (si toutes les autres conditions existent, dont la présence d'un grand monarque, l'état de paix, etc.), plus on atteint la perfection. Un génie peut surpasser l'œuvre d'un autre par l'usage de règles parfaites ou en voie de perfection : « De sorte que s'il plaisait au Ciel de faire naître un homme qui eût un génie de la force de celui de Virgile, il est sûr qu'il ferait un plus beau poème que l'*Énéide*, parce qu'il aurait, suivant ma supposition, autant de génie que Virgile, & qu'il aurait en même temps un plus grand amas de préceptes pour se conduire » (III, 155).

Peut-on alors dépasser le génie contemporain de Fontenelle, qui associe le génie naturel et la perfection des règles telle qu'atteinte dans son siècle ? En d'autres termes, Perrault admet-il que les connaissances puissent se perfectionner au-delà de son siècle ? À la question : les Modernes pourront-ils être les Anciens des futurs Modernes ?, très subtilement, Fontenelle répond : « Mais nous serons quelque jour Anciens ; et ne sera-t-il pas bien juste que notre postérité, à son tour, nous redresse et nous surpasse, principalement sur la manière de raisonner, qui est une science à part, et la plus difficile, et la moins cultivée de toutes[4] ? »

Le même Fontenelle, dans son petit essai intitulé *Sur l'histoire*, déplace l'accent sur la signification de l'histoire qui consiste, selon lui, à se connaître soi-même et à connaître l'autre en faisant apparaître le sens de l'histoire : « Entasser dans sa tête faits sur faits, retenir bien exactement des dates, se remplir l'esprit de guerres, de traités de paix, de mariages, de généalogies, voilà ce qu'on appelle savoir l'histoire. Mais ceux qui sont chargés de cette sorte de science-là, savent-ils quels sont les ressorts du cœur humain qui ont causé tous ces événements ? Ils n'en ont pas le moindre soupçon, ou s'ils en savent quelque chose, ils le savent encore historiquement, c'est-à-dire qu'ils l'ont pris dans quelque historien. Mais de raisonner par eux-mêmes sur les faits dont ils ont un si grand amas dans la tête, de remonter de ces faits aux principes qui les ont produits, ils ne sont pas gens à cela[5]. » Avec Perrault qui souhaite voir un « philosophe écrire l'histoire du progrès », avec Fontenelle — et Bayle — qui souhaite un historien pour écrire « les ressorts du cœur humain », les Modernes disent leur espoir d'une autre histoire — celle du génie — à venir[6].

## *42. La critique : l'antiquité dissociée de la vérité*

Au début du XVIIe siècle, la critique textuelle, léguée par l'Antiquité, consistait en la vérification et l'amélioration des textes transmis. La critique était avant tout un travail de correction. Mais, vers la moitié du XVIIe siècle, cette définition de la critique à base philologique devient trop étroite. Dès lors, la critique n'est plus seulement le choix d'une leçon tirée d'un texte ancien ou le rejet d'une interpolation, mais elle permet, par principe, de juger les auteurs et leurs affirmations[1]. Et l'existence des erreurs à corriger (souvent dues à la transmission) dans les textes antiques permet de rejeter le principe d'assimilation de l'antiquité à la vérité. La Bible, qui est à la fois la source de toute vérité en matière de foi et le texte le plus ancien, reste un cas à part[2].

En 1650, Cappel publie son *Critica sacra*. Mais bien avant lui Scaliger posait les fondements d'une critique historique[3]. La tâche que se donna Cappel fut d'imposer la méthode critique aux textes sacrés, afin d'expliquer, voire corriger nombre d'obscurités, de points douteux et sans doute parfois de corruptions des textes sacrés[4]. Par là, il rejetait explicitement l'assimilation du vrai à l'antique. C'est d'ailleurs, comme on l'a vu, ce que souhaitaient Descartes et surtout Malebranche. Pour Cappel, le lien essentiel est entre le divin et la vérité, et celui du divin à l'ancienneté est secondaire : le plus ancien n'est pas nécessairement ce qui est le plus vrai, mais ce qui est vrai est nécessairement d'origine pure[5]. La proposition sera reformulée plus paradoxalement par Fontenelle : « Aussi n'y en a-t-il aucun dont l'histoire ne commence par des fables, hormis le peuple élu, chez qui un soin particulier de la Providence a conservé la Vérité[6]. »

Richard Simon, pour sa part, explique ce qu'il convient d'entendre par le « soin particulier », à partir de ce principe, il s'attaque à Spinoza : « De plus comme ces mêmes Prophètes qu'on peut appeler *Scribes publics*, pour les distinguer des autres écrivains particuliers, avaient la liberté de faire des Recueils des anciens Actes qui étaient conservés dans les Archives de la République, & de donner à ces mêmes Actes une nouvelle forme, en y ajoûtant ou diminuant, ce qu'ils jugeaient à-propos ; on donnera par ce principe une raison solide des additions et changements qui se trouvent dans les Livres Sacrés, sans que pour cela leur autorité soit diminué, puisque les Auteurs de ces additions ou changements ont été de véritables Prophètes dirigés par l'esprit de Dieu. C'est pourquoi les changements qu'ils ont pû introduire dans les anciens Actes, auront la même autorité que le reste du texte de la Bible[7]. » Malheureusement le livre de Simon n'eut pas l'heur de plaire à Bossuet qui le fit condamner et brûler à la Sorbonne.

Si l'antiquité d'une opinion ne fait pas sa vérité — tel est l'antienne de la controverse entre Cappel et Buxtorf — il ne fait aucun doute pour Cappel que la présence de la vérité est toujours liée à l'antiquité. Il y a comme une circularité entre preuve de l'antiquité par la vérité et preuve de la vérité par l'antiquité : « Certainement, il n'est pas du temps, à l'égard de la vérité, comme à l'égard de la noblesse, de laquelle l'antiquité augmente le respect et rehausse le lustre. Le temps ne contribue en rien à la vérité. Elle n'est pas moins vérité en son commencement que loin de là. Il faut croire que la chose a été, devant que considérer depuis quand elle est. Vérifions que la religion est vraie, et puis nous considérerons son antiquité : ainsi par ce moyen nous l'aurons prouvé[8]. »

Concernant l'intelligence du texte, si le vrai est le plus ancien, il est toujours à découvrir. L'état des connaissances de l'époque permet, selon Cappel, de comprendre les langues orientales mieux que les Anciens n'ont su le faire, et il est à espérer que, cette connaissance progressant, le texte sacré de l'Ancien Testament pourra être de mieux en mieux interpréter et traduit[9]. Il s'agit là un problème essentiel : l'Église catholique déclare les protestants *novatores*. Pour barrer la route à l'hérésie, l'Église argue que l'antiquité d'une doctrine est toujours le gage de sa vérité, tandis que les protestants, suivant en cela saint Cyprien, déclarent que « la coutume sans vérité est vieillesse d'erreur[10] ! » Perrault et les Modernes transposent au domaine des textes profanes ce rapport entre la vérité et l'antiquité. Malebranche ne dit pas autre chose : *De la recherche de la vérité* paraît en 1674 et le bon disciple de Descartes s'y montre à son tour très sévère contre l'autorité des Anciens, dissociant nouveauté et erreur, vérité et autorité des Anciens : « En neuvième lieu, parce que la vérité et la nouveauté ne peuvent pas se trouver ensemble dans les choses de la foi. Car les hommes, ne voulant pas faire de discernement entre les vérités qui dépendent de la raison et celles qui dépendent de la tradition, ne considèrent pas qu'on doit les apprendre d'une manière toute différente. Ils confondent la nouveauté avec l'erreur, et l'antiquité avec la vérité. Luther, Calvin et les autres ont innové, et ils ont erré : donc Galilée, Harvey, Descartes se trompent dans ce qu'ils disent de nouveau. L'impanation de Luther est nouvelle et elle est fausse : donc la circulation d'Harvey est fausse, puisqu'elle est nouvelle. C'est pour cela aussi qu'ils appellent indifféremment du nom odieux de novateur les hérétiques, et les nouveaux philosophes. Les idées et les mots de *vérité* et d'*antiquité*, de *fausseté* et de *nouveauté* ont été liés les uns avec les autres : c'en est fait, le commun des hommes ne les sépare plus, et les gens d'esprit sentent même quelque peine à les bien séparer. En dixième lieu, parce qu'on est dans un temps auquel la science des opinions anciennes est encore en vogue, et qu'il n'y a que ceux qui font usage de leur esprit qui puissent par la force de leur raison se mettre au-dessus des méchantes coutumes. Quand on est dans la presse et dans la foule, il est difficile de ne pas céder au torrent qui nous emporte. [...] Toutes ces raisons font ce me semble assez comprendre pourquoi les hommes suivent aveuglément les opinions anciennes comme vraies, et pourquoi ils rejettent sans discernement toutes les nouvelles comme fausses ; enfin pourquoi ils ne font point, ou presque point d'usage de leur esprit. Il y a sans doute un fort grand nombre d'autres raisons plus particulières qui contribuent à cela, mais si l'on considère avec attention celles que nous avons rapportées, on n'aura pas sujet d'être surpris de voir l'entêtement de certains gens pour l'autorité des Anciens[11]. »

Dès lors que leurs siècles étaient corrompus, ni Homère, ni Virgile, ni Cicéron ne peuvent être créateurs de vérité. La seule vérité étant Dieu, en ce siècle de Louis le Grand, l'unique valeur de ces auteurs relève donc de leur caractère historique, ce qui ne contribue donc aucunement à la vérité, selon les principes de la critique. Le sens du mot critique vers la fin du XVIIe siècle change, et la tâche de Perrault en est d'autant justifiée : « On s'appliquait à réformer le texte des anciens auteurs par des interprétations recherchées, à pointiller sur une équivoque, à fonder une conjecture pour bien établir une correction ; enfin on s'attachait au sens littéral d'un auteur, parce qu'on n'avait pas la force de s'élever jusqu'à l'esprit pour le bien connaître, comme on fait à présent qu'on est plus raisonnable et moins savant et qu'on fait bien plus d'état du bon sens tout simple que d'une capacité de travers », écrivait le père René Rapin[12]. La critique signifiait désormais un effort pour révéler et recenser tant les défauts d'un ouvrage que d'un écrivain, les deux étant indissociables. C'était reproche, blâme, censure, puisque dans ces ouvrages il y avait vice, médiocrité et faiblesse[13]. Il fallait donc mettre en évidence dans ces ouvrages le juste, le bien, les corriger, les censurer ou les améliorer selon les mœurs de l'époque, étant donné que ces ouvrages circulaient largement[14]. Telle est la mission que se fixent Houdar de La Motte[15] ou Alexander Pope comme traducteur-réparateur. Les auteurs modernes pouvaient non seulement dépasser les Anciens, mais aussi les perfectionner, par la voie de la traduction et par la voie de l'adaptation.

Dans ce sens Scaliger occupait une place à part dans le *Parallèle :* « Vous verrez que Scaliger était un homme qui s'avisait de trouver un Auteur beau, parce qu'il en était charmé, ou de le trouver agréable parce qu'il prenait grand plaisir à le lire, au lieu de consulter soigneusement ce que les sages Critiques en avaient dit, & de régler par là ce qu'il lui en semblait » (I, 39 *sq.*). Le Président contre-attaque : « Ce bon homme a soutenu que Musée est meilleur poète que Homère, que son style est plus poli, plus agréable, plus châtié, & qu'il ferme ses vers d'une manière plus noble & plus nombreuse. Mais ce qui est de plaisant c'est que ce Musée, l'auteur de la fable de Léandre & d'Héro, dont il fait tant de cas, n'est pas le Musée qui a précédé Homère, comme il le croyait, mais un Poète du temps des Empereurs Romains. Après cela, voyez quel fondement on peut faire sur le jugement d'un tel critique » (I, 39-41). La réponse de l'Abbé est extrêmement importante pour des raisons qui concernent le rapport entre l'antiquité et la vérité : « Et qu'importe en quel temps ait vécu ce Musée. Mais je commence à comprendre ce que vous voulez dire pour n'avoir pas de goût ; c'est de n'estimer pas les auteurs selon l'ordre des temps ou selon le rang qu'ils sont en possession d'avoir, mais selon la force & le génie que l'on y trouve. Cependant, j'appellerais plutôt cela avoir du goût que de n'en avoir pas ; car il en faut davantage, pour juger par soi-même & avec connaissance, que se conformer aveuglement au jugement des autres » (I, 42). Perrault appréciait Scaliger ; il puise chez ce dernier tous ses arguments sur les défauts d'Homère, Scaliger ayant œuvré pour établir la suprématie de Virgile sur Homère[16]. Perrault entend minorer la portée de la poésie des Anciens au prétexte d'y voir une représentation fidèle de la réalité passée. La poésie des Anciens se tient donc du côté des sources et témoignages pour les historiens.

## *43. La traduction et le public*

La traduction est une dissection du temps. Elle vise à faire passer l'autre au même : l'altérité demeure et la familiarité s'installe[1]. Il y a *eux* chez *nous*. Mais la traduction des Modernes a tendance à effacer cette dualité. Ils veulent que les Anciens deviennent Modernes à travers la traduction.

Perrault soutient qu'en matière d'« églogues » il trouve Fontenelle beaucoup plus talentueux que Théocrite sans oser pour autant les comparer : « je craignais d'attirer l'indignation du Public » ; mais, dès lors que Théocrite est traduit en français, « quand le Public aura vu par lui-même ce que c'est que Théocrite, je suis sûr qu'il trouvera que ma louange n'est guère outrée » (I, XXXIII). La traduction que cite malicieusement Perrault est celle de Longepierre.

L'églogue raconte l'histoire d'une femme qui trompe son mari ; le mari la gifle devant les invités et la chasse de la maison : « On dira que c'étaient les mœurs de ce temps-là. Voilà de vilaines mœurs & par conséquent un vilain siècle bien différent du nôtre » (I, XXXV). Comme le traducteur est un admirateur de l'Antiquité et qu'il accuse le siècle présent de son goût « gâté & malade », n'est-il pas incroyable qu'il traduise cette églogue, qui, à son tour, témoigne du goût malade des Anciens ? « Ils doivent ces Auteurs demeurer dans leur grec, / Et se contenter du respect [...] C'est les traduire en ridicule / Que de les traduire en Français » (I, XXXVII)... La préface se termine par une proposition d'ordre politique ; Perrault chasse les traducteurs de sa République : « Ces traductions de Poètes grecs sont contre la bonne politique » (*ibid.*).

Le frère de Charles, Pierre Perrault, traducteur de *La Secchia rapita* d'Alessandro Tassoni, réfléchit longuement sur le rôle du traducteur dans son « Avertissement » : « Que si un traducteur se sent plus capable que l'Auteur même de traiter son sujet, je trouve fort bon qu'il fasse comme a fait Scarron pour ses *Nouvelles espagnoles*, ou Molière pour les comédies d'*Amphitryon*, de l'*Avare*, du *Médecin malgré lui* & autres. Ces deux illustres Auteurs se sont contentez de prendre seulement les sujets de ces nouvelles & de ces comédies lesquels ils ont traités à leur manière qui est toute différente de celle de leurs premiers auteurs, laissant à juger à qui le voudra faire s'ils y ont bien ou mal réussi, ce qui est une émulation non seulement honnête & louable & qui n'offense personne, mais qui donne du plaisir & du contentement par la diversité de la narration & du style ; & c'est en ce sens & cette façon, que des Traductions se peuvent appeler d'autres originaux, comme les Traducteurs dont je parle notamment mal à propos les leurs. Les Historiens font de même que ceux que je viens de nommer, ils écrivent les incidents particuliers de l'Histoire, mais chacun d'eux le fait en différente manière, & quoi que ce soit une même Histoire, l'on ne laisse pas de se partager pour le choix de celle écrite par celui-ci, ou de celle écrite par celui-là[2]. »

Perrault construit la notion de public[3] à partir d'un seul critère : la simplicité. Cela permet d'inclure les femmes, accusées de n'avoir pas de goût[4]. Selon Perrault, les femmes ont de la sensibilité « pour ce qui est clair, vif, naturel & de bon sens » et du dégoût pour « tout ce qui est obscur, languissant, contraint & embarrassé » (I, 31)[5], leur jugement sur un ouvrage est un signe de sa valeur. Il raconte comment le président Morinet parlait un jour avec un de ses amis des *Odes* de Pindare, disant que, selon lui, Pindare était le poète par excellence, inimitable, inégalable (rappelons-nous que de Boileau on parlait comme le poète *pindarique* par excellence). Quand il était en train de réciter les vers de la première *Ode*, en grec, sa femme voulut savoir le sens de ces vers. « Madame, lui dit-il, cela perd toute sa grâce en passant du grec en français. » La femme insista, et il fit la traduction ; la femme, nullement contente, accusa ces vers d'être insensés. Le président soutint que ces vers étaient sublimes et se moqua de sa femme parce qu'elle n'avait pas apprécié la grandeur de Pindare (I, 27).

Perrault s'arrête ensuite à la traduction des trois dialogues de Platon : l'*Euthyphron*, l'*Hippias majeur* et l'*Euthydème*. Ces traductions, dit-il, étaient spécialement conçues pour les femmes. Comme les savants prétendaient que les *Lettres provinciales* de Pascal étaient de très imparfaites copies de ces trois dialogues, ils croyaient que ces traductions auraient un succès auprès des femmes : « Malheureusement cela n'a pas réussi & de cent femmes qui ont commencé à lire ces dialogues, il n'y en a peut-être pas quatre qui aient eu la force de les achever », bien que ces dialogues « fussent très bien traduits » (I, 32-35). Perrault met le point final : les dialogues de Platon sont ennuyeux. Pour le prouver, il rapporte le succès de la traduction des dialogues de Lucien : « Même si la traduction n'était pas très exacte, ajoute-t-il, ils ont connu un très grand succès auprès des femmes », puisqu'ils sont « fort divertissants & agréables » (I, 32).

Outre des femmes, le public de Perrault inclut les gens simples, accusés de n'être pas formés par la lecture des bons livres et de ne pas fréquenter les plus savants hommes de leur siècle, tel M. de Racan. Et c'est précisément pour cette raison que leurs témoignages, dit-il, doivent avoir plus de force. Le point de départ est évident : qui se place en dehors des conventions et d'une certaine normativité peut voir les choses comme elles sont. La disposition interne des choses doit nécessairement témoigner de leur valeur. Perrault voudrait bien voir dissocier nom d'auteur et texte. Si le texte est bon, c'est parce qu'il est bon et non parce que l'auteur a un grand mérite !

La dispute sur la traduction s'inscrit dans le cadre de la métaphore des âges et de l'approbation publique. Pour Charles Perrault, la traduction est un moyen de présenter l'œuvre au jugement des gens qui ne connaissent ni le grec, ni le latin : « Et en effet parce que des hommes de bon sens, & de bon esprit se seront trouvez capables de plusieurs emplois considérables qui ont occupé utilement les plus belles années de leur vie, & qui les ont empêchés d'apprendre parfaitement le grec & le latin, partage ordinaire de ceux qui ne peuvent faire rien de mieux, est-il raisonnable de leur défendre de dire leur sentiment sur les ouvrages des Anciens, après les avoir lus & relus dans d'excellentes traductions ? Vous ne pouvez consentir à cette injustice que parce que vous sentez bien qu'ils n'aient pu voir les pauvretés & les misères de la plupart de ces fameux Auteurs sans avoir été effrayez, & vous voulez n'admettre pour Juges compétents que ceux qui entendent parfaitement le grec & le latin, parce qu'ils ne manqueront pas de crier tous miracle sur les beautés inexprimables de ces Auteurs, pour faire envier le bonheur qu'ils ont de les lire & de les entendre en leur propre langue » (II, 14-15). Qui plus est, selon Perrault, il se peut que l'on sente et comprenne un auteur dans sa traduction mieux que dans la version originale. On peut savoir le latin, mais on entend mieux le français. C'est pourquoi le traducteur habile, avant de traduire l'œuvre, doit consulter tous les commentateurs et les interprètes afin de clarifier les obscurités de signification et d'interprétation[6]. Perrault distingue entre les degrés de crédibilité des jugements : le public peut donner son avis sur les choses, les pensées dont les auteurs parlent, mais il ne peut pas porter son jugement sur la diction et sur le style, car c'est le domaine des connaisseurs, des spécialistes. On peut juger en tant que simple lecteur ; mais, pour ce qui relève d'une connaissance, spéciale et profonde, on ne peut être juge (II, 4 *sq*.). La traduction — entendons adaptation — est la voie qui mène le texte comme objet du savoir au texte comme objet du plaisir. Bayle semble partager cette idée : « C'est peindre d'après la nature, je l'avoue ; mais aujourd'hui, on ne souffre point de ces naïvetés dans l'Épopée : nous trouverions cela trop bourgeois, & bon seulement pour la Comédie. [...] Ce ne sont pas les défauts des anciens poètes, c'est celui de leur temps ; proprement, il n'est pas question si les esprits sont meilleurs dans notre siècle qu'anciennement : mais si notre siècle possède mieux les idées de la perfection[7]. »

La deuxième phase de la Querelle, celle qui porte sur Homère, en effet, est une querelle de traduction. C'est contre les traducteurs-réparateurs (Pope, La Motte, etc.) d'Homère que Mme Dacier lancera ses flèches en 1715[8].

## *44. La poésie maîtresse de vie ?*

Moïse poète[1], Homère historien (ou législateur)[2] et *vice versa*... Le brouillage des champs du savoir, l'usage des auteurs à d'autres fins, la multiplication des enjeux témoignent de la transversalité des discours sur les Anciens. Dans ce contexte, la réversibilité et la complémentarité de l'histoire et de la poésie, et plus généralement des genres, en effet, ne posaient aucun problème jusqu'à la Querelle. Tout au plus, s'il se trouvait des décalages parmi les autorités, on les rectifiait pour les rendre compatibles les unes avec les autres selon le rang hiérarchique.

La poésie des Anciens, pour Perrault, n'est pas simplement un objet esthétique ou un « jeu d'esprit » : elle est une source d'information à propos de la réalité qu'elle représente[3]. En cela, elle concerne les mœurs des sociétés anciennes. Perrault suit les règles de la *Poétique* d'Aristote et campe la différence avec les règles poétiques de son temps. Si la poésie est mimésis, alors se mesure la distance qui sépare les Modernes.

« *Historia proxima poetis* » : la formule est de Quintilien et marque le croisement de la poésie et de l'histoire dans l'éducation de l'orateur : celui-ci, dit-il, a besoin de connaître la poésie, mais il ne doit pas la suivre en tout. Selon Quintilien, le genre poétique ne vise que le plaisir à travers des inventions fantaisistes, voire incroyables ; d'autre part, il oblige à utiliser la métrique, ce qui impose des détours dans l'expression. L'histoire aussi est à connaître, elle peut « nourrir l'orateur d'un suc riche et agréable : mais il faut la lire, elle aussi, en sachant bien que l'orateur doit se garder de la plupart de ses qualités[4] ». En cela, l'histoire est proche de la poésie : « Elle est en une certaine mesure un poème libéré “des exigences métriques”, et elle est écrite en vue de raconter, non de prouver, et du commencement à la fin, elle n'est pas composée pour produire un effet réel ou livrer un combat immédiat, mais pour rappeler les faits à la mémoire de la postérité et conquérir la renommée pour l'écrivain ; ainsi pour éviter l'ennui du récit emploie-t-elle des mots un peu éloignés de l'usage et des figures plus libres[5]. »

Chez les historiens de l'époque romaine, les finalités et les modalités de l'écriture de ces deux genres allaient de pair, nombre d'historiens latins recourent au vocabulaire poétique[6]. La mutation de la rhétorique latine, qui à l'époque classique distinguait entre histoire et poésie, conduit à l'époque impériale au passage d'une rhétorique instrumentale à une rhétorique ornementale et lève les barrières entre l'histoire et la poésie[7]. Cette tendance des genres historiques à viser le charme et le plaisir du lecteur se retrouve au XVIIe et au XVIIIe siècle. C'est ainsi que, s'agissant de la proximité rhétorique de l'histoire et de la poésie, ni l'abbé Banier ni le père Tournemine ne pardonneront à Salluste, Tite-Live ou Pline d'avoir adopté délibérément le style et le vocabulaire poétiques pour atteindre la finalité rhétorique, accréditée, de la poésie : plaire et charmer. Dès l'origine, pourtant, la poésie épique, comme plus tard l'histoire, s'engage dans un même combat contre l'oubli, contre la mort. Cette proximité sera largement admise par les auteurs de l'époque moderne, de Casaubon à Banier.

Hérodote entreprend son travail dans le cadre d'une rivalité avec Homère et ne devient historien qu'à la fin de son entreprise[8]. Le poète (Homère) distribue la renommée (*kléos*), il assure la renommée après la mort, il lutte contre l'oubli. L'historien (Hérodote) entreprend lui aussi son travail pour que les choses et les hommes ne soient pas oubliés, qu'ils ne soient pas *akléa*, qu'ils ne s'effacent pas comme une peinture sous les effets du temps. L'historien, ainsi que le poète, combat la mort, l'oubli et le temps[9]. Ce lieu commun traverse les âges ; mais, avant qu'il n'arrive au XVIIe siècle où il sera réélaboré, il trouve son expression accomplie chez Pétrarque. Ses *Trionfi* (*Triomphes*) nous fournissent cet exemple très significatif : « Je vis une troupe qui s'en allait dans une tranquillité parfaite, sans rien craindre du temps ni de sa fureur ; car elle avait pour la garder un historien ou un poète. / Ils semblent exciter plus d'envie que les autres ; car leur propre essor les élève au-dessus de la terre et les fait échapper à la cage commune[10]. » Le *Trionfo del Tempo* (*Triomphe du temps*) vient juste après le *Trionfo della Fama* (*Triomphe de la renommée*), et la *gente* (la troupe) dont il est question est composée d'illustres hommes de l'Antiquité : rois, empereurs, héros, mais aussi philosophes et orateurs. L'historien et le poète assurent la marche tranquille de ces hommes, qui en retour ne craignent pas les attaques du temps et échappent à l'oubli. Ils suscitent l'envie des autres, puisque, grâce au travail de l'historien et/ou du poète, ils sont élevés au-dessus du commun et continuent à vivre.

En 1555, Jacques Peletier, dans son *Art poétique*, parlait de la poésie comme étant chargée de produire des exemples pour la vie ; en quelque façon, Peletier renverse la formule et constitue une *poetria magistra vitae* : « Les poètes ont été jadis les maîtres et réformateurs de la vie. [...] Du temps de la Grèce [...] les Seigneurs et toutes sortes de gens, faisaient instruire leur enfants en la Poésie, afin que non seulement les esprits en fussent éveillés à la gaieté, et adétris, mais aussi afin qu'ils en aprissent la manière de vivre, et les exemples de vertu. Car les Poètes ont à introduire toutes sortes de personnes : Rois, Capitaines, Magistrats, et de chacun dépeignent au vif les façons, grâces et offices, pour l'image de la vie. La Poésie a congrégé les hommes, qui étaient sauvages, brutaux et épaves, et d'une horreur de vie les a retirés à la civilité, police et société[11]. »

En 1636, Jean Baudoin, un des premiers membres de l'Académie française et traducteur de Bacon, publie sa traduction-adaptation de l'*Iconologia* de Cesare Ripa. L'article « Histoire » explique l'emblème qui la décrit : « Elle tourne pour cet effet les yeux en arrière, à cause qu'elle travaille pour la postérité, par la description qu'elle fait des choses passées, afin d'en perpétuer le souvenir. Car, comme dit Pétrarque, *Elle dompte les ans ; & ses écrits sont tels, / Que par eux elle rend les hommes immortels*

(Sonnet CIV)[12]. » Mais en italien le sonnet dit autre chose ; il ne s'agit pas d'histoire, et ces vers décrivent plutôt le travail du poète Pétrarque : « *Al lungo andar ; ma'l nostro studio è quello, / Che fa per fama gli huomini immortali*[13]. » C'est apparemment à lui-même, à son travail de poète, que fait référence Pétrarque. C'est le poète qui distribue la *fama* (*kléos*) et qui rend les hommes immortels. Le détournement de ces vers en faveur de l'histoire est assez singulier et nous montre les affinités qui survivent entre poésie et histoire au commencement du XVII^e^ siècle. Leurs fonctions sont-elles interchangeables ? Je pense que oui, et la façon dont l'aventure de l'écriture de l'histoire sous Louis XIV s'est déroulée montre que l'histoire du présent, quant à ses enjeux profonds, même sous la plume de Racine ou de Boileau, avait la même signification que la poésie épique : il s'agissait de perpétuer la mémoire du roi illustre. D'ailleurs, la manière dont Colbert conçoit cette tâche et les paroles de Louis, confiant cette mission historiographique à la Petite Académie, le confirment. Perrault rapporte la « Réponse du Roi à la Petite Académie » : « Après que M. Colbert nous eut présentés au Roi, il nous dit ces paroles : "Vous pouvez, Messieurs, juger de l'estime que je fais de vous, puisque je vous confie la chose du monde qui m'est la plus précieuse, qui est ma gloire. Je suis sûr que vous ferez des merveilles ; je tâcherai de ma part de vous fournir de la matière qui mérite d'être mise en œuvre par des gens aussi habiles que vous êtes[14]." »

De la poésie (épique) à l'histoire, le passage était prescrit et bien défini jusqu'à la fin du XVII^e^ siècle, plus précisément jusqu'à la Querelle. Après la Querelle, ce statut de l'histoire et de la poésie des Anciens est profondément modifié : la vérité des poètes devra être validée par le récit des historiens modernes, après l'établissement et la vérification des preuves[15]. L'enjeu est une histoire à venir qui placera l'histoire des Anciens et la poésie sur un même pied, comme sources possibles relevant d'un traitement critique. Histoires anciennes et poèmes anciens rejoindront donc d'autres documents et monuments concernant les Anciens qui aideront à l'écriture d'une autre histoire.

Le troisième tome du *Parallèle* est consacré presque entièrement à la poésie. De fait, la poésie ne relève pas du registre des connaissances « dont les secrets & les beautés se peuvent calculer » mais de celui de l'esthétique, de la beauté qui n'est qu'« arbitraire ». Perrault expose donc d'emblée ses jugements sur le caractère relatif de la poésie : elle n'est pas une connaissance comme les autres, et il est naturellement plus difficile de *prouver* la supériorité des Modernes dans un champ qui ne relevait pas d'un savoir objectif[16]. Perrault renverse les termes de sa comparaison : « [...] *si les Poètes anciens sont excellents, comme on ne peut pas en disconvenir, les Modernes ne leur cèdent en rien, & les surpassent même en bien des choses* » (III, III). Bien que sur le registre du plaisir ces poètes aient continué à être excellents (puisque le lecteur prenait du plaisir et les vénérait), le contenu, à savoir les mœurs, en ce qui regarde la poétique, qui fait partie des connaissances jugeables, est sujet à la critique. C'est par cette opération subtile que Perrault pouvait procéder à l'examen de la poésie.

Dès le début de son dialogue, il propose une définition de la poésie par rapport à la peinture : « La poésie est une peinture agréable qui représente par la parole tout ce que l'imagination peut concevoir, en donnant presque toujours un corps, une âme, du sentiment & de la vie aux choses qui n'en ont point » (III, 7-8). Représentation, belle ou non, noble ou non, la poésie comporte nécessairement des bribes de savoir, parce qu'elle relève du vraisemblable et de la *mimésis*. C'est-à-dire de l'ordre des connaissances « mesurables et calculables ». Cette concession est le point de fuite de Perrault. Il ne remet pas en question la phase esthétique. Ainsi, avec l'évocation de ce lieu commun *ut pictura poesis*, poésie comme peinture, se place-t-il d'emblée dans la problématique aristotélicienne. Évidemment cette ouverture n'est nullement fortuite : rappelons qu'Aristote, en définissant les principes de la *mimésis* au début de sa *Poétique*, employait la même comparaison.

Selon Perrault, comme la poésie représente son époque, la poésie des Anciens ne peut être que caduque à l'époque des Modernes ; il faut donc cultiver une poésie vraie, nouvelle, contemporaine, avec des outils profanes. À cet égard l'usage des fables n'est nullement recommandé ; mais, s'il y a lieu, leur usage au présent serait mille fois meilleur que celui qu'on a connu dans le passé : l'expérience augmente le savoir. Qui plus est, les Anciens n'avaient pas « l'apparition et le ministère des anges & des démons » (III, 16)[17]. Le véritable enjeu de ce débat porte en effet sur les mœurs véhiculées par la poésie et leur incompatibilité avec celles du présent.

Ce débat qui est une transposition de l'antagonisme chrétien /païen se développe autour d'une théorie de la représentation poétique, héritée d'Aristote et discréditée par cette même comparaison des mœurs. Bien que cet antagonisme fût présent dès Augustin, la question des fables et donc de la représentation des dieux et héros de la mythologie s'enflamme de nouveau aux XVe et XVIe siècles[18]. La traduction en langues vulgaires de la *Poétique* remonte à la deuxième moitié du XVIe siècle, et tout un débat autour de la question des rapports entre la poésie et les mœurs agite les cercles lettrés de l'Italie[19]. La *Poétique* d'Aristote sert donc de socle à ce débat.

Perrault renvoie à la *Poétique :* l'Abbé accuse Homère de faire des fautes de géographie. Le Président lui répond par le biais d'Aristote : « Vous savez qu'Aristote distingue si judicieusement dans sa Poëtique les fautes que le Poëte fait contre son art d'avec celles qu'il fait contre les autres arts. Il dit que les premières sont inexcusables, parce qu'elles font voir que le Poëte n'est pas Poëte, mais que les autres sont peu considérables, parce qu'elles marquent seulement qu'il y a quelque art qu'il ne possède pas parfaitement, ce qui ne l'empêche pas d'exceller dans celui de la Poësie » (III, 92-93). La réponse de l'Abbé est en plein désaccord avec Aristote : « Mais, je ne demeure point d'accord que ces dernières fautes soient peu considérables. Un Poëte & particulièrement un Poëte épique doit parler pertinemment de toutes les matières qu'il traite dans son poëme, ou bien il se mêle d'un métier dont il est indigne. Il faut qu'il connaisse les choses de la Nature, qu'il n'ignore rien de ce qu'il y a de plus beau dans tous les Arts & qu'il en parle de telle sorte que ceux qui en font possession avec plus de succès voient dans ses ouvrages tous ce qu'ils en savent & même quelque chose au-delà, c'est à dire, les premiers principes de leurs arts, qu'ils suivent & qu'ils observent bien souvent sans les connaître à fond. Voilà ce qui a fait appeler le poëme épique, le chef d'œuvre de l'esprit humain » (III, 93-94).

Aristote, selon l'Abbé, a commis une erreur fondamentale à propos de la définition du poème épique : « Aristote, tout Aristote qu'il était, a moins raisonné sur la Poësie suivant l'idée qu'il s'en devait faire, que suivant ce que les Poëtes avaient pratiqué. [...] Il en fait de même pour le Poëme épique dont il donne Homère non seulement pour modèle, mais pour l'unique règle qu'on ait à suivre. Ce procédé n'est guère digne d'Aristote, puisque c'est au Philosophe à conduire le Poëte, & non pas au Poëte à conduire le Philosophe » (III, 275-276). Cette vision d'Homère comme l'unique modèle de la poésie épique, « qui n'a rien ignoré des choses de la Nature, & qu'il est le père de tous les Arts », est, selon Perrault, « insupportable dans le temps où nous sommes » (III, 95).

Perrault, quelque critique qu'il soit, ne pourra pas s'empêcher de s'arrêter aux principes d'Aristote. La traduction d'André Dacier, augmentée de ses *Remarques*, constitue un lexique de la poésie classique (c'est cette traduction que je vais suivre en premier lieu). La traduction partielle et étonnante de Racine[20], mais aussi celle de Dupont-Roc et Lallot, et leurs commentaires[21] définissent à l'époque le corpus des principes de la poétique en ce qui concerne les mœurs.

## *45. Les mœurs, ou encore de la vertu*

La question des mœurs (*èthos*) est examinée au tout début de la *Poétique*, dans le passage qui concerne la *mimésis* (1448 a). Voyons la traduction de Dacier : « Comme tous ceux qui imitent, imitent des actions, & qu'il est impossible que ces actions ne soient ou bonnes ou mauvaises, car les mœurs ne peuvent être distinguées que par ces deux qualités, & les hommes ne diffèrent entre eux que par la vertu et par le vice, il s'ensuit nécessairement de là que les Poètes dans leur imitation font les hommes ou meilleurs par rapport à nous, ou plus méchants, ou semblables, tout de même que les Peintres[1]. » Dans ses *Remarques*, Dacier explique qu'il n'y a point d'homme sans mœurs et que les mœurs sont soit bonnes soit mauvaises ; un poète ne peut que chanter cette « preuve de la véritable philosophie ». D'où sa deuxième remarque : si les poètes imitent exactement leur siècle, ils présentent les gens comme ils sont ; mais ils pourront en même temps les rendre plus méchants et plus vicieux ou bien plus grands, plus vertueux et plus héroïques. Et, en expliquant la phrase d'Aristote sur Homère (« par exemple, Homère a fait les hommes meilleurs »), il donne l'exemple d'Achille et d'Ulysse : « Car il n'y a point d'homme si brave qu'Achille, si prudent qu'Ulysse[2]. »

Pour Perrault, les mœurs appartiennent exclusivement à une communauté : elles sont partagées, relèvent du social et déterminent le comportement de l'individu. Quant au caractère, il est un trait individuel (« caractère de ses personnages », II, 122), mais relevant de la *paideia*, donc de la communauté. En ce sens, ces deux mots se croisent dans un même champ sémantique. Citons encore une fois l'épisode de Théocrite. En l'accusant de mettre en vers une scène où on donne des gifles à une femme, Perrault lève le ton : « On dira que c'étaient les mœurs de ce temps-là. Voilà de vilaines mœurs, & par conséquent un vilain siècle bien différent du nôtre. On dira encore que cela exprime bien la Nature, oui, une vilaine Nature qui ne doit point être exprimée. [...] je soutiens que ce n'a jamais été les mœurs d'aucune Nation, non pas même des Iroquois [...] ce comportement n'est point de nature à être mis dans une Églogue » (I, Préface, XXXV).

Mais, au troisième tome, le ton change : « Passons aux mœurs et caractères des personnages qu'Homère a introduits dans ses deux poèmes. » Selon Perrault, la représentation homérique des mœurs fait une distinction entre les mœurs du temps d'Homère et les mœurs qui sont de tous les temps (III, 47). Les premières, donc celles de l'époque d'Homère, semblent être ridicules par rapport aux mœurs du temps de Perrault : on voit des héros faisant eux-mêmes leur cuisine, les princesses allant s'occuper de la lessive, etc. Mais il ajoute qu'on ne doit pas accuser Homère, qui ne pouvait que les représenter fidèlement et ne pouvait pas rendre plus polies les mœurs de son siècle.

Quant « aux caractères qu'Homère donne à ses personnages », ils sont souvent très beaux, et sur ce point, dit Perrault, Homère est le plus admirable. Mais il énumère deux défauts : le caractère d'Achille[3] et celui d'Ulysse. Rappelons que Dacier, en commentant la proposition d'Aristote, donna ces deux héros comme modèles. Il est donc évident que Perrault suit et réfute la traduction et les remarques de Dacier. Selon Perrault, qui cite Horace, Achille est nerveux, inexorable, emporté, il se moque des lois, il croit avoir le droit de s'emparer de tout par la force des armes ; il est injuste, brutal, impitoyable, sans foi, sans loi (III, 48-50). Ulysse est pire : on ne saura jamais s'il fut un homme de bien ou un « fripon » ; « oui, il est rusé, c'est excellent », dit l'Abbé, mais « il fallait faire entendre, si c'est en bien ou en mal qu'il était rusé ; ou si c'était l'un ou l'autre... & on ne peut pas voir sans indignation & sans dégoût un des héros de l'*Iliade* se coucher le soir avec les pourceaux & se battre le lendemain à coup de poing contre un vilain gueux, pour les restes de la cuisine de Pénélope » (III, 54-55).

Dans la *Poétique*, la *mimésis* vise l'éducation et donne du plaisir. Par ailleurs, le caractère du personnage pourrait être décrit par le poète sur trois modes : bon, mauvais ou semblable (mais *homoios* par rapport à quoi, à un état idéal ou semblable à soi-même ?). Et, toujours selon la *Poétique*, les grands poètes chantent les personnages exemplaires et les poètes mineurs les plus méchants[4]. Homère est le seul à mériter le nom de grand poète. Il imite toujours les gens les plus considérables, et il a rendu les hommes meilleurs. Au début du chapitre 6, Dacier donne un titre explicatif qui résume le contenu du chapitre : « Les mœurs sont le caractère des hommes, & la source de leurs actions[5] ». Reformulons les propos d'Aristote dans la traduction de Dacier : les gens agissent à cause des mœurs et des sentiments (Racine dira « disposition de l'esprit ») ; toutes les actions venant de ces deux sources, ce n'est qu'en regardant l'action qu'on peut parler du caractère, et par conséquent « les mœurs et les sentiments sont les causes du bonheur & du malheur des hommes[6] ».

Voyons en quoi consistent les mœurs grecques, l'*èthos* : chez Homère, c'est le lieu ou le séjour habituel des chevaux ; la demeure, la résidence (il est assez curieux de voir que la « forme propre » correspond à ce sens). Chez Eschyle, on pleure cette demeure familière. On dit aussi que les habitants d'une grande cité sont élevés dans des mœurs dignes d'elle (Thucydide). On élève quelqu'un dans les mêmes mœurs, dans un sens pédagogique. Or, un troisième sens, qui correspond à la traduction de Racine, est la disposition, la manière d'être, le caractère inné, la nature d'une chose, d'une cité, d'un animal, d'où la nature malhonnête, la nature impure, ou bien des mœurs simples. Le mot latin qui va donner naissance aux « mœurs » est *mos / moris, mores*, qui signifie plusieurs choses à la fois. C'est d'abord la volonté de quelqu'un, son désir, *oboediens mori*, par exemple, qui veut dire vivre à la guise d'un autre (le père) et se plier à ses désirs. *Mos est hominum* : c'est la coutume des hommes. Ou encore, *moris est Graecorum* : c'est coutume des Grecs. L'usage, la coutume sont les mots qui reviennent sans cesse comme des équivalents du *mos, mores*. On imite les *mores* de quelqu'un ; mais les *mores* sont aussi les traditions et les institutions des ancêtres : *mores institutaque majorum*. Et enfin, chez Virgile (*Énéide*, 1, 264), le mot prend le sens de principes, règles et lois : *moresque viris, et praemia ponet*.

Quant au *Dictionnaire* de Furetière, les mœurs y sont définies comme les « habitudes naturelles ou acquises, suivant lesquelles les peuples et les particuliers conduisent les actions de leur vie ». Que le mot *èthos* soit traduit par « caractère[7] » ou par « mœurs », dans les deux cas, on retombe dans un champ de significations analogues. L'individu agit parce qu'il est mû par un *èthos*. L'*èthos*, qui ne se dévoile que par l'attitude ou le comportement, peut être bon ou mauvais, mais seul un observateur extérieur peut en juger (c'est le spectateur ou le lecteur). Si l'action d'un individu engendre un bonheur, son *èthos* sera classé sous le signe du bien. Mais l'individu, dans la vie réelle, agit tout simplement, et les conséquences de ses actions sont infiniment variables : en un mot il est inconstant. On ne peut, en réalité, que généraliser : il n'est pas bien d'être en colère ; il est mauvais d'être jaloux, etc. C'est à partir de ces généralités qu'il faut procéder rétrospectivement à l'éducation, pour arriver à dire que même un caractère bouillant ne doit pas se mettre en colère ; qu'il ne faut pas être jaloux même si l'esprit en a la prédisposition. Mais si on continue à agir de telle manière, cette attitude sera mal vue, condamnée, voire sanctionnée. Dans certaines conditions, l'action causée par l'*èthos* sera reconnue comme « juste ». Ces généralités serviront donc à éduquer la personne dotée de l'*èthos*. C'est en ce sens que, peut-être, la poésie fut classée du côté du général (*ta kathalou*). Si l'*èthos* existe naturellement (entendons culturellement) chez les individus et concerne avant toute chose la sphère privée, il revêt également une dimension sociale ; il y a donc interaction entre la nature de la personne et celle de la société.

Au chapitre 15 de la *Poétique*, on trouve quasi à l'identique la formulation de Furetière en ce qui concerne le caractère du prêtre ou du magistrat : « En matière de caractères, il y a quatre buts qu'il faut viser. L'un des deux, le premier, c'est qu'ils soient de qualité. Comme on l'a dit, il y aura caractère si les paroles ou l'action révèlent un choix déterminé : le caractère aura de la qualité si ce choix est de qualité. Et cela est possible pour chaque genre de personne ; en effet une femme peut être de qualité, un esclave aussi, même si l'on peut dire que l'une est un être inférieur, l'autre un être tout à fait bas. Le second point, c'est la convenance : un caractère peut être viril, mais il ne convient pas qu'une femme soit virile ou éloquente » (1454 a 16).

Dans leur commentaire, Dupont-Roc et Lallot se demandent s'il s'agit du rang social, et ils répondent que c'est peu probable[8]. Mais, dans leur commentaire du chapitre 2, ils insistent sur l'ambivalence des termes : « On prendra garde toutefois que la valeur morale, dans le monde grec, tend à se confondre avec la "qualité" sociale : l'échelle des valeurs, essentiellement aristocratique, fait des rois et des princes les modèles "naturels" de l'*aretè* (vertu), des esclaves ceux de la *kakia* (vice). "Vertu" et "vice" s'identifient alors à noblesse et bassesse[9]. » En partant de la deuxième exigence d'Aristote, qui consiste en la convenance (« il ne convient pas qu'une femme soit virile ou éloquente »), on peut supposer que la chose est probable dans le monde réel, mais que le poète, suivant les règles de la *mimésis*, ne doit pas la rendre ainsi ; il doit opérer cette transformation « éthique » pour constituer un exemple. Mais cela résulte aussi de l'ordre social : s'il était convenable qu'une femme soit virile ou éloquente dans le monde réel, pourquoi ne pas la représenter comme telle dans l'œuvre ? C'est au fond une affaire de production d'exemples.

Dans sa *Poétique*, Aristote imposait au poète de la *mimésis* l'exigence suivante : « Il faut encore que le caractère soit inconstant de façon constante (*homôs homâlos anômalon*) » (1454 a 27). La théorie aristotélicienne de la *mimésis* n'est en aucune manière une copie fidèle de la réalité ; elle n'est pas fondée exclusivement sur la « ressemblance », mais elle est une reconstruction à l'intérieur des probables. C'est pourquoi le poète peint en bien ou en mal ; c'est pourquoi Homère rend ses héros plus vertueux. Le caractère du personnage dépend absolument de la finalité de l'œuvre d'art. La tragédie et l'épopée sont les représentations des hommes nobles (1449 b 9). L'homme apprend à travers la représentation et prend du plaisir (1448 b 9). La tragédie est une représentation d'hommes meilleurs que nous (1454 b 8), et le poète qui représente des hommes coléreux, apathiques ou avec d'autres traits de caractère de ce genre, doit leur donner une qualité supérieure[10].

Le traducteur de la *Poétique* d'Aristote, André Dacier, est un des érudits que vise le texte de Perrault ; on peut même dire qu'il en est le véritable interlocuteur (et peut-être Racine[11]). Or Dacier, on l'a vu, partage la perspective d'Aristote. Cela posé, on commence à voir les enjeux et les malentendus intentionnels du texte de Perrault. Avec lui, il situe l'*Iliade* et l'*Odyssée* à l'origine de la poésie ; ces deux épopées constituent les « modèles » générateurs des tragédies et des comédies. Quant à Homère, il est le poète par excellence (1448 b 28 *sq.*). Comme bon poète il imite les peintres qui rendent leurs sujets plus beaux : il rend donc ses « caractères » beaux et supérieurs, tel Achille, tel Ulysse[12]. Il produit des exemples de « vertu » : « Il n'y a point d'homme si brave qu'Achille, si prudent qu'Ulysse. » Homère, le grand poète, a donc appliqué les règles de la *Poétique* avant la lettre : ainsi Aristote a-t-il pu formuler sa théorie.

Mais Perrault interprète le texte d'Homère tout différemment. D'abord il partage l'avis d'Érasme : Achille est coléreux, emporté, impitoyable ; il se moque des lois, il croit avoir le droit de s'emparer de tout par la force des armes ; il est injuste, brutal, sans foi ni loi. Et Perrault affirme qu'il n'est pas le seul à défendre cette opinion : Horace pense de la même manière[13]. Or Dacier est un spécialiste d'Horace, et, dans ses *Remarques* à propos de ce passage (1454 b 14, qui correspond au chapitre 16 de l'édition de 1692), il cite les mêmes vers d'Horace et il est assez probable que Perrault a tiré ces vers du livre de Dacier. Il s'appuie donc dans un premier temps sur l'autorité d'Horace pour discréditer Dacier, et par ce biais Aristote et Homère, quand il demande : « Quelle nécessité y avait-il de donner tant de mauvaises qualités à son Héros ? [...] Je trouve Homère inexcusable dans ce caractère qu'il a outré en mal, sans aucun besoin » (III, 50). Or Perrault emprunte à Aristote le fondement de cette critique : « Comme exemple de méchanceté non nécessaire, on a le Ménélas de l'*Oreste* » (1456 a 28). « Il faut aussi dans les caractères [...] chercher toujours le nécessaire » (1456 a 33)[14].

Si, pour Aristote, Homère est le poète par excellence, on doit trouver dans ses ouvrages toutes les règles de la poétique ; or le caractère d'Achille qui est cité comme modèle du héros contredit ces mêmes principes. La *Poétique* est défectueuse, et cela non pas seulement à propos d'Achille mais dans bien d'autres cas. Par exemple, le caractère d'Ulysse, dit Perrault, n'a rien de noble ; Aristote ne nous disait-il pas qu'« Homère a représenté ses personnages meilleurs » ? Ulysse qui couche avec les cochons et qui se bat avec un mendiant n'a rien de « noble », selon les mœurs des modernes. C'est là un détournement du principe d'Aristote, qui d'ailleurs est loin d'être clair : que veut dire « le poète doit rendre ses personnages meilleurs » ? Ce « meilleur », en quel sens faut-il l'entendre ? Les héros devront-ils être comme l'entend Perrault, c'est-à-dire plus vertueux, plus nobles, moralement meilleurs ? Et selon la morale de qui ? de Perrault ?

Cette ambiguïté est fortement accentuée par Dupont-Roc et Lallot, qui se demandent « si la transformation en “mieux” ne consiste pas plutôt à donner au caractère une grandeur et une beauté d'ordre purement esthétique[15] ». « Certes, disent-ils, il est bien risqué de tirer *epieikès* (qualité supérieure) du côté de la seule grandeur et, disons-le, du sublime ; car il est évident qu'Aristote reste essentiellement lié à un mode de pensée où le beau et le bon sont indissociables. [...] De fait, s'il ne peut que formuler en termes éthiques le caractère positif de la transmutation qui accompagne le processus mimétique, on sent bien qu'il ne s'agit pas là purement et simplement d'une amélioration morale[16]. »

Assez astucieusement, mais non pas sans raison, Perrault entend ce passage autrement et blâme Homère de ne pas rendre « supérieur » le caractère de ses héros. Perrault a raison d'interpréter Homère de cette manière puisque Aristote lui-même range les « coléreux » (*orgiloi*) dans son *Éthique à Nicomaque* (1108 a 7) du côté de la démesure, et l'« apathie » (*rhâithumoi*) est nettement classée au nombre des vices (*ibid.*, 1138 b 28 ; *Rhétorique*, I, 1368 b 18). D'où la conclusion de Perrault : s'il ne les a pas rendus « supérieurs » consciemment par le souci de « ressemblance », Homère contredit la règle de « nécessité » d'Aristote. Et, dans ce cas, ces caractères en viennent à représenter les mœurs socialement reconnues des Grecs, des mœurs relevant de la bassesse. Comment se fait-il alors qu'Aristote parle de « supériorité » ? Dans le cas inverse, si Homère a rendu supérieurs ses héros et si leur supériorité consiste donc en *cela*, soit Homère n'est pas un bon poète, soit Aristote ne sait pas de quoi il parle. En tout cas, ces caractères ne pourront être ni des « exemples » ni des « modèles » pour aujourd'hui. Homère n'est donc pas le poète qu'Aristote désire, et Aristote n'est pas ce penseur de la poétique qu'on a voulu voir pendant des siècles et des siècles ; et finalement Dacier a doublement tort.

Tout cela renvoie à une seule raison chez Perrault : les Anciens n'ont pas connu la Révélation[17]. Ils n'ont point connu la vraie vertu[18], ils n'ont pas connu la vraie morale, ils n'ont pas connu le péché originel et ne pouvaient donc pas se corriger d'« une infinité de défauts » (IV, 134). Seule la « religion chrétienne a formé un véritable système de morale » (IV, 145). Faute d'avoir jamais connu le « souverain bien », les Anciens ne purent se corriger, et Homère, tout génie qu'il était, ne pouvait pas les peindre ainsi. De la même manière, dit Perrault, ils ne pouvaient pas « tendre vers Dieu » parce qu'ils ne le connaissaient pas ; puisqu'ils ne connaissaient pas la corruption de leur nature par le péché originel, ils ne pouvaient pas la « corriger et réformer pour parvenir à la possession de ce souverain bien » (IV, 146). Ainsi leurs mœurs sont-elles défectueuses, et leur morale incomplète. Du coup la nature et la définition des vertus, des vices ou des passions sont complètement différentes : « Comme ils n'ont point connu l'humilité qui est le fondement de toutes les vertus, ils n'ont point connu aussi la charité qui en est le comble, & sans laquelle elles ne sont toutes que de fausses vertus, pour ne pas dire de véritables vices » (IV, 148). Cette morale des Anciens « est instruite par là que l'orgueil, qui paraît presque toujours pour une vertu chez les Païens, est non seulement un vice en soi, mais le principe & la racine de tous les autres » (IV, 147). Bien entendu, dit l'Abbé, certains écrits anciens sur la morale sont d'une utilité agréable, à condition qu'on les adapte et qu'on les mette en pratique dans le contexte du système chrétien moderne.

Dans son infinie prudence par rapport à la réputation « visionnaire » du poète de *Clovis*[19], Perrault ne fut-il pas devancé par Desmarets de Saint-Sorlin ? La vision qui fut celle de Desmarets et que Perrault semble proposer en l'adoucissant ne ressemble-t-elle pas fortement au fameux songe de Jérôme[20] ? Après l'opération de Perrault qui réduit la poésie d'Homère au rang de source historique et qui instaure une altérité radicale entre les Anciens et les Modernes, un immense dossier sur les fables s'ouvre, et c'est à partir de là que la Querelle laisse place à une recherche obstinée en vue d'établir la vraie signification des fables. L'Antiquité, dès ce moment, cesse d'être exemplaire. Elle se dissocie du présent ; la mise à distance temporelle se renforce et une recherche historique de type préscientifique débute.

## *46. Le procès des fables*

En 1701, la Petite Académie, qu'a fondée Colbert et qui a eu comme membres fondateurs Perrault et ses amis, se transforme radicalement. Elle qui, depuis sa naissance en 1663, avait été une commission de l'Académie française et ne proposait que des inscriptions ou des devises de médailles pour illustrer la gloire du roi voit arriver une nouvelle génération d'érudits avec l'abbé Bignon. Déjà, juste après la mort de Colbert, Louvois l'avait transférée au Louvre en l'appelant l'« Académie des inscriptions et des médailles ». Le nombre des participants avait augmenté, et les deux historiographes du roi, Racine et Boileau, avaient commencé à travailler sur les médailles. Louvois meurt en 1691. L'abbé Bignon qui est prédicateur mais aussi bibliothécaire du roi et, plus important, neveu du comte de Pontchartrain est placé à la tête de l'Académie par son oncle ; ainsi commence une période heureuse pour les études qui relèvent de l'érudition.

Une ordonnance royale du 16 juillet 1701 érige l'institution à la hauteur des autres académies et indique le domaine de ses futurs travaux. Un règlement de quarante-neuf articles définit le programme des travaux, la composition et les modalités de l'Académie, invitée à célébrer les principaux événements de l'histoire de France et à établir des descriptions historiques, pour conserver la mémoire des hommes célèbres et de leurs belles actions ; la connaissance érudite de l'antiquité grecque et latine, démodée aux yeux du public mondain comme l'affirme Jean-Baptiste Dubos, y est définie comme « ce qui dispose le mieux à réussir dans ce genre de travaux ». Bientôt Fontenelle[1] et Mabillon[2], de la congrégation de Saint-Maur, auteur d'un fondamental *De re diplomatica* (1681), rejoignent l'Académie. Sur les jetons de présence que frappe l'Académie, une muse, une couronne de laurier à la main, se trouve à côté du célèbre vers d'Horace : *vetat mori* (elle empêche de mourir). Ainsi l'Académie, en ce tournant de 1701, se déclare-t-elle gardienne de la mémoire, fidèle à la tradition de la poésie et de l'histoire. L'article XX du règlement de 1701 témoigne de ce changement[3].

L'Académie commence aussi à avoir des membres étrangers. Les membres de la République des lettres qui s'organisent dans le cadre des académies sont en relation constante avec d'autres membres au-delà des frontières nationales. La correspondance de Bayle est assez significative à cet égard : parmi ses correspondants, et en dépit de la révocation de l'édit de Nantes, on trouve Perrault, Fontenelle, Jean-Baptiste Dubos, les érudits philologues Grævius et Gronovius, Janiçon, Malebranche, etc.[4] Dans le contexte de cette République, un réseau de communication est ainsi mis en place grâce à l'échange épistolaire. La correspondance devient l'une des plus importantes occupations d'un érudit qui peut rester en contact avec d'autres savants, leur transmettre des informations de tout genre et en recevoir en retour, leur donner et leur demander des conseils, enfin bénéficier de ce que d'autres ont acquis et leur faire profiter de ce qu'il a lui-même obtenu[5]. Ainsi cette République des lettres s'orientera vers une recherche pour connaître « l'esprit et le cœur humains » à travers l'histoire : c'était d'ailleurs ce même programme qui était déjà proposé par Fontenelle ou par Bayle qui y voyaient l'avenir de la recherche historique.

En 1716, l'Académie prendra le nom d'Académie des inscriptions et belles-lettres et commencera à publier les célèbres *Mémoires* dont Gibbon allait être un fervent lecteur[6]. Avec l'arrivée de l'abbé Bignon, de Fontenelle ou plus tard de Fréret[7], la recherche historique s'imposera peu à peu comme finalité (cette lente progression allait déboucher sur l'article XXI du règlement du 22 décembre 1786 qui confirme le phénomène) et non plus seulement comme moyen symbolique au service du monarque et de la raison d'État[8].

Dès 1710, c'est « aux problèmes de la critique historique que s'intéressait l'Académie : conditions de possibilité et nature de notre connaissance du passé », comme l'affirme Claude Nicolet. Pour les périodes sur lesquelles on disposait de documents (chartes, diplômes, etc.), Mabillon et les mauristes avaient défini les méthodes de la critique historique, mais, pour les périodes antérieures, l'histoire était-elle accessible ? Plus qu'ailleurs, peut-être, se pose alors au pays de Descartes la question du certain, du probable, des preuves, en quelque sorte des fondements de la connaissance. Or, Hérodote l'avait déjà noté, l'histoire, quand on cherche à remonter le temps, ne se dégage qu'insensiblement de la fable. Poser que la fable n'était, chez les Anciens, que le masque des temps héroïques, c'était ouvrir alors la tradition biblique et chrétienne aux droits de la critique[9].

Cette transformation de l'Académie arrive au moment où la Querelle semble éteinte en France et s'allume en Angleterre. Le quatrième tome du *Parallèle* était paru en 1697, et le dernier texte que Perrault y avait ajouté était une lettre sur l'usage des fables dans la poésie moderne ; la lettre soutenait, comme toujours, la cause des Modernes et résumait les idées de Perrault sur l'imitation (IV, 315-316). La fable des Anciens était bannie de la poésie des Modernes, mais il soutenait dans le même texte que « la fable faisait la meilleure partie de la religion des Anciens », et ainsi il renvoyait la fable au domaine de la recherche et de la connaissance[10].

Perrault s'éteint en 1703 ; Fontenelle prend le relais et assure ce déplacement du statut. En effet, avec la Querelle et à travers cette opération de dissociation du passé et du présent, à travers la dissémination de la notion de progrès — y compris dans les choses du goût —, s'ouvre une nouvelle voie, via l'étude de la fable, au sein de l'Académie naissante vers la recherche « scientifique » du passé antique[11]. En ce début du XVIIIe siècle, on voit apparaître un régime moderne d'historicité qui implique la constitution de la distance temporelle et critique entre l'Antiquité et le présent. Dans ce sens, la Querelle doit être entendue comme le prélude au régime moderne d'historicité.

En 1711, paraît en deux volumes in-12 l'*Explication historique des fables* de l'abbé Banier. Quatre ans plus tard, le livre est corrigé et augmenté d'un troisième volume[12]. Le sous-titre de cette édition annonçait déjà le programme : « Explication historique des fables où l'on découvre leur origine et leur conformité avec l'Histoire ancienne ».

Les fables sont des enveloppes qui cachent plusieurs vérités des Anciens. Ce jugement qui ouvre le livre de Banier[13] témoigne du souci partagé par les auteurs de ce début de siècle : bien que les fables soient les ornements de la poésie de leur siècle, bien qu'on les rencontre dans la peinture, sur les tapisseries, dans toutes les pièces de théâtre (et, à travers elles, toute une symbolique de formation du goût et du social est en œuvre[14]), il est indispensable d'élaborer un savoir pour trouver ce qu'il y a de logique sous ces agréments. Les fables sont nécessaires à la formation de l'honnête homme : ce sont des récits qui charment sans revêtir aucune crédibilité. Cette conception a pourtant son envers : la question de leur raison d'être. Quelle vérité historique véhiculent-elles ? Que représentent-elles pour la culture dont elles sont issues ? Les questions, ainsi posées, ouvrent une autre voie : là où aucune recherche historique n'était auparavant requise, la fable est, à travers un travail historique, renvoyée à une source historique.

L'historien habile qui va rechercher dans les poèmes une concordance avec l'histoire ancienne transforme la poésie, une fois celle-ci confirmée, en histoire par excellence : « Les anciens événements dont le souvenir s'était conservé faute de lettres par la seule tradition, ou dans des cantiques qu'on retenait par cœur, passèrent enfin dans les ouvrages des poètes qui ont été les premiers historiens[15]. » Mais, comme ils étaient des amateurs du sublime et du surnaturel, ces poètes ont emballé leurs histoires véridiques avec les vains ornements de la fable. « Dans cet ouvrage, dit l'abbé Banier, on ne s'attachera qu'à découvrir ce que les fables ont d'historique, pour les concilier avec l'histoire ancienne. » Pourtant l'auteur a des réticences, il trouve aberrant de vouloir expliquer la totalité des fables par l'histoire ancienne : les fables n'en intègrent qu'une partie. La complémentarité des poètes et des historiens, le fait que la poésie et l'histoire soient inséparables ne laisse pas de poser des problèmes : « Si l'on consulte les historiens grecs, outre le penchant qu'ils ont à débiter des fables, ils n'ont travaillé que d'après les poètes, et ils sont venus trop tard pour connaître la véritable Antiquité. Les historiens latins même ne se sont pas donné la peine de purger leurs ouvrages des fables les plus absurdes, et pour ne pas céder en héroïsme aux anciens Grecs, ils ont adopté leurs rêveries. » D'où ce paradoxe : les historiens qui devraient expliquer les poèmes ont pour source ces poèmes. L'histoire, aussi bien que la poésie, puisqu'elle lui est postérieure, renferme des fables. Entre la fable historique et la poésie fabuleuse, les Modernes ont à frayer une nouvelle voie : une autre histoire qui élimine le fabuleux de l'une et de l'autre. C'est une entreprise difficile, même si on voulait concilier les divers sentiments des auteurs, « il restera toujours des difficultés insurmontables sur la chronologie d'un temps où l'on comptait sans exactitude et où les poètes étaient les historiens ».

La tâche requiert un travail de documentation : les notes en bas de page fournissent des preuves et consolident l'argumentation. Banier prolonge les analyses de ses ancêtres : l'argument qu'il y a une vérité de fond dans les fables vient des Pères de l'Église, Lactance et Arnobe ; du côté des Modernes, on rencontre Vossius et Marsham ; le fait que les Anciens voyaient leurs poètes comme des historiens est confirmé par Strabon, Polybe et Pausanias. Denys d'Halicarnasse, cet auteur « si grave et si judicieux », vient au secours de Banier pour ce qui est des Troyens et d'Énée. Et personne n'ignore que Tite-Live invente des fables en ce qui concerne la naissance et l'éducation de Romulus. Quant à Hérodote, la formule de Casaubon clôt la discussion : « Quand je lis Hérodote, je crois lire un Homère (*Herodotum cum lego, Homerum aliquem videor legere*) [16]. »

Que faut-il alors faire pour déchiffrer une fable ? Comment la lire ? Comment en extraire la part historique et véridique ? Banier a le secret. Il faut, en premier lieu, la rationaliser, lui ôter son aspect merveilleux, et ensuite, si l'on peut, consulter les anciens historiens ; et, à défaut (car ils ne rapportent pas toujours ces sortes d'événements), il faut avoir recours aux médailles, aux inscriptions et aux autres monuments antiques ; et, lorsque tout cela manque, il faut se jeter dans les étymologies. Et cela non sans raison : cette recherche est intimement liée aux conditions de production des fables, donc à leur origine[17].

Bien que le fameux essai de Fontenelle *De l'origine des fables* soit publié en 1724, sa rédaction, selon les spécialistes, date des années 1690[18]. En outre, l'essai reprend les éléments d'un autre essai, *Sur l'histoire*, qui ne sera publié qu'en 1758, après la mort de Fontenelle, mais dont on estime qu'il date de 1675 ou bien de 1680, en tout cas avant la rédaction de *De l'origine des fables*[19]. Y a-t-il quelque affinité entre le texte de Fontenelle et le livre de Banier paru en 1711 ? L'essai de Fontenelle vise les Anciens. C'est un texte polémique qui fait partie du corpus de la Querelle ; il essaye de mettre en évidence la supériorité des Modernes tout en expliquant le glissement de l'esprit humain de l'erreur vers la vérité : « Ne cherchons donc autre chose dans les fables que l'histoire des erreurs de l'esprit humain. » La finalité du texte de Fontenelle est fort différente de celle de Banier : le premier rejette les fables, le second veut les comprendre. Mais leurs postulats se ressemblent extrêmement : les fables des Grecs, bien qu'elles soient un amas de chimères, de rêveries et d'absurdités, forment l'ancienne histoire de ce peuple : « Il n'y a point d'autres histoires anciennes que les fables[20]. » Le mot « histoire » prend ici le sens de récit, ce même mot de « récit » apparaissant au troisième paragraphe du texte. Le mot histoire est donc utilisé dans le sens d'un récit des choses advenues dans le passé. La véracité des faits dépend du degré de certitude que ce récit instaure. Les fables et l'histoire ancienne sont des récits fondés sur la vue et l'action, comme un père qui raconte à son enfant ce qu'il a vu et ce qu'il a fait. Inévitablement, toute vraisemblance repose sur la construction du récit, qui fixe le vrai ou le vraisemblable. Mais ce récit, chez Fontenelle, est avant tout oral, donc altérable.

Le fait de raconter une chose surprenante exerce une emprise directe sur l'imagination, qui a tendance à l'exagérer. Le récit qui plaît à l'auditeur et fait naître chez lui des sentiments de surprise et d'admiration perpétue le caractère merveilleux de la narration, puisque « cela touche à notre vanité ». Si le récit est extraordinaire en soi, le narrateur n'a aucune envie de mentir en le rapportant ; et pourtant le fait même de raconter est tel qu'il génère le mensonge presque malgré lui. Dire la vérité nécessite donc un effort particulier, des règles et une attention avertie.

Une des raisons d'être des fables, selon Banier, est l'absence d'écriture dans les temps les plus reculés. Ici aussi on retrouve le monde de l'oralité que Fontenelle évoquait. Chez Banier, le propos prend une tournure éclatante : « Avant que l'usage des lettres eût été introduit dans la Grèce, les grands événements et les belles actions n'avaient d'autre monument que la mémoire des hommes[21]. » C'est donc pour perpétuer le souvenir de ces faits que les pères les racontaient aux enfants ; mais, comme on ne raconte jamais les choses simplement aux jeunes gens, il fallait ajouter au « récit des aventures quelques circonstances propres à les attacher et à les en faire ressouvenir[22] ». Les enfants grandissent et deviennent pères à leur tour, et ils racontent, et ils ajoutent d'autres circonstances : de bouche en bouche, fausseté sur faussetés[23]...

On passe, avec l'arrivée de l'écriture, de la fable à l'histoire ; le passage est lent, mais nécessaire, chez Banier tout comme chez Fontenelle. L'invention de l'écriture, selon Fontenelle, a d'abord répandu les fables ; puis l'incertitude de la tradition fut un peu fixée, et « l'amas des fables ne grossit plus tant ». L'ignorance diminue peu à peu, et, puisque tous les faits s'enchaînent, « on vit moins de prodiges [...], les histoires furent moins fabuleuses[24] ». Le passage de la fable à l'histoire est semblable chez Banier ; ce qui est un peu surprenant, c'est que l'on passe aussi à la poésie : les actions des héros, les souvenirs des faits éclatants, les grands événements ont tous été véhiculés par un récit qu'on a coutume d'appeler fable. La fable est, avant l'écriture, le récit des événements du passé ; un pas de plus et on entre dans l'écriture, dans le monde de l'histoire, mais aussi de la poésie : « Lorsqu'on est venu dans la suite à écrire ces histoires pour en remplir les annales, ou en faire le sujet des poèmes, et qu'on n'a trouvé d'autres monuments ni d'autres mémoires que cette tradition confuse et défigurée, on a été obligé de s'en servir, et on a ainsi rendu les fables éternelles, en les faisant passer de la mémoire des hommes qui en était la dépositaire, dans des monuments qui devaient durer tant de siècles[25]. » L'écriture fixe les événements, les diffuse ; elle les rend éternels.

La fable est le récit des actions des héros, mais ce récit peut se muer en poésie ou en histoire. Et lorsqu'un historien veut faire le récit de ce même héros ? C'est ici que le statut de l'historien se transforme : « les historiens, même les plus fameux, qui, venant à écrire la vie des héros, y ont souvent mêlé les fables les plus absurdes, sans se donner la peine de les expliquer[26] », puisque l'histoire en tant que genre est comprise comme garante de vérité. Néanmoins le passage de la fable à l'histoire n'est pas simple, et les historiens grecs sont excusables pour n'avoir eu à leur disposition que des mémoires si peu sûrs ; mais l'auteur s'étonne que les historiens romains aient truffé leurs ouvrages de fables. Les historiens peu crédibles et impardonnables ne sont pas seulement ceux de Rome : à regarder les historiens des croisades, ceux de Charles Quint, ou bien Sandoval et même Mézeray, on serait étonné de voir comment ils rapportent des prodiges auxquels même le peuple ne croyait pas. La contamination par fable se trouve partout, même chez les Modernes.

Pour Fontenelle, c'est le progrès qui assure la certitude de l'histoire ; l'histoire et son usage sont inséparables du degré de connaissance propre aux siècles. De la conservation par pure curiosité à l'égard des choses passées, on passe à l'utilité ; il est utile de garder tel ou tel souvenir pour conserver les choses dont les nations tirent un honneur, pour « décider des différends qui pouvaient naître entre les peuples » et pour fournir des exemples de vertu. Toute la conception de l'utilité de Fontenelle ici présentée ne diffère guère de l'ancienne *historia magistra vitae*. Mais, dans le texte *Sur l'histoire*, se déploie une autre conception de l'histoire et de l'utilité : « J'appelle utile, quant à ce qui regarde l'esprit, tout ce qui nous conduit, ou à nous connaître, ou à connaître les autres. [...] il est bon que l'histoire accompagne et fortifie la connaissance que nous pouvons avoir de l'homme[27]. »

Les poèmes véhiculent les fables, lesquelles s'infiltrent dans l'histoire. C'est à ce moment que la théologie se forme et qu'un système de religion s'établit. C'est à partir des idées d'Homère et d'Hésiode, et au nom de tout ce qu'ils avaient inventé comme dieux et déesses, qu'on érigea des temples et la religion publique[28]. Selon Fontenelle, il est évident que cette religion est fausse : « chez la plupart des peuples, les fables se tournèrent en religion », sauf chez le peuple élu qui a su garder la vérité par les soins de la Providence[29]. Dans ce flux et reflux des fables, des poètes, des historiens, de la religion et de la vérité, Fontenelle et l'abbé Banier observent une même démarche à propos des origines, mais diffèrent dans leur finalité. Le premier montre comment les fables se sont formées, et combien l'esprit humain était dans l'erreur dans ces temps-là. Le second comprend et explique les fables en y postulant une part de vérité. Mais l'un et l'autre plaident pour qu'un historien habile établisse l'histoire de ces « premiers temps » et l'histoire du cœur humain à partir des fables, qui sont l'histoire d'une période sans écriture[30].

## 47. *Quand la vérité de l'histoire se cache sous la fable*

En bas de la page 28 du premier tome du livre de Banier, figure une petite note *a* : « Voyez le Projet d'un livre sur ce sujet, publié par le P. Tournemine dans les *Journaux de Trévoux* en 1702. » Les *Mémoires pour l'histoire des sciences & des beaux arts*, connus sous le nom de *Journaux* ou *Mémoires de Trévoux*, ont un nouveau directeur à partir de la fin 1701 : le père Tournemine, jésuite. Dans le volume qui réunit les articles de novembre-décembre 1702, on voit, effectivement, à l'article XI, ce « Projet d'un ouvrage sur l'origine des fables ». Dans une partie qui fait suite aux *Mémoires* et qui contient des « additions », on trouve la seconde partie de ce « Projet ». Mais que Tournemine, à la dernière page de cette seconde partie, annonce que « M. l'abbé Bignon promet de travailler sur l'origine des peuples les plus anciens, et M. de Fontenelle prépare un livre sur l'origine des fables », voilà qui permet de dater le petit essai de Fontenelle. Et le projet de Tournemine apparaît comme un élément d'un projet plus vaste, commun à l'époque.

Tournemine campe ainsi son « Projet » : « Il y a plus de quinze ans que j'ai compris qu'il serait utile de bien démêler l'origine des fables, et de faire connaître les vérités qu'elles nous cachent ; cela servirait beaucoup à éclaircir l'ancienne histoire, et à découvrir l'antiquité de la véritable religion[1]. » Où l'on retrouve cette « idée fixe » de l'époque que la fable cache des vérités. Pourquoi la véritable religion ? Parce que les fables représentent une religion, mais pas la véritable. Il conviendra donc d'affirmer la supériorité et l'antiquité de la véritable religion sur la théologie païenne. L'enjeu de la Querelle traverse le « Projet » de Tournemine puisqu'il s'agit de valoriser le présent chrétien : quand l'autorité du passé n'a plus cours, quand la vérité n'est plus associée à l'ancienneté, il faut alors, de nouveau, prouver l'authenticité et la vérité de la religion grâce à la recherche historique. Ce sera, à travers l'histoire des erreurs humaines, la démonstration qu'en matière de vérité les Modernes sont capables de la rétablir par leurs recherches et leur savoir. Ils justifieront pour finir l'autorité du passé et associeront la vérité à l'ancienneté, mais cette démarche se fera à rebours, du présent vers le passé.

Tournemine tente-t-il de répondre au chapitre 8 du *Tractatus theologico-politicus* où Spinoza appliquait les règles de la critique historique au Pentateuque ? Les preuves de la vérité, chez Tournemine, ne reposent pas seulement sur l'autorité divine des écrits de Moïse, ni sur leur antiquité qui dépasse l'antiquité des monuments historiques : elles sont confirmées par le consentement de tous les peuples dont la tradition a conservé ces faits, « quoiqu'un peu altérés et mêlés de fables ». Néanmoins, ils sont toujours reconnaissables, pour qui s'attache de près à l'étude des fables.

Les sources d'erreurs sont plus ou moins les mêmes que celles de Fontenelle et de Banier : Tournemine réfute pas à pas l'animisme, la physique et le système du monde des fables. Comme Perrault, il associe les Anciens à l'ignorance : les Anciens sont comme les paysans ignorants de son temps. À cela s'ajoute la corruption de la transmission, comme dans le bouddhisme : il y a tout d'abord une première vérité, l'immortalité de l'âme, les récompenses et les peines de l'autre vie ; cette vérité première, altérée par les vices de la narration et de la compréhension, se transforme en une opinion fort répandue en Orient et qui consiste en la réincarnation : « Les âmes en sortant de leur corps passaient en d'autres, par une révolution continuelle : que la justice de Dieu présidait à ces changements, que les âmes des méchants passaient dans des corps désagréables. » La religion naturelle est celle pratiquée par Noé et ses fils ; or cette religion avait ses mystères et cérémonies ; et, en mêlant des fictions à cette religion naturelle, on a fait des fables. Tournemine affirme que plus on remonte dans le temps, plus on trouve une religion simple et, bien que polythéiste d'apparence, monothéiste en vérité. Il reprend le débat des néoplatoniciens et du *Corpus hermeticum* et rétablit la dualité du dieu caché et du dieu apparent : ce dernier est envoyé par le premier pour gouverner le monde. Aussi donne-t-il l'exemple des Égyptiens : « Les deux premières divinités étaient *Cneph* ou *Cneuphis*, dont le nom signifie *caché*, et *Pheta*, son fils, dont le nom signifie *évidence, persuasion, parole*. » À travers les justifications étymologiques, on est finalement très près du christianisme — il ne manque que le Saint-Esprit. On a le Père, caché, et le Fils, Jésus, qui est en même temps l'évidence d'un dieu, puisqu'il est Dieu du Verbe. Et Tournemine de conclure : « On ne doutera plus de l'origine des religions dont je viens de parler. »

Chez Tournemine, on retrouve le poète, qui a pour fonction de conserver la mémoire historique chez les peuples sans écriture : « Les peuples ont été longtemps sans lettres et sans livres. L'histoire ne se conservait que par la seule tradition. Ce canal fut altéré principalement par la poésie. » Quel était le savoir véhiculé par la poésie et considéré comme faisant histoire ? Ce savoir incluait d'abord le respect des ancêtres qui s'est transformé en coutume par des cérémonies funèbres[2] ; ensuite, les vertus des morts et les belles actions des vivants qui se chantaient par des cantiques pleins de métaphores et d'hyperboles. Le temps passe et les peuples finissent par oublier la raison d'être de ces cantiques, le vrai savoir qu'ils mobilisent, ils croient sans savoir, répètent sans comprendre. C'est pourquoi il faut évoquer la tradition orale telle qu'elle existe de nos jours. L'essence de la critique de Tournemine, à savoir le brouillage des raisons originaires, rejoint ce que Perrault disait des ancêtres et de leurs contes.

Et Tournemine propose, à la manière d'un Aby Warburg, une méthode ethnologique et comparatiste : ces fables, dit-il, il faut les comparer à « nos poèmes et nos oraisons funèbres, les chansons des Iroquois et des Nègres, et les traditions populaires sur l'histoire » et non pas aux historiens de l'époque, puisqu'ils se contredisent et sont peu informés. Tout au plus, ces historiens ont reçu des informations confuses de marchands phéniciens qui connaissaient l'histoire sainte. Ils étaient les voisins et les alliés des Juifs ; mais, comme ils adoraient le merveilleux et altéraient les récits, ils ont corrompu ces vérités premières ; d'ailleurs, les historiens ne leur cédaient en rien, vu qu'ils appartenaient à une nation menteuse, adoratrice du merveilleux, altérant encore une fois ce qui était déjà altéré : « Ne doutez pas que les marchands n'embellissent l'histoire en la racontant, et que l'historien n'ait encore enchéri sur le marchand[3]. »

À plusieurs reprises, Tournemine réaffirme l'idée d'une révélation naturelle antérieure à tout témoignage. Tournemine nourrit-il le même projet que Huet ? Ou veut-il pratiquer l'histoire des mœurs propre à chaque peuple que Fontenelle appelait de ses vœux ? Il semble que la « Quatrième Règle » de la seconde partie de son ouvrage vise essentiellement Huet : « Des personnes d'une érudition consommée ont cru trouver dans l'Écriture sainte l'origine de toutes les fables. Je n'ai pu m'accommoder de ce système. » Au lieu de chercher les fondements juifs des fables, et de dire que tous les hommes ont une origine juive, il faut plutôt dire qu'ils connaissaient l'histoire juive. Chaque peuple a sa fable, son histoire, sa religion. Toute religion est corrompue, altérée et monstrueuse, partout sauf chez les Hébreux (et ici on rejoint Fontenelle), chez qui la vérité a été gardée par les soins particuliers de la divine Providence. Tournemine soutient que chaque peuple a eu une histoire différente. Il connaissait *Les préadamites* de La Peyrère, ouvrage qu'il a condamné. Il ne fait pour lui aucun doute qu'après la séparation des fils de Noé il n'y a pas eu de relations entre les peuples ; même si on affirme que tous sont de la famille de Noé, on ne saurait nier qu'ils ont élaboré leurs propres identités sans avoir de relations. Raison pour laquelle ils instituent des fables différentes : oublieux de leurs origines, ils fabriquent des fables pour en rendre compte : « On voit avec surprise dans les relations de la Chine que ces peuples font encore aujourd'hui une fête toute semblable à celle que nous lisons dans les auteurs anciens s'être pratiquée en Égypte et à Athènes, et qu'on appelait la fête des Lanternes. Les relations du Mexique et de Norvège nous apprennent que la même fête y était en usage. Une cérémonie pratiquée par des peuples, qui depuis la séparation des enfants de Noé ne paraissent avoir eu aucune correspondance, est assurément de la plus grande antiquité. Chaque peuple dans la suite a imaginé diverses fables pour rendre raison de son institution : mais si nous examinons les circonstances de cette cérémonie, qui dans des pays et des temps si éloignés ont été à peu près les mêmes, nous conviendrons que ces diverses raisons sont fausses[4]. »

À l'origine, il y a donc la religion : « Je crois que la première raison de l'instituer a été le dessein qu'ont eu les premiers hommes de marquer à Dieu leur reconnaissance[5]. » La découvrir, tel est le sens de son projet à venir : « Je publierai d'abord une nouvelle histoire poétique, qui contiendra l'explication de la théologie fabuleuse la plus commune parmi les poètes grecs et latins, et de toutes les *Métamorphoses* d'Ovide. Je donnerai ensuite des remarques sur ce qu'Hérodote, Diodore, Plutarque, etc. nous ont conservé des mystères d'Égypte ; sur le livre de Seldenus *De Diis Syris*, dont je corrige plusieurs fautes ; sur la *Théogonie* d'Hésiode, et sur ce qu'il y a de plus caché dans l'histoire fabuleuse[6]. » Le livre de Tournemine ne paraîtra jamais, mais d'autres feront leurs les règles qu'il avait établies dans son « Projet » : que le mensonge cache toujours une vérité ; que la vérité est plus ancienne ; qu'il faut comparer tous les historiens et appliquer les règles de la critique pour examiner les faits douteux ; qu'il faut connaître les langues, orientales ou autres ; enfin, qu'il faut prendre en compte tout ce que nous apprennent les peuples du monde, c'est-à-dire inclure dans la comparaison les Chinois, les Indiens, les Américains et les autres.

Tournemine ne méconnaît pas la nouveauté de son entreprise : il sait qu'il rompt avec la connaissance des fables qui est en vigueur et discrédite le livre du père Gautruche : « Ils [les savants] ont lu dans leur jeunesse le *Dictionnaire poétique & l'Histoire* du père Gautruche, ils ne croient pas qu'on puisse aller plus loin dans la connaissance des fables[7] » ; et les compilations faites à partir de Noël le Comte : « Ceux qui n'ont étudié la fable que dans Noël le Comte ou dans le *Dictionnaire poétique* se récrieront d'abord[8]. » Il est très probable que ces ouvrages étaient des manuels dans les collèges des jésuites, où Tournemine, comme Fontenelle, fit ses études[9]. L'ouvrage de Natalis Comes, ou Noël Conti, *Mythologiae*, publié à Venise en 1551, a été réédité dix fois jusqu'en 1653. La compilation en français faite à partir de ce livre par I.D.M. ou Jean de Montlyard, a été publiée à Lyon en 1597 et a connu elle aussi plusieurs éditions tout au long du XVII^e siècle. Quant au livre de Gautruche, l'*Histoire poétique*, il était édité pour la dix-huitième fois en 1725, après la première publication à Caen en 1658.

Bien curieusement, le titre de la compilation de Montlyard annonce déjà une explication des fables : *Mythologie, c'est-à-dire, Explication des Fables, contenant les généalogies des Dieux, les cérémonies de leurs sacrifices, leur gestes, aventures, amours, et presque tous les préceptes de la Philosophie naturelle & morale*[10]. La préface, dédiée à Henri de Bourbon, prince de Condé, dresse le plan de l'ouvrage : « La Poésie inventrice des Fables est la plus ancienne science qui soit. Elle enseigne par ses inventions tout ce qui fait pour l'acquisition de la vertu, pour la réformation des mœurs & des affections humaines, les entremêlant de gaies & plaisantes jolivetez[11]. » Instituer cette science au présent est donc un moyen d'éducation, qui offre la possibilité de connaître la philosophie, mais aussi le vrai Dieu, puisque les Anciens avaient la notion d'un Dieu unique et vrai même s'ils l'avaient baptisé de divers noms. Selon Montlyard, cette science enseigne tout autant « la gloire, la réputation & la félicité que les hommes illustres & gens d'honneur ont justement acquise tant leur vie durant qu'après leur mort[12] ».

Entre l'ouvrage de Montlyard et le « Projet » de Tournemine, il est évident que quelque chose a changé. Le premier porte un regard du passé vers le présent, tandis que le second campe dans le présent pour jauger le passé éloigné. Aux yeux de Montlyard, l'histoire est maîtresse de vie, ce qui n'est plus le cas chez Tournemine. Ici s'affirme une historicité organisée autour et à partir du présent[13]. L'ouvrage de Montlyard est un livre d'*exemples*, le « Projet » de Tournemine une recherche. Le passé doit être expliqué en soi et pour soi, il n'affecte nullement le présent, n'offre aucun exemple ni aucun précepte susceptible de régler l'action humaine.

Entre Montlyard et Tournemine, il y a la Querelle. Le présent est désormais une catégorie temporelle autonome, qui ne se reflète plus dans le miroir du passé, mais tend au passé le miroir où se révèle une figure autre, tout autre. Anthropologiquement le temps moderne est advenu, historiquement les temps modernes peuvent commencer.

## *48. Quelques mots pour conclure...*

Le 2 mai 1825, Samuel Taylor Coleridge entreprend la lecture d'un livre étrange, publié en 1744. Il y trouve une confirmation de ses idées sur la poésie et l'histoire. L'auteur, un certain Giambattista Vico, professeur de rhétorique à Naples, tout au début de son livre, explique la gravure du frontispice où il est question d'un rayon de lumière qui jaillit d'un œil céleste. C'est Dieu, dit-il, sous l'aspect de sa Providence. Tandis que Dieu rayonne, la métaphysique aux tempes ailées est sur le globe du monde et le contemple extatiquement. Le rayon traverse la poitrine de la métaphysique pour aller éclairer la statue d'Homère, « le premier auteur de la gentilité qui nous soit parvenu[1] ». Pour Vico, il ne fait aucun doute qu'Homère est un poète, « mais surtout, en vertu de notre découverte, à ces titres de gloire d'Homère s'ajoute celui, splendide, d'avoir été le premier historien de tout le monde païen qui nous soit parvenu[2] ». Et la *Science*, que Vico propose, de s'appeler *nouvelle*.

Coleridge, comme ses contemporains, ne s'étonne déjà plus de toute cette armature de notions, concepts et qualificatifs : histoire du passé écrite à partir du présent ; science du temps présent pour donner visage aux temps futurs ; la Providence, enfin, qui de son rayon dignifiant distingue un poète faiseur d'histoires comme un historien accoucheur de récits et dont il revient à ses lecteurs de les vérifier — la Querelle des Anciens et des Modernes, un siècle plus tôt, est passée par là et, même déjà reléguée dans l'oubli par des temps emportés par les Lumières puis les révolutions, a laissé son héritage aux sociétés d'Occident. Le romantisme n'y pourra mais : l'Antiquité, hier encore un réservoir d'exemples moraux, aujourd'hui lieu de rêveries sur l'écoulement du temps et l'écroulement des œuvres humaines, est désormais l'objet d'une discipline destinée à un bel avenir : l'historiographie — objet à tous les sens du terme, puisque l'archéologie vient très tôt redonner une forme de vie à l'Antiquité. C'est dans la manière d'écrire l'histoire ancienne que le creusement d'une distance entre passé et présent est le plus explicite : la nouveauté y règne en maîtresse. Bien loin qu'on puisse se contenter d'une histoire de la Grèce ou de Rome écrite par les Anciens — Hérodote ou Thucydide, Tite-Live ou Salluste —, il faut une nouvelle histoire que les Modernes se font un devoir d'écrire[3].

La Querelle des Anciens et des Modernes, par-dessus tout, aura marqué de manière décisive et irréversible la mise à distance d'un passé qui continuait à vivre dans le présent sous la forme d'une dévotion. Même si les Modernes, pour les choses de l'esprit, proposaient la « bonne morale » et, en politique, le modèle absolutiste qu'ils avaient sous les yeux, l'imitation des Anciens — jusqu'aux plus récents — était rejetée : l'histoire, c'est-à-dire « un passé qui pèse et agit, un passé presque sans limites[4] », avait cessé de dicter sa conduite à un présent qui se glorifiait de ses propres modèles.

Depuis lors, la modernité n'a été que Querelles : hier, celle des antimodernes contre le culte du Progrès — souvenons-nous de Péguy tonnant contre la République et la Sorbonne —, aujourd'hui celle des modernes et des postmodernes, voire des post-postmodernes, sur l'impossibilité de fonder en stabilité les concepts de sens, de vérité, même de sujet — cette dernière Querelle a occupé longtemps les esprits avant de solder les comptes avec des conclusions qui n'en étaient pas[5]. Mais toutes ces Querelles ont un socle commun, que les tenants de chaque camp tiennent pour acquis, au point qu'il s'agit d'une évidence devenue presque semi-consciente : le grand basculement des sociétés dans le temps historique. Que fait la Querelle sinon d'opposer une dernière fois le temps de l'infini, celui des théologiens et des physiciens, et le temps fini, celui des hommes et des cités ? Une lignée d'auteurs, de Platon à Augustin et de Montaigne à Perrault, professait que le temps du Créateur, le temps d'avant le temps chargé de prérogatives morales — tels le bien et la félicité —, constituait la finalité des sociétés humaines. Aussi le temps des hommes devait-il être à son tour façonné, du moins jusqu'à un certain point, sur le patron du temps éternel, et, tel le chant chez Augustin dans son déploiement, tendre vers lui. En sorte qu'il n'y avait pas de futur possible, d'avenir sans visage, puisque, dans le temps éternel, le devenir des hommes était déjà construit.

Or, à partir de Pétrarque, le temps d'ici-bas commence à se dissocier de ce temps de l'au-delà. Il s'agit dans un premier petit mouvement de constituer une grandeur politique dans un passé qui n'existe plus. Cette lézarde, inouïe dans l'histoire, à l'origine de la grande fracture à venir, dissocie une première fois une portion du temps fini de tout le reste et le pose comme modèle. La chose n'avait rien d'évident, sa légitimation était difficile à fonder aussi bien chez Pétrarque que chez Dante. Mais à l'intérieur de l'ancienne dualité temporelle se marquait une première délimitation qui échappait à la hiérarchie subsumant le temps des hommes sous celui des dieux. Le passé, de modèle secondaire, devenait le modèle par excellence. Puis, la causalité astrale s'étant défaite et Dieu retiré vers le for intérieur, le temps humain cessa d'aspirer à l'éternel : l'au-delà ne disparut pas pour autant, mais il ne constituait plus le modèle politique de l'être-ensemble des sociétés. En revanche, l'individu, par le mouvement de son âme, était lié à l'au-delà (par la « grâce intérieure » que Dieu répandait dans les cœurs, disait Malebranche[6]) et pouvait tendre à la perfection, selon l'accomplissement de sa liberté. Cette inflexion constitua un des moteurs du basculement des structures temporelles.

La nouveauté n'a aucun sens pour l'infini ; elle n'existe qu'à l'intérieur d'un temps historique. Ainsi les sociétés qui imitaient le temps immuable et se donnaient pour règle le retour du même essayaient-elles, dans les limites du possible, d'écarter le nouveau. Le présent était regardé au miroir de l'ancien : avant et après se reflétaient à l'infini l'un et l'autre.

La Renaissance vit donc s'accomplir un changement majeur : l'idée d'un futur déjà construit s'estompe devant celle d'un futur à construire. Et le modèle en sera tiré d'un passé humain, tenu comme glorieux — l'élection de Rome par la Providence chez

Dante, par exemple. Assurément, le modèle est placé dans le passé, et rien, ou presque, ne modifie à première vue le rapport hiérarchique entre le passé et le présent enté sur le premier. Mais voici que, chez Dante et Pétrarque, l'attente est projetée dans le futur et converge avec l'arrivée de la fin des temps. Commence alors, dans l'Occident du XIVe siècle, la cohabitation d'un temps qui se tourne vers ce qu'il perpétue : le passé — donc, dans la répétition du même ou de ce qui est déjà écrit, vers l'au-delà — et d'une attente puisant ses sources dans le passé mais toute tendue vers le futur (*prisca theologia* ou *philosophia perennis* en sont des symptômes, ainsi que la nature qui se voile et l'homme qui la dévoile[7]). C'est ainsi, comme par effraction en quelque sorte, et à petits pas, que la nouveauté est entrée sur la scène de l'histoire en Occident. C'est cette progressivité des actes, au niveau personnel de penseurs, ou collectif d'institutions, telles les Académies, que je me suis efforcé de restituer dans ces variations sur le temps moderne afin d'éviter l'illusion d'une systématisation rapide, d'une coalescence spontanée, qui aurait résulté en une grande culbute.

La Querelle des Anciens et des Modernes, mon point de départ pour l'enquête, m'a toujours paru, en terme de processus historique, un point d'arrivée. Plus que jamais, pourrait-on dire, Hegel est ici à son affaire, qui veut que le philosophe arrive toujours trop tard. Philosophes et hommes de lettres ou de plume, engagés dans la Querelle européenne des Anciens et des Modernes, croient disputer de l'avenir quand en réalité ils disputent de ce qui déjà est advenu et se clôt sous leurs yeux, par cette Querelle même. Leurs débats ne sont que l'expression, formalisée enfin dans toute son ampleur, d'une tension temporelle dont les prodromes remontent au XIVe siècle. Les historiens ont depuis lors cherché et aisément trouvé des querelles antérieures, voire antécédentes, entre Anciens et Modernes, mais ces énoncés de confrontations demeurent, avant tout, un lieu commun de la rhétorique qui permet d'affirmer la valeur des œuvres du présent. Encore cette valeur, à chaque époque, relevait-elle toujours d'une logique d'imitation, sans exception. La nouveauté ne pouvait découler que du passé, et jamais aucune forme littéraire ou philosophique ne s'est proposée elle-même comme modèle parfait à l'imitation par la postérité. Il ne pouvait donc y avoir aucune Querelle au sens moderne du terme.

La Querelle européenne du XVII^e siècle n'est advenue qu'à partir du moment où le temps historique avait parachevé son autonomie et que la société s'est fonctionnellement différenciée du modèle de la Cité de Dieu. À ma connaissance, modernes, postmodernes, post-postmodernes disputent à leur aise, mais de ce grand basculement de l'Occident nul d'entre eux n'est encore sorti.

# NOTES

Avertissement : quand je ne cite pas à partir d'une traduction française, il faut comprendre que les traductions sont les miennes.

*Il était une fois...*

1. Clifford Geertz, *After the Fact*, Cambridge, Harvard University Press, 1995, p. 136.

2. Paul Valéry, *Regards sur le monde actuel* (1945), in *Œuvres*, vol. II, Paris, Gallimard / Pléiade, 1960, p. 935.

3. Chryssanthi Avlami, « Libertà liberale contro libertà antica. Francia e Inghilterra, 1752-1856 », in *I Greci*, éd. Salvatore Settis *et al.*, vol. 3 : *I Greci oltre la Grecia*, Turin, Einaudi, 2001, p. 1311-1350.

4. Allan Bloom, *L'âme désarmée*, trad. P. Alexandre, Paris, Julliard, 1987, p. 229. Et de préciser alors, en bon élève de Strauss (p. 231) : « [...] le flux — appelons-le devenir, changement, histoire ou de n'importe quel nom — n'est plus la vérité fondamentale : c'est l'être, la fixité, l'éternité qui l'est. »

5. Leo Strauss, « La crise de notre temps », in *Nihilisme et politique*, trad. de O. Sedeyn, Paris, Rivages Poche, 2004, p. 83.

6. John G. Mason, « Leo Strauss and the noble lie : the neo-cons at war », *Logos*, printemps 2004 (revue publiée sur le web : www.logosjournal.com). Mais le mérite de détecter pour la première fois cette nouvelle Querelle revient à Joan DeJean. Cf. *Ancients Against Moderns*, Chicago, University of Chicago Press, 1997, p. 140-150.

7. Levent Yılmaz, « How history should be written ? Or, should it be written at all ? », *Storia della Storiografia*, 2000, n° 38, p. 139-145.

8. Dostoïevski, *Un cœur faible*, trad. d'A. Markowicz, Arles, Actes Sud / Babel, 2000, p. 68.

1. *Lundi, 27 janvier 1687 : « Je vois les Anciens sans plier les genoux »*

1. Le poème de Perrault coïncide avec un événement fêté dans toute la France, d'où la gravité des conjectures et circonstances de lecture. Pour une liste exhaustive des cérémonies et des événements on peut se référer au *Mercure galant*, janvier 1687, t. I, février 1687 et mars 1687, t. II.

2. Voici l'épisode vu par le *Mercure galant* : « L'ouvrage de M. Perrault, dont il croyait ne faire lire que le commencement, parce qu'il contient près de six cent Vers, & qu'il semblait que l'attention dût être épuisée, fut tellement applaudi, qu'on interrompit vingt fois M. de Lavau, pour le plaisir que l'on recevait de cette lecture. Cependant, Madame, le pourrez-vous croire ? Ce Poème que son auteur a intitulé *Le Siècle de Louis le Grand*, malgré toute l'approbation qu'on lui a donnée, ne laisse pas de causer une espèce de Schisme parmi les esprits du premier ordre. Il y en a qui ne peuvent souffrir qu'on parle si avantageusement des Modernes. Ils disent que c'est manquer de respect à la docte Antiquité, pour laquelle ils ont une vénération aveugle. Je ne sais à quoi aboutira la dispute, mais je sais que M. Perrault a beaucoup de gloire de l'avoir causée, & qu'il se trouve quantité de gens de fort bon goût, qui n'estiment pas moins la solidité de ses raisons que la beauté de ses Vers » (février 1687, p. 246-293).

3. Pour les relations de Huet avec Boileau cf. Pierre-Daniel Huet, *Mémoires* (1718), trad. de Ch Nisard, Paris, Hachette, 1853 ; réédition avec introduction et notes de Ph.-J. Salazar, Toulouse, Société de littératures classiques, 1993, p. 133-154.

4. Charles Perrault, *Mémoires de ma vie*, Paul Bonnefon, éd., 1909 ; réédition Paris, Macula, 1993, p. 137.

5. *Ibid*.

6. Charles Perrault, *Parallèle des Anciens et des Modernes*, 4 tomes, Paris, chez J.B. Coignard, 1688-1697. Quand je cite à partir de cet ouvrage, les renvois qui figurent entre parenthèses correspondent aux tomes et aux pages. J'ai utilisé le reprint du *Parallèle* fait en 1964 (Munich, Eidos Verlag, 1964) ; ce reprint, édité par Hans Robert Jauss et Max Imdahl, qui contient une préface de Jauss, une bibliographie, un index des noms, un index des titres et des figures et un autre index des concepts, est un précieux outil de travail.

2. *« Il s'élève à Paris depuis quelque temps une savante & fameuse querelle »*

1. *Histoire des Ouvrages des Sçavans* annonce l'affaire de cette manière : « Il s'élève à Paris depuis quelque temps une savante & fameuse querelle » et cite la préface de Dacier et le livre de Longepierre tout en publiant une épigramme en latin d'un certain M. M... (Ménage) contre Perrault (septem-

bre 1687, p. 134). Par ailleurs, le titre d'un ouvrage publié en 1687 résume très bien le milieu : *Le Grand Théâtre des nouvellistes, docteurs & historiens à la mode, ou le cercle fameux de la promenade de Luxembourg. Poème héroï-comique envoyé à un homme de qualité, partisan de ce cercle, au sujet des entreprises qu'on y fait, tant contre les droits de la Gazete par des nouvelles forgées à plaisir que de la conversation de la guerre, des sciences & des arts les plus sublimes par des insultes, fourberies & questions ridicules, dont bien souvent la solution ne s'y donne que par des injures & des coup de poings*, P.J.V.T., Anvers, Henry Slegers, 1687.

2. La Fontaine, esprit plus diplomate, ne participera pas directement à l'affaire ; tout de même, très rapidement, il publiera une *Épître à Monseigneur l'évêque de Soissons en lui donnant un Quintilien de la traduction d'Oratio Toscanella* (Paris, chez A. Pralard, 1687) dans laquelle il prendra le parti des Anciens. Ce texte est probablement celui qui avait été lu à l'Académie, le 27 janvier, avant le poème de Perrault.

3. André Dacier, « Préface », *Remarques critiques sur les œuvres d'Horace*, t. VI, Paris, chez D. Thierry, 1700 (édition fac-similé de celle de 1687).

4. *Histoire des Ouvrages des Sçavans*, octobre 1687, p. 207-208.

5. À ce sujet, cf. Tomoo Tobari, « Racine et Longepierre : à propos de la Querelle des Anciens et des Modernes », *Cahiers de l'association des études françaises*, n° 31, mai, 1979, p. 169-176.

6. Longepierre, *Discours sur les Anciens*, Paris, chez P. Aubouin, 1687. Le compte rendu du livre de Longepierre a paru dans l'*Histoire des Ouvrages des Sçavans*, novembre 1687 (édition de Rotterdam, Reinier Leers, 1688, p. 322-332). Le texte commence par l'annonce de la Querelle : « Voici une espèce de Schisme qui semble se former dans la République des Lettres. [...] La querelle est si illustre, que la plupart ont cru devoir prendre parti ou pour les Anciens, ou pour les Modernes. »

7. François de Callières, *Histoire poétique de la guerre nouvellement déclarée entre les Anciens et les Modernes*, Paris, P. Auboin, 1687. Cf. *Histoire des Ouvrages des Sçavans*, décembre 1687, p. 529-533 ; *Bibliothèque Universelle et Historique*, 1687, t. VII, Amsterdam, chez Wolfgang *et al.*, 1688, p. 499-500, qui fournit d'autres épigrammes satiriques au sujet de Perrault ; un dernier compte rendu se trouve dans le *Journal des Sçavans*, 5 janvier 1688, p. 203-204.

8. Bernard Le Bovier de Fontenelle, *Poésies pastorales de M.D.F. Avec un traité sur la nature de l'églogue & une digression sur les Anciens et les Modernes*, Paris, M. Guérout, 1688. Pour un compte rendu très favorable et élogieux, cf. *Histoire des Ouvrages des Sçavans*, mars 1688, p. 327-336 (éd. de Rotterdam, R. Leers).

9. Dès la parution du livre on voit ses échos dans la presse : le 17 janvier 1689, le *Journal des Sçavans* (p. 13-18) et en avril 1689, l'*Histoire des Ouvrages des Sçavans* (p. 118-125) publient des comptes rendus. Ces deux textes sont très favorables à Perrault ; le premier demande de changer d'avis à celui qui croyait que le poème *Le siècle de Louis le Grand* ne contenait pas les vraies pensées de Perrault et le deuxième accuse avec des termes similaires « une certaine nation de sçavans » (p. 119).

3. *Les desseins de Perrault*

1. *Recueil des Factums d'A. Furetière*, Charles Asselineau, éd., Paris, Poulet-Malassis et de Broise, 1859, t. I, p. 303.

2. *Le Catalogue des livres de M. Charles Perrault*, publié assez tardivement en 1729 (Paris, Osmont), ne nous informe presque pas sur les livres et les lectures de Charles Perrault. Ce catalogue, malheureusement, est très peu significatif de ce point de vue.

3. Pour une analyse du « parallèle » comme élément d'argumentation, cf. Ch. Perelman et L. Olbrechts-Tyteca, *Traité de l'argumentation. La nouvelle rhétorique*, Paris, PUF, 1958, III, I, 57 ; cf. aussi, III, III, A, 78-81, sur « exemple », « illustration », « modèle », etc.

4. François Hartog, « Plutarque entre les Anciens et les Modernes », in Plutarque, *Vies parallèles*, F. Hartog, éd., trad. d'A.-M. Ozanam, Paris, Gallimard / Quarto, 2002, p. 9-49 ; p. 22 pour la citation.

5. Sur l'origine de cette expression, cf. Colette Beaune, *Naissance de la nation France*, Paris, Gallimard / Folio, 1985, p. 283-313.

6. Y a-t-il eu une Querelle des Anciens et des Modernes à l'époque romaine ? Je ne crois pas ; je pense qu'il s'agit tout simplement d'une illusion d'optique. Pourtant, pour un point de vue opposé, cf. l'excellent livre de Claudia Moatti, qui consacre quelques pages à ce problème, *La raison de Rome*, Paris, Seuil, 1997, p. 47-54. Pour les passages qui sous-tendent le discours de Perrault, cf. Horace, *Épîtres*, trad. de Fr. Villeneuve, Paris, Les Belles Lettres, 1935, livre II, I, 15-40 ; II, I, 75 ; II, I, 90.

4. « *Il en est des livres comme des voyages* »

1. En 1692 paraît aussi un autre livre, d'un ancien adversaire de Perrault, celui de François de Callières, *Des bons mots et des bons contes*, Paris, Claude Barbin, 1692. Le livre en effet suit le même modèle du *Parallèle*, pour soutenir la cause des Anciens.

2. Or, à la fin de la préface de ce quatrième tome (p. XIII), sous l'extrait du privilège du roi, il est dit que le volume est « Achevé d'imprimer le 27 novembre 1696 ».

3. Cette lettre à Boileau ne figure pas dans la deuxième édition du *Parallèle* (1692). Et selon A. Niderst, certains exemplaires de la première édition contiennent une épître *Sur l'avantage que Sa Majesté fait remporter à son siècle sur tous les siècles*, fort difficile à trouver ; cf. A. Niderst, « Les "Gens de Paris" et les "Gens de Versailles" », in Louise Godard de Donville et Roger Duchêne, éd., *D'un siècle à l'autre : Anciens et Modernes*, actes du XVIe colloque du CMR 17, Marseille, 1987, p. 163, n. 3. Dans cette épître, qui apparemment imite celle d'Horace à Auguste, Perrault dit ceci : « Notre siècle reconnaît qu'il tient du Roi ses plus grandes avantages, & qu'il ne doit qu'à

la splendeur de son règne, de ses vertus & de ses actions la richesse qu'il remporte sur tous les autres siècles. »

4. « Lettre de M. Arnauld à M. Perrault », in Boileau, *Œuvres complètes*, t. IV, Paris, Garnier, 1873, p. 153-178. La lettre a l'intention d'élucider un problème moral : est-ce que c'est Perrault ou Boileau qui sert le mieux la morale et la religion chrétiennes en matière de pudeur ? Arnauld est contre les romans et les opéras, choses que Perrault est bien d'accord pourvu qu'ils aient un sujet chrétien (d'ailleurs il a toujours défendu Quinault et Lully). Arnauld conclut que Boileau en décrivant les vices que peut procurer « la doucereuse morale qui s'enseigne au pays du Tendre » contribue fortement à réprimer le désordre amoureux.

5. Dans sa lettre de remerciement à Arnauld, Boileau confirme ce fait « [...] je ne sais pas pourquoi les amis de M. Perrault refusent de la [la lettre d'Arnauld] lui montrer. Jamais ouvrage ne fut plus propre à lui ouvrir les yeux et à lui inspirer l'esprit de paix et d'humilité, dont il a besoin aussi bien que moi » (*ibid.*, p. 180).

6. Charles Perrault, *Contes*, M. Soriano, éd., Paris, Flammarion, 1989, p. 20. Du même auteur, cf. aussi, *Les contes de Perrault*, Paris, Gallimard, 1968.

7. « Lettre de M. Arnauld à M. Perrault », in Boileau, *op. cit.*, p. 177.

5. *Géants épaules et tremplins*

1. Carlo Ginzburg, « Identità come alterità », in *Nessun isola è un'isola*, Milan, Feltrinelli, 2002, p. 45-67 ; p. 67 pour la *querelle* (*No Island is an Island*, New York, Columbia University Press, 2000).

2. John of Salisbury, *The Metalogicon* (1159), trad. et notes de Daniel D. McGarry, Gloucester, Peter Smith, 1971 (première édition en latin, Paris, 1610) : « Bien que le sens des mots utilisés par les Anciens et de ceux qui sont en usage chez les Modernes puisse être le même, leur âge rend les premiers plus vénérables. [...] Il soutenait aussi que l'on devrait toujours considérer comme des autorités les auteurs du passé qui, grâce à leur talent naturel et à l'originalité de leur richesse féconde, ont légué à la postérité les fruits de leurs labeurs, de telle sorte qu'une seule personne n'a aujourd'hui aucun mal à apprendre facilement tout ce que plusieurs vies entièrement consacrées à l'étude ont permis de découvrir, tout ce qui a été acquis au prix d'innombrables peines et de sueur. Notre génération bénéficie de l'héritage de celles qui l'ont précédée. Souvent nous savons davantage, non pas parce que nous avons avancé grâce à nos propres capacités naturelles mais parce que nous sommes soutenus par d'autres et parce que nous possédons les richesses que nous ont léguées nos ancêtres. Bernard de Chartres nous comparait souvent à des nains perchés sur les épaules de géants. Il disait que nous voyons mieux et plus loin que nos prédécesseurs non pas parce que nous avons une vue plus perçante ou supérieure à la leur mais parce qu'ils nous hissent et nous juchent au sommet de leur stature de géant » (III, 4 ; p. 167). À ce sujet, cf. aussi l'article de Raymond Klibansky, « Stan-

ding on the shoulders of giants », *Isis*, vol. XXVI, décembre 1936, p. 147-149.

3. Jean Favier *et al.*, *The World of Chartres*, New York, Abrams, 1990.

4. Cf. par exemple : « Si quelqu'un est dans le Christ, c'est une création nouvelle. Les choses anciennes ont passé, les choses nouvelles sont là. Tout vient de Dieu qui nous a réconciliés avec lui par l'intermédiaire de Christ et qui nous a donné le service de la réconciliation. Comme il est dit : c'est Dieu en Christ qui réconciliait le cosmos avec lui-même, et ne comptait les transgressions de personne. Il a institué en nous le langage de la réconciliation » (2 Corinthiens 5, 17). « Dans sa chair, il a fait des deux un seul / il a détruit le mur de séparation / la haine / ayant annulé avec leurs décrets la loi des commandements / pour créer les deux en lui pour un seul homme neuf / en faisant la paix / pour réconcilier les uns et les autres en un seul corps / voué à Dieu / par la croix / toute haine tuée en lui / venu il a annoncé la paix / paix à vous au loin / paix aux proches » (Éphésiens 2, 14). « Maintenant, vous aussi repoussez tout : colère, fureur, méchanceté, calomnie, obscénité de vos paroles, pas de mensonges entre vous, vous avez enlevé en même temps que ses pratiques le vêtement du vieil homme, et passé le vêtement de l'homme neuf, entièrement renouvelé pour accéder à la connaissance, à l'image de celui qui l'a créé, où il n'y a plus ni Grec ni Juif, ni circoncis, barbare, Scythe, esclave, homme libre, mais uniquement Christ tout et en tous » (Colossiens 3, 8). J'ai utilisé la nouvelle traduction faite sous la direction de Frédéric Boyer, *La Bible*, Paris, Bayard, 2001.

5. Donald R. Kelley, « Cultural turns in historical scholarship », *Intellectual News*, n° 8, été 2000, p. 91-97 (p. 92 pour la citation).

6. Hans-Georg Gadamer, « Il vecchio e il nuovo », in *L'Enigma del tempo*, Maria Luisa Martini, éd., Bologne, Zanichelli, 1996, p. 119-134 (l'original de cet article, « Das Alte und das Neue », figure dans le quatrième tome de *Gesammelte Werke* de Gadamer publié à Tübingen, J.C.B. Mohr, 1987).

7. Stephen Hawking, éd., *On the Shoulders of the Giants*, Runnig Press, 2002, p. IX-XIII.

6. *Du nouveau sous le soleil*

1. J'emprunte volontiers la définition de Niklas Luhmann, dans *The Differentiation of the Society*, trad. de Stephen Holmes et Charles Larmore, New York, Columbia University Press, 1982, p. 299 : « Pourquoi les sociétés de plus en plus complexes n'ont-elles pas une histoire complexe (c'est-à-dire une histoire qui comprenne un plus grand nombre d'événements) ? Au lieu de cela, il arrive que de telles sociétés, par leur complexité même, neutralisent l'histoire, l'éclairent sélectivement, voire s'en débarrassent. L'histoire ne devient pertinente dans les sociétés complexes qu'en devenant contingente. Tout devient possible, indifféremment la mémoire et l'oubli, l'intérêt particulier pour l'histoire ou l'indifférence sous laquelle on l'ensevelit comme relevant du passé. La rude nécessité de choisir entre étudier ou annuler le passé est un phénomène qui doit être mis en relation avec la com-

plexité des sociétés modernes. » De Luhmann, on peut aussi lire *Politique et complexité : les contributions de la théorie générale des systèmes*, trad. de Jacob Schmutz, Paris, Cerf, 1999 (*Soziologische Aufklärung IV*, Opladen, Westdeutscher Verlag, 1987).

2. Bien évidemment, le mot existe depuis longtemps, mais à partir du XVIIe siècle, il se charge d'autres significations. À propos de l'histoire du mot *modernus*, cf. Hans Robert Jauss, « La "modernité" dans la tradition littéraire et la conscience d'aujourd'hui », in *Pour une esthétique de la réception*, Paris, Gallimard/Tel, 1978, p. 158-209. Et aussi Ernst Robert Curtius, *La littérature européenne et le Moyen Âge latin* (*Europäische Literatur und lateinisches Mittelalter*, 1947), trad. de Jean Bréjoux, préface d'Alain Michel, Paris, PUF, 1956 (nouvelle édition de poche, Agora / Presses Pockett, 1991), p. 53-186. Pour son statut de « lieu commun », cf. Robert Black, « Ancients and Moderns in the Renaissance », *Journal of the History of Ideas*, n° 43, 1982, p. 3-32. Et en dernier lieu, cf. les dix premières pages de la postface de Jean-Robert Armogathe à l'anthologie des textes relatifs à la Querelle, « Une ancienne querelle », in *La Querelle des Anciens et des Modernes*, A.-M. Lecoq, éd., Paris, Gallimard / Folio, 2001, p. 801-811.

3. Claude Lévi-Strauss, « Le champ de l'anthropologie » (1960), in *Anthropologie structurale deux* (1976), Paris, Plon / Agora Pockett, 1992, p. 39-41.

4. Claude Lévi-Strauss, *La pensée sauvage* (1962), Paris, Plon / Agora Pockett, 1990, p. 279-280.

5. *Ibid.*

6. *Ibid.*

7. Claude Lévi-Strauss et Didier Éribon, *De près et de loin*, Paris, Odile Jacob, 1988, p. 174 : « J'ai introduit cette notion dans les *Entretiens avec Georges Charbonnier* (Paris, UGE, 1961). Et je l'ai reprise dans ma leçon inaugurale au Collège de France pour dissiper là-dessus aussi quelques malentendus. Quand je parle de "sociétés froides" et de "sociétés chaudes", j'envisage des cas limites. J'ai dit, écrit, répété cent fois qu'aucune société n'est absolument "froide" ou "chaude". Ce sont là des notions théoriques dont nous avons besoin pour forger nos hypothèses. Les sociétés empiriques se distribuent le long d'un axe dont aucune d'elles n'occupe les pôles. »

8. Il est à noter que Lévi-Strauss ne parle jamais d'une société qui soit à la fois « froide » et « chaude » ; il voit dans ce mélange, dans sa Leçon au Collège de France, une perspective pour l'avenir de l'humanité. Cf. C. Lévi-Strauss, *Anthropologie structurale deux*, *op. cit.*, p. 41. Mais dans un entretien qu'il a accordé à Claudia Mattalucci et à moi-même (publié en turc), il s'est référé au « refroidissement de la société moderne ». Claudia Mattalucci et Levent Yılmaz, « Lévi-Strauss'la Söyleşi », *Cogito*, n° 32, printemps 2001, p. 30-48.

9. C. Lévi-Strauss, *La pensée sauvage*, *op. cit.*, p. 281.

10. *Ibid.* p. 282.

11. *Ibid.*, p. 313.

12. *Ibid.*, p. 282.

13. Jean-Pierre Vernant, *Mythe et religion en Grèce ancienne*, Paris, Seuil, 1990, p. 14.

14. Claude Lefort, « Société “sans histoire” et historicité », *Cahiers internationaux de sociologie*, 12, 1952, repris in *Les formes de l'histoire*, Paris, Gallimard / Folio Essais, 1978, p. 46-77.

15. Marc Abélés, « Avec le temps... », *Critique*, *Claude Lévi-Strauss*, janvier-février 1999, n° 620-621, p. 42-60 ; p. 46 pour la citation.

16. François Hartog et Gérard Lenclud, « Régimes d'historicité », in Alexandre Dutu et Norbert Dodille, éd., *L'état des lieux en sciences sociales*, Paris, L'Harmattan, 1993, p. 18-38 ; p. 26 pour la citation. Pour des analyses plus amples sur le sujet, cf. François Hartog, *Régimes d'historicité. Présentisme et expériences du temps*, Paris, Seuil, 2003.

17. F. Hartog et G. Lenclud, *op. cit.*, p. 26.

18. Par exemple quand Reinhart Koselleck (*Vergangene Zukunft*, Suhrkamp, 1979) décrit ce monde mi-paysan mi-artisan où les expériences des aïeux devenaient celles des descendants, et là où « si quelque chose changeait c'était alors si lentement, sur une si longue durée, que la fissure entre l'expérience acquise et une attente à exploiter de façon nouvelle ne menaçait pas de briser le monde traditionnel », j'ai l'impression qu'il parle d'une société « froide » (Reinhart Koselleck, *Le futur passé*, trad. de Jochen Hoock et Marie-Claire Hoock, Paris, EHESS, p. 316). Selon Koselleck, « les Temps modernes ne se saisissent comme temps nouveaux qu'à partir du moment où les attentes dans leur impatience se sont de plus en plus éloignées de toutes les expériences faites auparavant. Comme nous l'avons montré, cette différence a trouvé son expression dans *Geschichte* et, pour la première fois, sa qualité spécifique de “temps moderne” tient dans l'énoncé de “progrès” » (p. 323).

19. Ici, je pense à ce que Marcel Gauchet a défini comme le « règne du passé pur », (*Le désenchantement du monde*, Paris, Gallimard, 1985, p. 12-25). À propos du « holisme », cf. Louis Dumont, *Essais sur l'individualisme*, Paris, Seuil / Esprit, 1983.

20. C. Lévi-Strauss et D. Éribon, *op. cit.*, p. 175.

7. *La distance critique : où sont passés les chameaux ?*

1. Claude Lévi-Strauss, *Regarder écouter lire*, Paris, Plon, 1993, p. 9-40.

2. Cf. Pierre Rosenberg *et al.*, *Nicolas Poussin 1594-1665*, catalogue de l'exposition de 1994, Paris, Réunion des musées nationaux, 1994, p. 382-386 ; 510.

3. Alain Merot, éd., *Les conférences de l'Académie royale de peinture et de sculpture au XVII^e siècle*, Paris, École nationale supérieure des beaux-arts, 1996, p. 130-139.

4. C. Lévi-Strauss, *Regarder écouter lire...*, *op. cit.*, p. 29.

5. Cet aspect est repris dans Reinhart Koselleck, *L'expérience de l'histoire*, trad. de l'allemand par Alexandre Escudier *et al.*, Paris, Gallimard / Seuil, 1997, p. 73-81.

6. Bronislaw Baczko, « Le calendrier républicain », in *Les lieux de mémoire*, vol. I (1984), Pierre Nora, éd., Paris, Gallimard / Quarto, 1997, p. 67-106.

7. Parmi l'immense bibliographie sur le concept, je retiendrai essentiellement ces titres, chacun fournissant une contribution particulière : d'abord, l'article « Fortschritt » de *Geschichtliche Grundbegriffe*, Reinhart Koselleck, Otto Brunner et Werner Conze, éd., Stuttgart, Klett-Cotta, 1972-1997, que je suis d'après la traduction italienne (Reinhart Koselleck et Christian Meier, *Progresso*, Venise, Marsilio Editore, 1991) ; ensuite, le livre de Paolo Rossi, *Naufragi senza spettatore. L'idea di progresso*, Bologne, Il Mulino, 1995, qui est essentiellement sur Francis Bacon et qui en un sens dialogue avec celui de Hans Blumenberg, *Naufrage avec spectateur*, trad. de Laurent Cassagnau, Paris, L'Arche, 1994 (*Schiffbruch mit Zuschauer*, Suhrkamp, 1979).

8. Ecclésiaste, I, 9-10.

9. Roland Barthes, *Le plaisir du texte*, Paris, Seuil, 1971, p. 65.

8. *La Querelle comme problème d'historiographie*

1. *Histoire et mémoires de l'Académie des inscriptions et belles-lettres*, vol. XIV, cité par J. W. Lorimer, « A neglected aspect of the "Querelle des Anciens et des Modernes" », *Modern Language Review*, vol. LI, n° 2, avril 1956, p. 179-185 ; p. 183 pour la citation.

2. Voltaire, art. « Anciens et Modernes », in *Dictionnaire philosophique*, vol. I, in *Œuvres complètes*, t. 7, Paris, Th. Desoer, 1817, p. 236-247.

3. Hippolyte Rigault, *Histoire de la Querelle des Anciens et des Modernes*, Paris, Hachette, 1859, p. 495.

4. *Ibid.*, p. 1-2.

5. *Ibid.*

6. *Ibid.*, p. 4.

7. *Ibid.*, p. 5-6.

8. *Ibid.*, p. 516.

9. Hubert Gillot, *La Querelle des Anciens & des Modernes en France*, Nancy, A. Crépin-Leblond, 1914, p. VIII.

10. *Ibid.*, p. 561.

11. *Ibid.*, p. 562.

12. Paul Hazard, *La crise de la conscience européenne* (1935), Paris, Fayard, 1961, p. 26-47, et aussi « La querelle des Anciens et des Modernes », in *Dictionnaire des lettres françaises,* XVIIe *siècle*, Georges Grente, éd., Paris, Fayard, 1954, p. 77-80. Or la notion de « crise », dans ses rapports avec l'avènement du nouveau, reste à approfondir. Le mot désigne, dans son essence, l'acte de séparer et l'émergence d'un état nouveau par rapport à celui existant. C'est souvent un écart, une différence qui constitue ; le mot « crise » vient de la racine grecque *krinein* qui a donné naissance au mot « critique ». Dans ce sens, Paul Hazard a pleinement raison d'utiliser le mot « crise » pour cette période qui bifurque. Toujours sur la notion de crise, cf. les articles de Paul

Ricœur et de Reinhart Koselleck, in Reginald Lilly, éd., *Ancients and the Moderns*, Indiana University Press, 1996. Mais aussi cf. Reinhart Koselleck, *Le règne de la critique*, trad. Hans Hildenbrand, Paris, Minuit, 1979 (traduction du *Kritik und Krise*, Suhrkamp, 1959) et aussi Levent Yılmaz et Umberto Eco, « Kriz üzerine » (*Un entretien sur la crise*), *Cogito*, Istanbul, n° 27, été 2001, p. 10-31.

13. Giacinto Margiotta, *Le origini italiane de la Querelle des Anciens et des Modernes*, Rome, Editrice Studium, 1953 ; le livre de Margiotta parle essentiellement de deux thèmes (la grandeur du passé ou l'excellence du présent) qui traversent toute la Renaissance italienne.

14. José Antonio Maravall, *Antiguos y modernos. La idea de progreso en el desarrollo inicial de una sociedad*, Madrid, Sociedad de estudios y publicaciones, 1966, et aussi *La cultura del barroco : análisis de una estructura histórica*, Barcelone, Ariel, 1975 (surtout le dernier chapitre).

15. Joseph M. Levine, *The Battle of the Books*, Ithaca, Cornell University Press, 1991, p. 3. Ce qu'on appelle la phase anglaise de la Querelle débute en 1690 par un texte (rédigé en 1689) de sir William Temple (« Essay upon Ancient and Modern Learning ») qui réagit à la *Digression* de Fontenelle. William Wotton lui répond par ses *Reflections upon Ancient and Modern Learning* en 1694 où il discute l'authenticité des *Épîtres de Phalaris* (*Epistles of Phalaris*) qui viennent d'être publiées par un ami de sir Temple, Charles Boyle. Dans la deuxième édition des *Reflections* (1697) on trouve un texte de Richard Bentley en appendice qui soutient Wotton en matière de l'authenticité des *Épîtres*. Boyle attaque Bentley en 1698 (*Dr. Bentley's Dissertations on the Epistles of Phalaris*), Bentley riposte en 1699. Swift, secrétaire (et demi-frère) de sir Temple (de 1689 jusqu'à sa mort en 1699), participe à la Querelle avec son *Battle of the Books*, publié en 1704 (pour une traduction commode de ce texte, cf. A.-M. Lecoq, éd., *La Querelle des Anciens et des Modernes*, *op. cit.*, p. 409-431). Wotton publie la troisième édition de ses *Reflections* en 1705 et la bataille semble s'éteindre. Jusqu'à la publication de la traduction (plutôt adaptation) de l'*Iliade* par Alexander Pope en 1715 (pour la traduction de sa *Préface*, cf. A.-M. Lecoq, éd., *ibid.*, p. 556-578).

16. J. M. Levine, *op. cit.*, p. 2.

17. J. M. Levine, « Ancients and Moderns and the origins of modern critical historiography », *Intellectual News*, n° 8, été 2000, p. 83-91.

18. M. Fumaroli, « Les abeilles et les araignées », in A.-M. Lecoq, éd., *La Querelle des Anciens et des Modernes*, *op. cit.*, p. 36.

19. *Ibid.*, p. 131.

20. L. G. de Donville et R. Duchêne, éd., *D'un siècle à l'autre : Anciens et Modernes*, *op. cit.*

21. Noémi Hepp, *Homère en France au* XVII^e^ *siècle*, Paris, Klincksieck, 1968. Du même auteur, cf. aussi « L'arrière Saison, 1685-1715 », in Jean Mesnard, éd., *Précis de la littérature française au* XVII^e^ *siècle*, Paris, PUF, 1990, p. 307-437.

22. Annie Becq, *Genèse de l'esthétique française moderne 1680-1814*, Paris, Albin Michel / L'Évolution de l'Humanité, 1994, p. 45-403 (première édition, Pise, Pacini Editore, 1984).

23. Bernard Magné, *Crise de la littérature française sous Louis XIV : Humanisme et nationalisme*, 2 vol., Lille, Atelier reproduction des thèses, université Lille III, 1976.

24. Joan DeJean, *Ancients against Moderns. Culture Wars and the Making of a Fin de Siècle*, Chicago, University of Chicago Press, 1997.

25. Terence Cave, « Ancients and Moderns : France », in *The Cambridge History of Literary Criticism*, vol. III : *The Renaissance*, Glyn P. Norton, éd., Cambridge University Press, 1999, p. 417-432. Cf. aussi dans le même volume, les travaux de Joshua Scodel, « Seventeenth-century English literary criticism : classical values, English texts and contexts », p. 543-554, et de Marga Cottino-Jones, « Literary critical developments in sixteenth- and seventeenth-century Italy », p. 566-576 ; p. 572 : « S'il est un autre mot que le siècle a plus utilisé qu'*ingegno*, c'est *nuovo* — la conséquence manifeste du génie. »

26. Hans Baron, « The *Querelle* of the Ancients and the Moderns as a Problem for Renaissance Scholarship ». Ce texte, d'abord lu en 1958 au cours d'une conférence à St. Louis, a ensuite été publié dans le *Journal of the History of Ideas* en 1959, avant d'être repris en 1968 dans un volume collectif, P.O. Kristeller et P.P. Wiener, éd., *Renaissance Essays* (1968), vol. 1, Rochester, University of Rochester Press, 1992, p. 95-114.

9. *Historiographie de la Renaissance*

1. Giovanni Boccaccio, *Trattatello in Laude di Dante* (1351-1355), in *Opere*, P.G. Ricci, éd., Milan-Naples, Riccardo Ricciardi, 1965, p. 565-650. Dante y est décrit comme celui qui a reçu une grâce spéciale de Dieu : « Ce fut ce Dante qui, le premier, devait ouvrir le chemin pour que les Muses, bannies d'Italie, rentrent. Pour lui, la précision de la langue de Florence est démontrée ; pour lui, la beauté du parler vulgaire avec les qualités attendues est réglée ; pour lui, on peut à bon droit dire que la poésie morte est ressuscitée » (p. 573). La traduction du texte de Boccace due à Francisque Reynard et qui date de 1878 est rééditée chez Léo Scheer avec une préface inédite de Jacqueline Risset en 2000.

2. J'utilise le texte repris in *Renaissance Essays*, *op. cit.*, vol. 1, p. 108.

3. *Ibid.*, p. 96.

4. *Ibid.*, p. 98.

5. *Ibid.*, p. 104.

6. *Ibid.*, p. 107.

7. Quentin Skinner, *Les fondements de la pensée politique moderne*, trad. de Jérôme Grossman et Jean-Yves Pouilloux, Paris, Albin Michel, 2001, p. 170 (*The Foundations of Modern Political Thought*, 2 vol., Cambridge University Press, 1978).

10. *Dante et les cieux*

1. Dante, *Monarchie* (*Monarchia*, 1310-1312 ?), in *Œuvres complètes*, André Pézard, éd., Paris, Gallimard / Pléiade, 1965, p. 631-740 (toutes les citations à suivre proviennent de cette édition). Une autre traduction nous est donnée par Michèle Gally, *La Monarchie*, Paris, Belin, 1993, qui se base sur le texte latin établi par Pier Giorgio Ricci (Società Dantesca Italiana, Milan, Mondadori, 1965). La traduction est précédée d'une préface de Claude Lefort, « La modernité de Dante », p. 6-75.

2. *Monarchie*, in *op. cit.*, p. 634.

3. Dante, *Banquet* (*Convivio*, 1304-1307 ?), IV, II, 6 : « Le temps, selon ce que dit Aristote, au quatrième livre de la *Physique*, est un "décompte de mouvement par avant et par après, et décompte de mouvement célestial" lequel en diverses manières dispose les choses d'ici-bas à recevoir quelque forme. » À propos du temps chez Aristote, cf. *infra*, p. 113-114.

4. Dante, *Purgatoire*, XI, 103-108.

5. Cesare Vasoli, art. « Tempo », in *Enciclopedia Dantesca* (1970, 1984), 6 vol., Rome, Istituto della Enciclopedia Italiana, 1996, vol. 5, p. 546-551 : « Ainsi Bonaventure da Bagnoreggio s'est-il référé, tout particulièrement dans les *Collationes in Hexaemeron*, au problème augustinien du temps pour confirmer son intransigeante doctrine créationniste ; alors que les maîtres dominicains, bien plus sensibles à l'influence dominante des sujets aristotéliciens, ont repris de la *Physique* l'idée du temps comme mesure du mouvement et de l'état de repos des choses par rapport à un avant et un après, tout en visant à exclure les conséquences théologiques de la doctrine péripatétique. Albert le Grand (*Comm. Physic.*, IV, III, 5 *sq.*) a relevé, en effet, les limites physiques et philosophiques précises de l'idée du temps ; ensuite Thomas d'Aquin (*Exp. Phys.*, IV, lect. XVII *sq.* ; *Sum. theol.*, I, 10, 1 sq. ; et l'opuscule *De Tempore* qu'on lui attribue) proposa une solution encore plus hardie. Il affirma, en effet, qu'aucun argument rationnel ne suffisait pour exclure l'hypothèse d'un temps coéternel à Dieu ; et bien qu'il déclarât que la thèse de la création simultanée du temps et du monde était tout à fait légitime également du point de vue de la raison, il pensa cependant qu'on pouvait l'accepter comme la seule véritable en vertu de la seule autorité de la révélation. Certes, même en admettant que le monde n'ait pas eu de début dans le temps, on ne pouvait pas pour autant le considérer effectivement comme éternel, étant donné que l'éternité, "*tota simul*", n'appartient qu'à Dieu. Le temps, au contraire, est succession ; il est mesure du mouvement, de même que le monde est une succession d'événements différents, de choses variables et en mouvement » (p. 547).

6. Par ailleurs, cf. Augustin Mansion, « La théorie aristotélicienne du temps chez les péripatéticiens médiévaux, Averroès, Albert le Grand, Thomas d'Aquin », *Revue néoscolastique de philosophie*, XXXVI, 1934, p. 275-307 ; Alessandro Ghisalberti, « La nozione del tempo in S. Tommaso d'Aquino », *Rivista di Filosofia Neoscolastica*, LIX, 1967, p. 343-371, et, en dernier lieu, le livre de Franco Masciandro, *La problematica del tempo nella*

« *Commedia* », Ravenne, Longo Editore, 1976. Selon Masciandro, *La divine comédie* est le pèlerinage d'un homme à la recherche de la totalité temporelle ; Dante, dit-il, porte dans son voyage, non seulement une histoire personnelle mais l'histoire de l'humanité entière (p. 9). Du même auteur, cf. aussi *Otto saggi per Dante*, Florence, Le Lettere, 1995.

7. À propos de ce débat, cf. Alain de Libéra, *Raison et foi*, Paris, Seuil, 2003 ; Pierre Duhem, *L'aube du savoir*, Paris, Hermann, 1997, p. 319-345 ; Tony Dodd, *The Life and Thought of Siger de Brabant, Thirteenth-Century Parisian Philosopher*, Lewiston, The Edwin Mellen Press, 1998 ; Bruno Nardi, *Sigieri di Brabante nel pensiero del Rinascimento Italiano*, Rome, Edizione Italiane, 1945 ; Pierre Mandonnet, *Siger de Brabant et l'averroïsme latin au XIII^e siècle* (Fribourg, 1899), Genève, Slatkine Reprints, 1976.

8. Cf. P. Mandonnet, *op. cit.*, p. CXXIX.

9. Cf. A. de Libéra, *op. cit.*, p. 238-241. À propos de Jean de Jandun, cf. B. Nardi, *op. cit.*, p. 94-100.

10. D'ailleurs, la question est de Jean Starobinski et figure dans sa préface à l'ouvrage de Horst Günther, qui a tenté d'y répondre sous forme d'essai, *Le temps de l'histoire*, trad. d'Olivier Mannoni, Paris, MSH, 1995, p. VIII (*Zeit der Geschichte*, Francfort, Fischer, 1993).

11. Dante, *Banquet*, II, III, 4.

12. *Ibid.*, II, III, 11.

13. *Ibid.*, II, XIII, 26 : « le cercle est, in icelle, figure très parfaite ».

14. *Ibid.*, III, V, 7 : « cette terre est fixe et ne tourne point ».

15. *Ibid.*, II, XIV, 15-18 : « Ledit ciel ordonne par son mouvement la quotidienne révolution de tous les autres, par laquelle chaque jour tous ceux-là reçoivent et adressent ici-bas la vertu de toutes leurs parties. Car si la révolution de cestui n'ordonnait point ainsi, de leur vertu peu de chose viendrait ici-bas, ou de leur vue. Ainsi, mettons qu'il fût possible ce neuvième ciel n'avoir point de mouvement : [...] Et de vrai n'y aurait ici-bas engendrement ni vie d'animaux ou de plantes ; nuit ne serait ni jour, ni semaine ni mois ni année, mais tout l'univers serait désordonné, et le mouvement des autres cieux serait en pure perte. » Au sujet de la structure « céleste » de la *Comédie*, cf. les brillantes pages d'Eric Auerbach, *Écrits sur Dante*, trad. de l'anglais et de l'allemand par Diane Meur, Paris, Macula, 1999 (*Dante als Dichter der Irdischen Welt*, Berlin-Leipzig, Walter de Gruyter, 1929).

16. Dante, *Banquet*, IV, XXIV, 1-16.

17. *Ibid.*, II, XIV, 13 : « Car depuis le commencement du monde il n'a guère fait plus d'un sixième de son tour ; et nous sommes déjà au dernier âge du siècle, et attendons en vérité la consommation du mouvement célestial. » Pézard, dans une note, rapproche Dante et Augustin et cite les âges du monde selon ce dernier, le sixième âge étant celui qui va du Christ à la consommation des siècles.

18. Dante, *Monarchie*, II, II, 2 : « Il faut donc savoir une chose : de même que l'art se peut rencontrer en trois étages, savoir : dans la pensée de l'artisan, dans la manœuvre de l'instrument, dans la matière façonnée par art ; de même la nature peut être envisagée à trois degrés elle aussi. Car nature y a dans la pensée du premier moteur qui est Dieu ; ensuite dans le ciel,

comme dans un instrument par le moyen duquel Dieu déploie la semblance de l'éternelle bonté dans la flottante matière ; et enfin dans les choses de ce bas monde où l'art divin se déploie. »

19. Dante, *Paradis*, XXIX, 13-18.

20. Tullio Gregory, « Temps astrologique et temps chrétien », in *Mundana Sapientia : forme di conoscenza nella cultura medievale*, Rome, Edizione di Storia e Letteratura, 1992, p. 330.

21. À ce sujet, cf. aussi Eugenio Garin, « Astrologie et histoire », in *Le zodiaque de la vie*, trad. de Jeannie Carlier, Paris, Les Belles Lettres / C. L'Âne d'or, 1991, p. 19-45 (*Lo zodiaco della vita*, Rome-Bari, Laterza, 1976).

22. T. Gregory, *op. cit.*, p. 333.

23. *Ibid.*, p. 334.

24. *Ibid.*, p. 335.

11. *Monarchie ou la finalité de toute société humaine*

1. Claude Lefort présente (d'après Kantorowicz) Dante comme étant le premier à penser l'homme comme sujet autonome de la politique ; il m'est impossible de partager cette opinion. La *civilitas* de Dante n'est pas la « société civile », comme l'affirme Lefort (« La modernité de Dante », *op. cit.*, p. 8), c'est simplement l'« être ensemble » et, puisque son sujet n'est pas *auto-nomos* (la loi étant la volonté de Dieu), il est aussi erroné de parler de « citoyen » (p. 6). Je ne suis pas non plus d'accord avec l'interprétation qu'a proposée Ernst Kantorowicz de l'*humanitas* de Dante, dans *Les deux corps du roi*, trad. de Jean-Philippe Genet et Nicole Genet, Paris, Gallimard, 1989, p. 333 et 336 (*The Kings Two Bodies*, Princeton University Press, 1957). Car Kantorowicz oublie complètement l'aristotélisme de Dante. Le passage de la *Monarchie*, II, VI, 7, abolit à mon avis toutes ces interprétations égalitaires, et il rend impossible de parler de l'unité politique de l'homme chez Dante. Pier Giorgio Ricci qui a préparé l'édition définitive de *Monarchia* est très prudent là-dessus ; selon lui, l'humanisme de Dante est une construction très « ambiguë », cf. art. « Umanesimo », in *Enciclopedia Dantesca*, *op. cit.*, vol. V, p. 811-813.

2. Dante, *Monarchie*, I, II, 1.

3. *Ibid.*, I, XII, 9 : « [...] les formes faussées de gouvernement, à savoir démocraties, oligarchies et tyrannies, qui contraignent au servage le genre humain, comme il est clair pour qui les passe toutes en revue ; alors seulement gouvernent droit les rois, les aristocraties ou ce que l'on appelle gouvernement des meilleurs. »

4. *Ibid.*, I, II, 6.

5. *Ibid.*, I, IV, 2.

6. *Ibid.*, I, V, 4-9.

7. *Ibid.*, I, VIII, 2.

8. Cette conception de la ressemblance du fils au père dans le processus de l'imitation va être transférée dans le domaine des lettres par Pétrarque. Cf. *infra*, p. 78.

9. *Ibid*, I, IX. Les ressemblances de ces pages avec les théories plotiniennes du temps qui tend vers l'Un que j'évoquerai plus bas sont à noter. Cf. *infra*, p. 114-115.
10. *Ibid.*, I, X-XI.
11. *Ibid.*, I, XIV, 7-9.

12. *Rome fut et elle est ce qui sera*

1. Dante, *Monarchie*, I, XVI, 2 : « Et que le genre humain ait alors été heureux, dans la tranquillité d'une paix universelle, tous les historiens, tous les poètes illustres le disent et dans l'Évangile du Christ l'écrivain de sa mansuétude daigna en laisser le témoignage, et Paul enfin appela "plénitude des temps" ce bienheureux état. »
2. *Ibid.*, I, XVI, 4.
3. *Ibid.*, II, I, 3, p. 661. Cf. Augustin Renaudet, *Dante humaniste*, Paris, Les Belles Lettres, 1952, p. 492-532.
4. *Ibid.*, II, III, 1-5.
5. *Ibid.*, II, III, 8-17.
6. Antonio Lanci soutient que Dante n'a pas pu étudier systématiquement le texte de Tite-Live ; il a peut-être effectué des lectures partielles mais une grande partie des citations ne sont que des échos lointains. Cf. « Livio », in *Enciclopedia Dantesca, op. cit.*, vol. III, p. 677.
7. Dante, *Monarchie*, II, IV, 5-11.
8. *Ibid.*, II, V, 2.
9. Pour la question de la liberté et du libre arbitre, cf. l'article déjà cité de T. Gregory, in *Mundana Sapientia, op. cit.*, p. 330-336. Mais cf. aussi Étienne Gilson, *Dante et la philosophie*, Paris, Vrin (4e édition), 1986, p. 178. Pour une vue d'ensemble, cf. les études de Bruno Nardi, *Saggi et Note di Critica Dantesca*, Milan-Naples, Riccardo Ricciardi, 1966, p. 3-109 ; *Dante e la Cultura Medievale*, avec une préface de T. Gregory, Rome-Bari, Laterza, 1990, et spécialement p. 135-172, p. 197-264. Cf. aussi B. Nardi, « *Lecturae* » *e Altri Studi Danteschi*, T. Gregory et Paolo Mazzantini, éd., Florence, Le Lettere, 1990, p. 285-312.
10. Cf. les pages érudites que B. Nardi consacre à la question de droit chez Dante, *Dal « Convivio » alla « Commedia »*, Rome, Istituto Storico Italiano per il Medio Evo, 1992, p. 257-262. D'autre part voici les mots de Dante pour légitimer ce choix, quoiqu'ils soient assez irritants : « [...] certains hommes particuliers, ains des peuples encore, sont de naissance apprêtés à la seigneurie, certains autres au vasselage et servage, comme le Philosophe assure dans les livres de la Politique : et à de tels hommes et peuples, dit-il, non seulement il fait prou d'être tenus en bride, mais cela est même juste, y fussent-ils contraints par force » (*Monarchie*, II, VI, 7, p. 683). Dans une note de son édition de la *Monarchia* (*op. cit.*, p. 194-195), P. G. Ricci signale que Dante se réfère au livre I, V de la *Politique* d'Aristote ; en effet, Dante réactive la distinction d'Aristote entre maître et esclave. Ce passage d'Aristote pose les principes naturels de l'esclavage ;

l'esclave est esclave de naissance et par *nature* ; l'esclave n'a part « à la raison que dans la mesure où il peut la percevoir, mais non pas la posséder lui-même » (*Politique*, I, V, 9). La politique, qui se résume aux occupations de la guerre et de la paix, est l'activité de l'homme libre et non pas de l'esclave (I, V, 10) ; et il y a donc par nature des gens qui sont les uns libres, les autres esclaves (I, V, 12). Bien que Kantorowicz ou Lefort aient voulu voir chez Dante la construction d'une « communauté universelle » où chaque être participe « librement » à l'accomplissement de son destin, il est clair qu'en adhérant pleinement aux thèses d'Aristote, Dante ne pouvait pas viser la « liberté » d'un homme sans raison ; la liberté pour Dante est la liberté d'avoir une raison qui chasse les passions et qui découle directement de Dieu. Parce que, pour être libre, il faut participer à la raison, et comme la participation de l'esclave à la raison est « lointaine » et qu'entre « bête » et « esclave » il se trouve une différence minime, comment donc réconcilier Aristote et *humanitas* ? D'ailleurs, on peut avancer plusieurs passages allant dans ce sens ; par exemple : « À bon droit, dis-je, pour ce que la pensée est acte propre de la raison, car les bêtes ne pensent, qui ne l'ont ; et je ne parle point seulement des moindres bêtes, mais de celles qui ont apparence humaine et esprit d'ouaille ou d'autre bête abominable » (*Banquet*, II, VII, 4). En effet, cet aspect n'est pas du tout explicité ni chez Kantorowicz, ni chez Gilson, ni chez Lefort.

11. Dante, *Monarchie*, II, X, 10.

12. *Ibid.*, III, I, 5.

13. Dante ne sait pas encore que ce document est un faux, ses arguments sont d'une toute autre nature, cf. B. Nardi, *Dal « Convivio » alla « Commedia »*, *op. cit.*, p. 238-256. Sur ce fameux document faux, cf. le texte de Lorenzo Valla et la préface de Carlo Ginzburg, *La donation de Constantin*, trad. de Jean-Baptiste Giard, Paris, Les Belles Lettres / La Roue à Livres, 1993 ; mais aussi, A. Grafton, *Faussaires et critiques*, trad. de Marielle Carlier, Paris, Les Belles Lettres, 1993 (*Forgers and Critics*, Princeton University Press, 1990).

14. É. Gilson, *op. cit.*, p. 165. Bien entendu, je ne suis aucunement d'accord avec l'interprétation de Gilson quand il voit chez Dante le dépassement des principes d'inégalité entre hommes cher à Aristote et le précurseur d'un genre humain unifié et égal devant les lois (p. 167) ; à ce sujet, cf. ma remarque, *supra*, n. 10.

15. *Ibid.*, p. 174.

### 13. *De l'autorité, I*

1. Giorgio Stabile, art. « Autorità », in *Enciclopedia Dantesca, op. cit.*, vol. I, p. 456-460.

2. Cicéron, *Divisions de l'art oratoire. Topiques*, Henri Bornecque, éd., Paris, Les Belles Lettres (1924), 1990, p. 92.

3. G. Stabile, *art. cit.*, p. 456, ainsi que l'ouvrage de Joseph de Ghellinck, *Le mouvement théologique du XII$^{e}$ siècle*, Paris-Bruges, Desclée de Brouwer, 1948 (2$^{e}$ édition), p. 434-512.
4. Dante, *Monarchie*, III, XVI, 3.
5. *Ibid.*, III, XVI, 7.
6. *Ibid.*, III, XVI, 10.
7. Dante, *Banquet*, IV, VI, 5.
8. *Ibid.*, IV, VI, 17-19.
9. É. Gilson, *op. cit.*, p. 165.
10. *Ibid.*, p. 198. Kantorowicz n'est pas du tout d'accord avec cette interprétation de la triple autorité distincte ; il dit qu'elle va contre la nature radicalement *dualiste* du livre (*Les deux corps du roi, op. cit.*, p. 334). Et quand il soutient que l'Empire reposait sur la loi humaine, il écarte les passages de la *Monarchie* concernant l'origine « divine » de la loi humaine et bien entendu, il se trompe (p. 335). Or les passages que j'ai cités du *Banquet* (*supra*, n. 7) montrent clairement la constitution des domaines d'autorité, qui d'ailleurs est très importante pour des élaborations postérieures.
11. *Monarchie*, III, XVI, 15. Pour la réception postérieure de Dante, pour sa « fortune », cf. E. Garin, « Dante nel Rinascimento », in *L'Età Nuova*, Naples, Morano Editore, 1969, p. 181-213.

14. *Pétrarque : de vertu en vertu*

1. Pétrarque, *Lettres de la vieillesse*, I-III, t. I, trad. de F. Castelli, F. Fabre, A. de Rosny, éd. E. Nota, Paris, Les Belles Lettres, 2002, p. 84-99.
2. E. Garin, *Le zodiaque de la vie, op. cit.*, p. 26-27.
3. Le voyage pour Pétrarque est avant tout un voyage imaginaire à travers les livres ; il a écrit un guide de pèlerinage à partir de son cabinet de travail : *Itinerarium ad sepulcrum domini nostri Jesu Cristi* (*Itinerario in Terra Santa*, éd. F. Le Monaco, Bergame, P. Lubrina Editore, 1990).
4. Pétrarque, *Lettres de la vieillesse*, I, 7, 7. Les Belles Lettres ont commencé de publier les œuvres complètes de Pétrarque en français, sous la direction de P. Laurens. Trois tomes de *Rerum Familiarium Libri* (*Lettres familières*, trad. d'André Longpré, notes d'U. Dotti, Paris, Les Belles Lettres, 2002) et deux des *Lettres de la vieillesse* sont parus jusqu'à maintenant ; le calendrier de publication s'étale jusqu'en 2006. Quand il s'agit des lettres de ces volumes, je me référerai à cette édition, pour les autres, pas encore traduites de *Rerum Familiarium*, je suivrai la traduction italienne d'E. Bianchi, in *Opere*, Milan, Sansoni, 1993 (et par conséquent, la version française sera la mienne).
5. Cicéron, *Tusculanes*, I, 30, 74. D'ailleurs, on entend la même citation, dans un autre livre, mais de la bouche d'Augustin : « Tu comprendras la vérité de cette phrase selon laquelle "philosopher, c'est apprendre à mourir". Alors tu mépriseras les œuvres des mortels, et tu sauras choisir une autre voie » Pétrarque, *Mon secret* (*secretum*), trad. et préface de François Dupuigrenet Desrouilles, Paris, Rivages, 1991, p. 182-183.

6. Pétrarque, *Lettres de la vieillesse*, I, 7, 8-9.

7. Le thème de l'ignorance revient comme un des titres des livres de Pétrarque où il discute longuement la suprématie de Platon contre Aristote. Cf. Pétrarque, *Mon ignorance et celle de tant d'autres* (*De sui ipsius et multorum ignorantia*, 1367-1368), trad. de Juliette Bertrand revue et annotée par Christophe Carraud, avec une préface d'Olivier Boulois, Grenoble, Jérôme Millon, 2000. En effet, l'antiaristotélisme de Pétrarque vise plutôt l'interprétation d'Aristote par la scolastique et surtout le style de ses écrits dans les traductions qui circulent. Un argument de ce genre, mais renversé, Aristote contre Platon, se trouve chez Perrault. Et ici, je pense que l'affirmation de Pétrarque : « Pour moi, je crois qu'Aristote a été un grand homme, un grand savant mais un homme » (*Mon ignorance*, IV, 6, p. 99) n'est pas sans liens avec le poème de Perrault (« Je vois les Anciens, mais sans plier les genoux / Ils sont grands, il est vrai, mais hommes comme nous »). Par ailleurs, le livre de Pétrarque annonce les débuts d'un Platon quasi chrétien qui va s'installer un siècle plus tard dans les cercles savants de Marsile Ficin et de Pic de La Mirandole.

8. Pétrarque, *Lettres de la vieillesse*, I, 7, 10.

9. *Ibid.*, I, 7, 13.

10. Un siècle plus tard, Marsile Ficin, tout en recréant le platonisme qu'aurait souhaité Pétrarque, dressera les lignes majeures de ce ciel « intérieur » : cf. Marsilio Ficino, *Scritti sull'astrologia*, Ornella Pompea Faracovi, éd., Milan, BUR, 1999 ; l'introduction de Faracovi est très pénétrante et elle donne une vaste bibliographie sur le sujet, p. 5-46.

11. La notion chez Dante et son champ sémantique théologal ont été bien analysés par G. Stabile et Philippe Delhaye, art. « Virtù », in *Enciclopedia Dantesca, op. cit.*, vol. V, p. 1050-1059.

12. D'ailleurs Pétrarque, vers la fin de sa vie (en 1366), après la crise spirituelle du *Secretum*, revient sur les quatre *vertus* cardinales chrétiennes et compose son *De remediis utriusque fortune* (*Contre la bonne et la mauvaise fortune*, trad. et préface d'Anne Duprat, Paris, Rivages, 2001). La traduction (plutôt l'adaptation) française de ce livre aura un immense succès au XVII^e^ siècle et sera constamment rééditée : *Le sage résolu contre la fortune*, trad. de François de Grenaille de Chatounières, Paris, C. Besongne, 1644.

15. *Le bivium pythagoricum*

1. Je remercie Nicholas Mann pour avoir répondu à mes questions sur le problème de *vertu* et à propos de certains aspects de l'ascension du mont Ventoux. Mann avait longuement développé cet aspect au cours de quatre leçons qu'il avait prononcées au Collège de France en février 1998. Les textes de ces leçons viennent d'être publiés : « Pétrarque : les voyages de l'esprit », *Conférence*, n° 13, automne 2001, p. 499-545 ; n° 14, printemps 2002, p. 433-462 (l'ensemble vient de paraître aux éditions Jérôme Millon : *Les voyages de l'esprit*).

2. Pour un point de vue anthropologique à propos de la main droite, et le sens symbolique de la dualité, cf. Robert Hertz, « La prééminence de la

main droite, étude sur la polarité religieuse », *Revue philosophique*, 1909, repris in *Sociologie religieuse et folklore* (1928), Paris, PUF, 1980, p. 84-109. Mais aussi, cf. Rodney Needham, éd., *Right and Left : Essays on Dual Symbolic Classification*, Chicago-Londres, University of Chicago Press, 1973.

3. N. Mann, « Pétrarque : les voyages de l'esprit », *op. cit.*, n° 13, p. 504.

4. Pétrarque, *Lettres familières*, XII, 3, 7.

5. N. Mann, « Pétrarque : les voyages de l'esprit », *op. cit.*, n° 13, p. 505-506. À ce point, en suivant les écrits d'Erwin Panofsky, *Hercule à la croisée de chemins*, trad. de Danièle Cohn, Paris, Flammarion / Idées et Recherches, 1999 (*Hercules am Scheidewege*, Berlin-Lipse, 1930) et de Theodor E. Mommsen (cf. *infra*, chap. 17, n. 1), Mann évoque le cas d'Hercule qui, étant sur le chemin de la vie après la puberté et tourmenté par ses désirs, se retire dans la solitude et contemple les deux chemins qui s'ouvrent devant lui : celui de la *voluptas* et celui de la *virtus* ; il optera pour la *virtus*. En effet, Pétrarque, dit Mann, en reprenant le récit de Cicéron (*De officiis*, I 32, 118) et en le modifiant avec les résonances du *bivium pythagoricum* (d'abord dans *De vita solitaria*, II, 13, II ; *La vie solitaire*, trad. de Christophe Carraud, Grenoble, Jérôme Millon, 1999) fait revivre après mille ans l'histoire du choix héroïque de Hercule ; ce choix de la *virtus*, selon Pétrarque, « a permis à Hercule non seulement le sommet de la renommée humaine mais aussi, pour certains, un statut quasi divin » ; d'ailleurs, la vie d'Hercule va être insérée dans *De viris illustribus* au cours de la seconde rédaction (cf. *infra*, chap. 17, n. 3) et cette rédaction va être déterminante pour la réception artistique d'Hercule ; il suffit de se souvenir du tableau de Caracci, *Ercole al bivio*, qui date de 1571 et qui se trouve aujourd'hui au musée de Capodimonte de Naples.

6. Pétrarque, *Lettres familières*, IV, 1, 9-10.

7. *Ibid.*, IV, 1, 13.

8. *Ibid.*, IV, 1, 12.

9. Guiseppe Billanovich, « Petrarca e il Ventoso », in *Petrarca e il primo umanesimo*, Padoue, Editrice Antenore, 1996, p. 168-184.

10. *Ibid.*, p. 178.

11. *Ibid.*, p. 181.

12. *Ibid.*, p. 178.

13. Pétrarque, *Lettres familières*, IV, 1, 22.

14. *Ibid.*, IV, 1, 27.

15. Nicholas Mann pense que Pétrarque, en arrivant au sommet du Ventoux, n'arrive pas au sommet de la gloire : « Je suppose qu'il n'a pas atteint l'*otium religiosum* (l'état de paix religieux) de la chartreuse, mais seulement le (faux) pinacle de sa propre ambition et de la *cupiditas videndi* (du désir de voir). Il semble être arrivé là par le *tonos*, l'effort individuel propre aux stoïciens plus que par la *virtus* (la vertu) ; et il n'en résulte rien de plus que l'injonction augustinienne d'être humble et de se connaître mieux. » Je le remercie pour ce commentaire inédit.

16. G. Billanovich, *op. cit.*, p. 177.

17. Jerrold E. Seigel, *Rhetoric and Philosophy in Renaissance Humanism*, Princeton University Press, 1968, p. 261.

18. Pétrarque, *Mon ignorance et celle de tant d'autres*, *op. cit.*, p. 213.

19. Q. Skinner, *Les fondements de la pensée politique moderne*, *op. cit.*, p. 133*sq*.

20. *Ibid.*, p. 137.

21. À propos de cette « renaissance de Rome », il faut évoquer la tentative dictatoriale de Cola di Rienzo qui a eu une grande influence sur Pétrarque. Chez Cola, selon Garin, convergent à la fois le culte du monde classique et les rêves mystiques de *renovatio*, au creux d'une thématique tissée de prophéties millénaristes, de motifs joachimites et de veines hermétiques. Nicholas Mann, à travers les lettres écartées des *Familiares*, affirme l'enthousiasme de Pétrarque pour cet homme, qui fut solennellement couronné en sextuple Tribun Auguste, sur le Capitole en 1347, et qui a fait renaître la Sainte République romaine pour... trois mois. Il allait être lynché par la foule en 1354. Cf. *Pétrarque*, trad. d'Edith McMorran, Arles, Actes Sud / Babel, 1989, p. 51-54 (*Petrarch*, Oxford University Press, 1984). Cola était un fervent lecteur de la *Monarchie* de Dante : cf. P. G. Ricci, « Il commento di Cola de Rienzo alla "Monarchia" di Dante », *Studi Medievali*, n° 3, IV, 1965, p. 665-708.

22. Q. Skinner, *Les fondements de la pensée politique moderne*, p. 137-147. Cf. Augustin, *La Cité de Dieu*, V, I : « La cause de la grandeur de l'Empire romain n'est ni fortuite ni fatale, au sens où l'on appelle fortuit ce qui est sans cause ou ne résulte pas d'un ordre rationnel, et fatal ce qui, en dehors de la volonté de Dieu et des hommes, arrive en vertu d'un certain ordre nécessaire. C'est à coup sûr la Providence divine qui institue les royaumes des hommes » ; je cite d'après la traduction française de Jean-Louis Dumas, in saint Augustin, *Œuvres*, II, *La Cité de Dieu*, L. Jerphagnon, éd., Paris, Gallimard/Pléiade, 1998, p. 174. Cf. aussi V, XII, où il est question de savoir « Pourquoi Dieu a favorisé les Romains », in *ibid.*, p. 192 *sq*. Et surtout V, XIV, où Augustin opère nettement la distinction entre « Vertus romaines et vertus chrétiennes », p. 198 *sq*.

16. « *Tu es malade, Franciscus* »

1. Pétrarque, *Mon secret*, *op. cit.*, p. 29. La datation du *Secretum* a créé beaucoup de problèmes. Cf. entre autres, Hans Baron, *Petrarch's Secretum. Its Making and Its Meaning*, Cambridge, Medieval Academy of America, 1985, qui a suscité les réactions d'un autre spécialiste, Francisco Rico, « Ubi puer, ubi senex : un libro de Hans Baron », in *Il Petrarca Latino*, vol. 1, *Quaderni Petrarcheschi*, IX-X, Florence, Le Lettere, 1992-1993, p. 165-238. Toujours de H. Baron, on peut aussi lire *From Petrarch to Leonardo Bruni*, Chicago-Londres, University of Chicago Press, 1968. Cf. aussi Francisco Rico, *Le rêve de l'humanisme. De Pétrarque à Érasme*, Paris, Les Belles Lettres, 2003. Pour le texte latin et sa traduction italienne, enrichie de notes et d'une préface par U. Dotti, cf. Petrarca, *Secretum*, Rome, Archivio Guido Izzi, 1993.

2. Il est peut-être utile de se souvenir ici du petit traité d'Augustin, *De Magistro* (*Le maître*), trad. et notes de Bernard Jolibert, Paris, Klincksieck, 1993. Et surtout, des mots d'Augustin touchant à l'intériorité : « Mais lorsque les maîtres ont exposé à l'aide des mots toutes les disciplines qu'ils professent, y compris celles touchant la vertu et la sagesse, alors ceux qu'on appelle disciples, examinent en eux-mêmes si ce qu'on leur dit est vrai, tournant leur regard, en fonction de leur force, cela va de soi, vers la vérité intérieure. [...] Mais les hommes se trompent en appelant maîtres ceux qui ne le sont pas, parce que, le plus souvent, entre le moment de la parole et celui de la connaissance, il n'y a pas d'intervalle et parce que, à peine avertis par la parole extérieure, ils apprennent intérieurement, ils imaginent avoir appris extérieurement de celui qui les appelle du dehors » (p. 82).

3. Pétrarque, *Mon secret*, *op. cit.*, p. 33.

4. *Ibid.*, p. 40.

5. *Ibid.*, p. 41.

6. *Ibid.*, p. 45.

7. *Ibid.*, p. 58.

8. *Ibid.*, p. 66. Ce passage, il faut le confronter à une des *Lettres familières*, XV, 4, 5, où Pétrarque revient sur ce « péché » de jeunesse : « J'avoue que j'avais l'ambition, du temps de ma jeunesse, de suivre les conseils d'Homère : d'aller regarder les coutumes et les villes de grand nombre de gens, de contempler avec curiosité de nouveaux pays, de hautes montagnes, des mers et des lacs célèbres, des sources cachées... et bien d'autres sites. Je croyais qu'ainsi je deviendrais savant, ce qui a toujours été mon désir profond, que je le serais rapidement et... sans faire trop d'efforts, mais plutôt avec grand plaisir » (cité par N. Mann, « Pétrarque : les voyages de l'esprit », *op. cit.*, n° 13 p. 502). Homère en effet ne nous raconte-t-il pas, en suppliant la Muse, « l'aventure de l'Inventif : celui qui pilla. Troie, qui pendant des années erra, voyant beaucoup de villes, découvrant beaucoup d'usages » ? Cf. Homère, *L'Odyssée*, trad. de Philippe Jaccottet, suivi de « Des lieux et des hommes » par François Hartog, Paris, Maspero / La Découverte, 1982, p. 12. À propos d'Ulysse, curieux malgré lui, cf. François Hartog, *Mémoire d'Ulysse*, Paris, Gallimard / Essais, 1996.

9. Pétrarque, *Mon secret*, *op. cit.*, p. 90.

10. *Ibid.*, p. 126.

11. *Ibid.*, p. 138.

12. *Ibid.*, p. 164.

13. *Ibid.*, p. 171.

17. *De quelques hommes illustres*

1. Comme toutes les datations, celle-ci aussi a fait l'objet d'une controverse parmi les spécialistes ; je suis en cela les remarques de Guido Martellotti, « Sulla composizione del *De viris* et dell'*Africa* », in *Scritti Petrarchesci*, Padoue, Antenore, 1983, p. 3-26, et « Linee di sviluppo dell'umanesimo petrarchesco », p. 110-140. Cf. aussi Pierre de Nolhac, *Pétrarque et l'huma-*

*nisme*, 2 vol. Paris, Champion, 1907 ; Theodor E. Mommsen suit la datation de Nolhac dans son « Petrarca and the Decoration of the *Sala virorum illustrium* in Padua », *The Art Bulletin, Quarterly of the College Art Association of America*, XXXIV, 2, 1952, p. 95-116, repris dans *Medieval and Renaissance Studies*, Eugene F. Rice, éd., Ithaca, Cornell University Press, 1959. Ce recueil d'articles est très important sur plusieurs plans ; d'abord, on peut y trouver l'article pionnier de Mommsen (« Petrarch's Conception of the "Dark Ages" » publié pour la première fois dans *Speculum*, 17, 1942, p. 226-242) où il attribue la première conception claire du « Moyen Âge » à Pétrarque qui, selon lui, sépare « l'Âge d'or de l'Antiquité d'un temps "moderne" de renaissance » (p. 128) ; et ensuite on peut aussi y trouver l'article sur le choix d'Hercule : « Petrarch and the Story of the Choice of Hercules » (publié d'abord dans le *Journal of Warburg and Courtald Institute*, 16, 1953, p. 178-192).

2. Romulus, Numa, Tullius Hostilius, Ancus Martius, Brutus, Horatius Coclès, Cincinnatus, Camillus, Manlius Torquatus, Valerius Corvinus, Decius, Papirio Cursore, Curius Dentatus, Fabritius, Alexandre, Pyrrhus, Hannibal, Fabius Maximus, Marcellus, Claudius Néron et Livio Salinatore (?), Scipion l'Africain et Caton le Censeur.

3. Adam, Noé, Nimrod, Nino, Sémiramis, Abraham, Isaac, Job, Josèphe, Moïse, Jason et Hercule.

4. « Proemio », *De viris illustribus*, in Petrarca, *Prose*, P.G. Ricci *et al.*, éd., Milan / Naples, Riccardo Ricciardi Editore, 1955, p. 218-227.

5. Le thème est récurrent chez Pétrarque : il n'aime pas son époque. D'ailleurs il dit clairement dans sa *Lettre à la postérité* que c'est pour cette raison qu'il est allé chercher « des nouvelles de l'antiquité » : « Mais ma passion exclusive, entre autres, fut de chercher des nouvelles de l'antiquité, parce que l'âge présent m'a toujours déplu ; à tel point que si mes chers proches ne m'avaient pas motivé diversement, j'aurais toujours préféré être né dans n'importe quelle autre époque et oublier celle-ci ; je fus profondément désireux de me transférer vers d'autres époques. C'est pour cette raison que j'ai lu avec délectation les historiens ; mais pourtant, étant perturbé par leurs discordances, je me suis orienté, dans l'incertitude, vers la vraisemblance des faits ou vers l'autorité de certains écrivains » (*Posteriati*, II). Je traduis d'après l'édition bilingue (latin-italien) de la *Lettera ai posteri*, Gianni Villani, éd., Rome, Salerno Editrice, 1990, p. 40-43.

6. Pétrarque, *De viris illustribus*, in *Prose*, *op. cit.*, p. 221.

7. *Ibid.* Sur la relation de Pétrarque avec les anciens historiens et sa manière de considérer l'histoire, cf. les considérations de Guido Martellotti, « Storiografia del Petrarca », in *Scritti Petrarchesci*, *op. cit.*, p. 475-486. Il est peut-être intéressant de noter que Pétrarque ne connaissait pas les *Vies parallèles* de Plutarque, cf. G. Martellotti, *ibid.*, p. 324.

8. Pétrarque est un des premiers, sinon le premier, à reconstituer le manuscrit de la première décade de l'*Histoire romaine* de Tite-Live. Une grande partie des considérations sur l'histoire romaine et surtout sur le rôle de la *vertu* découle de cette découverte. À ce sujet, cf. l'incontournable étude de G. Billanovich, *La tradizione del testo di Livio e le origini dell'Umanesimo*,

vol. 1 : *Tradizione e fortuna di Livio tra Medievo e Umanesimo*, Padoue, Antenore, 1981. Mais aussi, à propos d'autres historiens que Pétrarque a pu lire, cf. « Petrarca e gli Storici Latini », in *Petrarca e il Primo Umanesimo*, *op. cit.*, p. 377-458. Cf. aussi Pétrarque, *Le repos religieux* (*De Otio religioso*, 1347), II, V, où l'histoire de Rome est mise en question, trad. et notes de Christophe Carraud, Grenoble, Jérôme Millon, 2000, p. 301-313.

9. À ce niveau, on ne comprend pas très bien si Pétrarque, bien qu'il le cite, connaît la distinction que pose Aristote entre « poésie » et « histoire » (*La Poétique*, 9, 51 b, trad. et notes de Roselyne Dupont-Roc et Jean Lallot, Paris, Seuil, 1980, p. 65). Il me semble qu'il y ait une visée vers le « général (*ta katholou*) » dans la conception de l'histoire de Pétrarque. En ce sens, je pense qu'il érige son histoire au rang de la poésie où « les esprits, le caractère et l'action peuvent prendre figure d'exemple (*paradeigma*), de modèle universel, et autoriser ainsi la reconnaissance propre à la *mimesis* » (p. 222).

10. Pétrarque, *De viris illustribus*, in *Prose*, *op. cit.*, p. 225.

11. *Ibid.*, p. 227.

12. Donald R. Kelley, « Les débuts de l'historiographie humaniste », in *L'époque de la Renaissance*, I, *L'avènement de l'esprit nouveau (1400-1480)*, Tibor Klaniczay, Eva Kushner et André Stegmann, éd., Budapest, Akadémiai Kiado, 1988, p. 519-530 ; p. 520 pour la citation.

13. Pétrarque, *Lettres familières*, VI, 2, 16.

18. *L'histoire maîtresse de vie.*

1. Machiavel, *Le prince* (1513), in *Œuvres*, Christian Bec, éd., Paris, Laffont / Bouquins, 1996, p. 178. Les vers de Pétrarque sont du *Canzoniere*, CXXVIII, « Italia mia » (trad. de Ferdinand L. de Gramont, Paris, Gallimard / Poésie, 1983, p. 122). La notion de *virtù* dérive directement de chez Pétrarque et de sa découverte de Tite-Live.

2. Cf. Quentin Skinner, *Machiavel*, trad. de Michel Plon, Paris, Seuil / Essais, 2001, p. 125 (*Machiavelli*, Oxford University Press, 1981).

3. *Ibid.* Cf. aussi les avant-propos du premier et du deuxième livre du *Discours sur la première décade de Tite-Live* (1531), in *Œuvres*, *op. cit.*, p. 187-188 et 291-293 : « En effet quand ils vieillissent, les hommes perdant de leurs forces et gagnant en jugement et en sagesse, il faut que les choses qui leur semblaient supportables et bonnes durant leur jeunesse leur apparaissent ensuite, quand ils vieillissent, insupportables et mauvaises. Alors qu'ils devraient en accuser leur jugement, ils en accusent les temps. En outre les besoins des hommes sont insatiables, parce que par nature ils peuvent et veulent désirer toutes les choses et qu'ils ne peuvent les obtenir en faible quantité du fait de leur condition. Il en résulte une continuelle insatisfaction dans leur esprit et un dégoût pour ce qu'ils possèdent. Cela leur fait blâmer le présent, louer le passé et désirer l'avenir, bien qu'ils n'y soient pas poussés par un motif raisonnable. Je ne sais donc si je mérite d'être compté parmi ceux qui se trompent, alors que, dans ces *Discours*, je loue trop l'épo-

que des anciens Romains et que je blâme la nôtre. Au vrai si la vertu qui régnait alors et le vice qui règne aujourd'hui n'étaient pas plus clairs que le jour, je serais plus prudent dans mon propos, en craignant de tomber dans l'erreur que je reproche à certains autres. Mais, comme les choses sont si manifestes que tout le monde les voit, je n'hésiterai pas à dire ouvertement ce que je pense du passé et du présent, afin que les esprits des jeunes gens qui liront mes écrits puissent fuir l'un et se préparer à imiter l'autre, si le hasard leur en donne l'occasion » (p. 293). Pour Machiavel les choses humaines sont en mouvement, et comme elles ne peuvent demeurer immobiles, il faut qu'elles montent ou qu'elles descendent : comme les cités d'Hérodote, les petites cités deviennent grandes, et les grandes, petites.

4. Claude Bremond, Jacques Le Goff et Jean-Claude Schmitt, *L'exemplum*, Turnhout, Brepols, 1982, p. 38.

5. François Hartog, éd., *L'histoire d'Homère à Augustin. Préface des historiens*, trad. de Michel Casevitz, Paris, Seuil / Points, 1999, p. 100.

6. *Ibid.*, p. 173.

7. *Ibid.*, p. 131. Diodore de Sicile, contemporain de Cicéron, parle de cette bipolarité en ces termes : « Il est beau en effet de pouvoir utiliser pour se réformer les ignorances d'autrui comme exemples et d'avoir, pour les hasards variés de l'existence, non pas à rechercher les faits mais à imiter les succès. Et en effet tout le monde préfère les vieux aux jeunes dans les délibérations, parce qu'ils ont acquis l'expérience que procure le temps ; or il se trouve que l'enseignement que procure l'histoire surpasse cette expérience dans la mesure où nous reconnaissons qu'il la devance par la masse de faits. Aussi peut-on juger que l'acquisition de l'histoire est ce qui est le plus profitable pour toutes les circonstances de la vie » (*Bibliothèque historique*, I, 1-4, 3).

8. *Ibid.*, p. 175.

9. *Ibid.*, p. 171. Mais cf. aussi p. 201, les choix narratifs de Denys d'Halicarnasse : « Telles sont les raisons pour lesquelles j'ai cru bon de ne pas négliger une belle histoire qui avait été abandonnée par les anciens historiens, sans aucune mention, car cette partie d'histoire, quand elle aura été écrite avec précision, fera surgir les conséquences les meilleures et les plus justifiées : les uns, les hommes de bien qui ont accompli ce que le destin leur a attribué, obtiendront une gloire éternelle et seront loués par la postérité, ce qui rend la nature des mortels égale à la nature divine et empêche les actes de mourir en même temps que le corps. Quant aux actuels et futurs descendants de ces hommes égaux aux dieux, ils choisiront non pas la vie la plus agréable et la plus facile, mais la plus noble et la plus ambitieuse, car ils se diront qu'il sied à qui a pris ses sources primordiales dans son origine de s'enorgueillir et de ne rien pratiquer qui soit indigne de ses ancêtres » (*Antiquités romaines*, 1, 6).

10. *Ibid.*, p. 177-187. « Donc comme les peintres saisissent les ressemblances à partir du visage et des formes visibles par quoi se laisse voir le caractère, en n'ayant cure des autres parties, de même on doit nous permettre de pénétrer plutôt dans les signes de l'âme et, par leur truchement, de dessiner la vie de chacun, laissant à d'autres les grandeurs et les joutes » (*Vie*

*d'Alexandre*, 1, 3). « Pour moi, s'il m'est advenu de me consacrer à la rédaction de vies, c'est à cause d'autres personnes, mais si je persiste et séjourne en ce domaine, c'est désormais à cause de moi-même, essayant comme dans un miroir d'utiliser l'histoire pour en quelque manière d'organiser et de conformer ma vie d'après les vertus des grands personnages. Ce qui se passe en effet ressemble tout à fait à une coexistence, à une cohabitation, quand, recevant et accueillant chacun d'eux à son tour comme un hôte par le truchement de l'histoire, nous considérons "comme il était grand et de quelle qualité", prenant dans ses actions ce qui est le plus fort et le plus beau à connaître » (*Vie de Timoléon*, 1-2). « Mais tous les autres historiens, les Cleidémos, les Diylle, Philochore, Phylarque, ont été pour ainsi dire les acteurs des pièces d'autrui, racontant les actions des commandants et des rois et se drapant dans les souvenirs de ces héros pour prendre une part de leur éclat et de leur lumière » (*Gloire des Athéniens*, 345 C-F).

11. *Ibid.*, p. 220-223.

12. Guillaume Postel, *De la République des Turcs*, Poitiers, Enguilbert de Marnef, 1560, p. IV. Pour des éléments bibliographiques à propos de l'*historia magistra* à la Renaissance, cf. Rüdiger Landfester, *Historia magistra vitae*, Genève, Droz, 1972.

13. G. Postel, *op. cit.*, p. II-III.

14. Jean Bodin, *Méthode pour faciliter la connaissance de l'histoire*, Pierre Mesnard, éd., Paris, Publication de la faculté des lettres d'Alger, 1941, p. XLIV. Sur Bodin, cf. Claude-Gilbert Dubois, *La conception de l'histoire en France au* XVIe *siècle*, Paris, Nizet, 1977, p. 94-113.

15. *Ibid.*, p. XXXVIII : « Et en effet la philosophie que l'on appelle souvent de son côté guide de la vie aurait depuis longtemps cessé de nous rappeler les termes extrêmes des biens et des maux si elle n'avait retrouvé dans l'histoire les dits, les faits et les enseignements du passé. C'est grâce à l'histoire que le présent s'explique aisément, que le futur se pénètre et que l'on acquiert des indications très certaines sur ce qu'il convient de rechercher ou de fuir. Aussi m'étonné-je de voir que parmi une si grande multitude d'écrivains et à une époque aussi savante il ne se soit encore trouvé personne pour comparer entre elles les histoires célèbres de nos ancêtres ni pour les confronter avec les gestes des anciens. Mais cela ne serait point difficile à réaliser si après avoir rassemblé tous les genres d'actions humaines, on classait convenablement la variété des exemples. Ainsi seraient très justement voués aux malédictions tous ceux qui se seraient complètement abandonnés à des vices dégradants, tandis que l'on louerait pour leurs mérites ceux qui auraient brillé par quelque vertu ; et l'on tirerait de l'histoire le fruit le plus important puisque l'on pourrait grâce à elle enflammer les uns pour le bien et détourner les autres du mal. »

16. François Hartog, *Le miroir d'Hérodote. Essai sur la représentation de l'autre* (1980), Paris, Gallimard / Bibliothèque des Histoires, 1991, p. 305-308.

17. Don Secondo Lancellotti, *Farfalloni degli Antichi Historici*, Venise, Sarzina, 1636, p. XLII. Un abrégé de ce livre sera traduit en français par l'abbé d'Oliva au XVIIIe siècle et sera réédité en 1770 et en 1774 : *Les impostures de*

*l'histoire ancienne et profane*, trad. de l'abbé d'Oliva revue par le président Rolland et Charpentier, Londres et Paris, chez J.-P. Costard, 1720. Jean d'Oliva, né en 1686, occupe le poste du bibliothécaire de M. le prince de Soubise jusqu'à sa mort ; le cardinal de Rohan lui confie la fameuse bibliothèque du président de Thou. Il publie en 1723, les *Lettres* du Pogge (Poggio Barcciolini) à partir d'un manuscrit qui appartenait au cardinal Ottoboni. Il est mort en 1757. À propos de Lancellotti, cf. Ezio Raimondi, *Anatomie secentesche*, Pise, Nistri-Lischi Editori, 1966, p. 6-7 et 90-94. Cf. *infra*, chap. 24, n. 6 et 7.

18. Karlheinz Stierle, « L'histoire comme exemple, l'exemple comme histoire », in *Poétique*, III, 1972, n° 9, p. 176-198.

19. Leibniz, « Introductio », in *Scriptores Rerum Brunsvicensium*, Hanovre, 1707, cité par Lewis W. Spitz, « The significance of Leibniz for historiography », *Journal of the History of Ideas*, vol. 13, n° 3, juin 1952, p. 335, n. 10 : « Lorsque, après la renaissance des lettres, des érudits ont commencé à écrire des histoires, ils ont proposé des récits qui, sur le modèle des Anciens, ne s'appuyaient pas sur des documents, comme si l'autorité de leur auteur suffisait à les rendre fiables. En tout cas, cela pouvait encore être toléré pour les événements contemporains, surtout si l'auteur se chargeait de donner des éclaircissements sur des questions dont il pouvait avoir une connaissance personnelle qu'il léguait ainsi à la postérité. Mais, concernant des périodes et des contrées éloignées, faire confiance à des rapports vrais, incertains à cause de la rumeur, de l'émotion ou de témoignages peu fiables avait donné lieu à des erreurs inacceptables, qu'on commençait petit à petit à déceler à partir du moment où, grâce à l'imprimerie, les auteurs anciens commencèrent à être à la portée de tout le monde. »

20. Cf. R. Koselleck, « "Historia magistra vitae". De la dissolution du "topos" dans l'histoire moderne en mouvement », in *Le futur passé, op. cit.*, p. 37-62. Mais aussi, toujours de R. Koselleck, « Le concept d'histoire », in *L'expérience de l'histoire, op. cit.*, p. 15-99.

21. R. Koselleck, *Le futur passé, op. cit.*, p. 38.

22. *Ibid.*, p. 42.

23. L'importance de l'opération de Descartes pour la conception de l'histoire a été judicieusement pressentie par Hannah Arendt. Cf. « Le concept d'histoire. Antique et moderne », in *La crise de la culture*, trad. de Patrick Lévy, Paris, Gallimard / Folio, 1972, p. 74-77 (*Between Past and Future*, 1954).

24. Cf. Jean Dagen, « Du théologique au littéraire : arnaldiens et malebranchistes dans la Querelle », in *D'un siècle à l'autre, op. cit.*, p. 63-78. Cf. comment Perrault décrit Descartes et Gassendi, « Gassendi », *Les hommes illustres*, Paris, chez A. Dezallier, 1697, p. 63 : « Descartes n'était jamais plus à l'aise que quand il avançait des propositions contraires aux opinions reçues, & Gassendi se faisait un plaisir de confirmer les siennes autant qu'il le pouvait à celles qu'il trouvait établies. [...] L'un voulait que tous ceux qui l'avaient devancé n'eussent presque rien connu dans les choses de la Nature. L'autre tâchait à faire voir par de favorables interprétations que les Anciens avaient pensé les mêmes choses qu'on regardait comme nouvelles.

L'un semblait entraîné par ses propres lumières, l'autre paraissait toujours en être le maître. »

25. J'utilise le mot dans le sens luhmanien. La différenciation fonctionnelle de la société conduit à l'autonomie des systèmes sociaux. Cela signifie que chaque système fait son unité fonctionnelle en s'auto-organisant par rapport à son environnement. Il est doté d'une rationalité et de pratiques spécifiques, qu'il est le seul à pouvoir mettre en œuvre. En ce sens, il devient autoréférentiel. Cf. N. Luhmann, *The Differentiation of the Society*, *op. cit.*

19. *De l'imitation, I.*

1. Pétrarque, *Lettres familières*, IV, 7, 2.
2. *Ibid.*, IV, 7, 5.
3. Pour une bonne partie de ces épisodes, je me réfère à l'excellent article de Nicholas Mann, « From Laurel to Fig : Petrarch and the structures of the self », *Proceedings of the British Academy*, 105, 2000, p. 17-42.
4. Pétrarque, *Lettres familières*, XXIV, 3, 1.
5. *Ibid.*, XXIII, 19, 12-13. Sénèque, *Entretiens* et *Lettres à Lucilius* (84, 9), Paul Veyne, éd., trad. d'Henri Noblot (pour les *Lettres*), Paris, Laffont / Bouquins, 1993, p. 855-858 : « Même si en toi l'on reconnaît les traits de quelque modèle profondément gravé dans ton âme par l'admiration, je veux que ce soit la ressemblance d'un fils à son père, non un portrait. Un portrait est chose morte » (p. 856). La lettre 84 se termine par une invitation à l'ascension, par des sentiers « raides et difficiles » pour atteindre le sommet : « C'est par un chemin tout uni que tu atteindras la grandeur suprême » (p. 858). Cf. les remarques pertinentes de N. Mann, « Pétrarque : les voyages de l'esprit », *op. cit.*, n° 13, p. 533-543. Pour une analyse de l'imitation chez Pétrarque, cf. Martin L. McLaughlin, *Literary Imitation in the Italian Renaissance*, Oxford, Clarendon Press, 1995, p. 22-48.
6. Alain Michel, *Pétrarque et la pensée latine*, Avignon, Aubanel, 1974, p. 26.
7. Cf. presque toutes les lettres du livre XXIV des *Lettres familières*.
8. *Ibid.*, XXIII, 19, 13. L'allégorie de Sénèque (qui est à propos de la lecture de divers livres) se trouve dans *Lettres à Lucilius*, 84, 3-4 : « Imitons, comme on dit, les abeilles qui volettent de-ci de-là, pillottant les fleurs propres à faire le miel. » Cette conception de l'imitation sera reprise par La Fontaine dans son *Épître à Monseigneur l'évêque de Soissons…*, *op. cit.*
9. N. Mann, « Pétrarque : les voyages de l'esprit », *op. cit.*, n° 13, p. 531. En effet, encore une fois, N. Mann résume l'attitude de Pétrarque : « Car Pétrarque est, pour emprunter la formule de Bernard de Chartres, un de ces nains assis sur les épaules de géants, et qui assurent la tradition et le progrès ; mais parmi ces nains, il est exceptionnellement conscient de lui-même, et à vrai dire assez *grimpeur*. Il ne manque presque jamais de nous rappeler les grands écrivains du passé qui le soutiennent, et pourtant il insiste le plus souvent non seulement sur sa façon de se faire épauler, mais

encore la nature doublement supérieure de la vision que lui accorde sa position élevée » (*ibid.*, p. 510).

10. Un dernier exemple à propos des exemples : c'est toujours une lettre à Giovanni Colonna où « il est montré par des exemples ce que valent les exemples » : « Il n'y a rien qui me touche davantage que les exemples d'hommes illustres. [...] Assurément, outre l'expérience qui est la maîtresse la plus sûre, je n'ai pas de meilleur moyen d'y arriver que de confronter mon âme avec celles à qui elle désire ressembler le plus. C'est pourquoi, de même que je suis reconnaissant à tous les auteurs que je lis du fait qu'en me fournissant souvent des exemples ils me donnent la possibilité de me mettre à l'épreuve, de même j'espère que ceux qui me liront auront pour moi de la reconnaissance. [...] Assurément, si les statues d'hommes illustres peuvent enflammer les nobles âmes à vouloir les imiter — et Salluste rapporte que Fabius Maximus et P. Cornelius Scipion avaient coutume de le dire — avec combien plus d'efficacité peut le faire la vertu elle-même, quand elle manifeste non dans l'éclat du marbre mais dans celui de l'exemple ? [...] Il ne me semble pas inapproprié de dire que les statues sont les images des corps, les exemples celles des vertus. Et que dire du talent ? C'est l'imitation qui nous a donné les deux astres remarquables de la langue latine, Cicéron et Virgile, et a fait en sorte que nous ne le cédions plus aux Grecs dans aucune partie de l'éloquence : celui-ci a suivi Homère, celui-là Démosthène, l'un a égalé son guide, l'autre l'a laissé loin derrière lui. On pourrait montrer la même chose dans tous les champs de l'activité humaine... » (Pétrarque, *Lettres familières*, VI, 4).

### 20. *Florence comme Rome*

1. Ces deux textes ainsi que leurs traductions italiennes figurent dans le volume édité par Eugenio Garin, *Prosatori latini del Quattrocento*, Milan, Riccardo Ricciardi, 1952 (2e édition, Turin, Einaudi, 1976 ; je citerai à partir de cette édition).

2. Salutati, *Invectiva*, *ibid.*, p. 17.

3. *Ibid.*, p. 21 : « Étant donné l'existence de tous ces vestiges romains, étant donné que les noms sont romains et conçus à l'imitation des mœurs romaines, qui osera jamais dire, voyant que survit un témoignage si important de cette célèbre tradition, que les auteurs de tout cela ne furent pas les Romains ? » Cf. aussi, G. Boccaccio, *Trattatello in Laude di Dante...*, *op. cit.*, p. 569 : « Florence, la plus noble des villes italiennes, d'après ce que disent l'histoire ancienne et l'opinion commune de ceux qui sont ici présents, prit son essor avec les Romains ; en s'agrandissant avec le temps et en se remplissant d'habitants et d'hommes célèbres, elle commença à paraître à chacun non seulement une ville mais comme une ville puissante. »

4. Salutati, *Invectiva*, in *op. cit.*, p. 33.

5. *Ibid.*, p. 35-37.

6. Bruni, *Ad Petrum...*, in *op. cit.*, p. 45.

7. *Ibid.*, p. 49.

8. *Ibid.*, p. 53.
9. *Ibid.*, p. 57.
10. *Ibid.*, p. 63.
11. *Ibid.*, p. 67. Comparer cette opinion de Salutati à celle du sceptique Francesco Sanchez, dans Richard Popkin, « Scepticisme et sciences modernes », in Alain Mothu, éd., *Révolution scientifique et libertinage*, Turnhout, Brepols, 2000, p. 105-116 ; et surtout, p. 110.
12. Bruni, *Ad Petrum*..., in *op. cit.*, p. 69-73.
13. *Ibid.*
14. *Ibid.*, p. 79.
15. *Ibid.*
16. *Ibid.*, p. 91.
17. *Ibid.*
18. *Ibid.*, p. 95.
19. *Ibid.*, p. 97. Cf. aussi, pour deux exemples postérieurs, H. Baron, « The Querelle... », in *Renaissance Essays, op. cit.*, p. 110 : « Près de vingt ans plus tard, un jeune humaniste, citoyen florentin, Matteo Palmieri, s'est demandé, dans son *Della vita civile*, pourquoi à son époque les réalisations de nombreuses générations précédentes ont soudain été surpassées. Sa réponse jette une lumière intéressante sur les idées du début de la Renaissance concernant l'originalité et le progrès. La seule chose qui puisse expliquer l'absence d'avancée chez nos ancêtres, dit Palmieri, c'est qu'ils étaient contents de suivre les voies de leurs prédécesseurs, sans essayer de les améliorer, et c'est ainsi qu'ils ont interrompu leur développement intellectuel. Quand cette attitude a changé, la peinture est soudain revenue à la vie entre les mains de Giotto ; d'une manière analogue, les lettres humanistes sont revenues à la vie à travers Bruni. Après ces transformations, on pouvait s'attendre à une période d'épanouissement semblable à ce qui s'est passé en Grèce ou à Rome. "Par conséquent toute personne née pendant cette période et dotée de talent devrait en être reconnaissante à Dieu." La même perspective sur le progrès récent, mais vu dans son opposition contre l'arrière-plan religieux, apparaît à nouveau dans le célèbre livre du Florentin Giannozzo Manetti, le *De dignitate hominis*. On y trouve l'argument qu'à travers les âges l'homme a progressivement amélioré son environnement et l'a porté bien au-delà de l'état dans lequel il lui a été donné par Dieu et que la présente époque a conduit ces efforts à leur apogée à bien des égards. L'homme qui a jadis conçu cette merveilleuse invention, le bateau, a récemment navigué "*ultra terminos antea navigabiles*" [au-delà des espaces auparavant navigables] où des îles précédemment inconnues (les Canaries et les Açores, sans aucun doute) ont été découvertes. Dans le même temps, le dôme que Brunelleschi a conçu pour la cathédrale de Florence s'est élevé comme un rival des pyramides ; la peinture de Giotto est comparable aux œuvres les plus illustres de l'art ancien. »
20. Leon Battista Alberti, *De la peinture* (*De Pictura*, 1453), trad. française, introduction et notes de Jean-Louis Schefer, Paris, Macula, 1992, introduction, p. 68-70.

21. *Ibid.*, p. 60.
22. C. Lévi-Strauss, *La pensée sauvage, op. cit.*, p. 280.

21. *De l'imitation, II*

1. Marc Fumaroli, *L'âge de l'éloquence* (Genève, Droz, 1980), Paris, Albin Michel / Bibliothèque de l'Évolution de l'Humanité, 1994, p. 80.
2. M. L. McLaughlin, *op. cit.*, p. 32.
3. *Ibid.*, p. 48.
4. Pour les citations de ce débat, cf. Politien, *Épîtres*, VIII, 16 et 17, in G.F. Pico della Mirandola et P. Bembo, *De l'imitation*, trad. de L. Hersant, Paris, Aralia, 1996, p. 128-135. (*Le Epistole « De Imitazione »*, G. Santangelo, Florence, Olschki, 1954).
5. *Ibid.*, p. 40. À propos du neveu du grand humaniste, cf. Charles B. Schmidt, *Gianfrancesco Pico, 1469-1533, and His Critique of Aristotle*, La Haye, Martinus Nijhoff, 1972.
6. *De l'imitation, op. cit.*, p. 50.
7. *Ibid.*, p. 64.
8. *Ibid.*, p. 67.
9. *Ibid.*, p. 72.
10. *Ibid.*
11. *Ibid.*, p. 75-76.
12. *Ibid.*, p. 79.
13. Elisabeth Eisentein, *The Printing Revolution in Early Modern Europe*, Cambridge, Cambridge University Press, 1983 (*La révolution de l'imprimé*, trad. de M. Sissung et M. Duchamp, Paris, La Découverte, 1991).

22. *Les académies, I*

1. Cité par David S. Chambers, « The earlier "Academies" in Italy », in David S. Chambers et François Quiviger, éd., *Italian Academies of the Sixteenth Century*, Londres, The Warburg Institute, 1995, p. 1-14 ; p. 2, pour la citation.
2. Par ailleurs, la première occurrence actuellement connue de la « République des lettres » date du 6 juillet 1417. Cf. Hans Bots et Françoise Waquet, *La République des lettres*, Paris, Belin-De Boeck, 1997 : « On la trouve, sous la forme latine de *Respublica litteraria*, dans une lettre que Francesco Barbaro (1390-1459) envoya au Pogge (Poggio Bracciolini, 1380-1454) qui assistait alors, en tant que "secrétaire apostolique", au concile de Constance (1414-1418) convoqué pour mettre fin au grand schisme d'Occident. L'humaniste vénitien remerciait son correspondant de lui avoir communiqué la liste des manuscrits qu'il avait découverts dans des bibliothèques allemandes alors qu'une interruption du concile lui laissait le temps de se livrer à ses recherches savantes et, plus généralement, il le félicitait de travailler

ainsi "pour l'utilité commune" (*pro comuni utilitate*). Pogge, poursuivait-il, méritait la reconnaissance des doctes pour avoir ramené au jour des œuvres de Quintilien, Lucrèce, Tertullien et autres auteurs latins ; puis, après avoir rappelé que sous l'Antiquité des hommes de lettres avaient été honorés à l'égal des guerriers victorieux, Barbaro jugeait son ami digne des plus grands éloges, réservés à ceux "qui ont apporté mille secours et ornements à cette République des lettres" (*qui huic litterariae Reipublicae plurima adjumenta atque ornamenta contulerunt*) » (p. 11-12). Cf. aussi M. Fumaroli, « La République des lettres (1) », in *Annuaire du Collège de France 1987-1988*, Paris, p. 417-434, et aussi « Académie, Parnasse, Arcadie », in D.S. Chambers et F. Quiviger, éd., *op. cit.*, p. 15-17.

3. « *Ho visso in casa mia honoratamente, et è stata et è una achademia di letterati* », (lettre d'Alessandro à son frère Paolo Cortesi, datée du 31 décembre 1488, cité par D.S. Chambers, *op. cit.*, p. 10, n. 62).

4. Selon Paul Oskar Kristeller, Ficin opère une sorte de syncrétisme qui lie toutes les religions et le christianisme. Il existe selon Ficin une continuité religieuse depuis les temps les plus éloignés et les rites et cérémonies les plus divers (présocratiques, égyptiens, zoroastriens, etc.) sont les expressions différentes d'une relation interne à Dieu. Platon est l'expression la plus parfaite de cette constellation : selon l'expression de Pic, il n'est qu'un Moïse athénien. Cf. la deuxième partie (« Marsilio Ficino and his Circle ») du livre de Paul Oskar Kristeller, *Studies in Renaissance Thought and Letters*, Rome, Edizioni di Storia e Letteratura, 1984, p. 35-258.

5. D.S. Chambers, *op. cit.*, p. 3-5.

6. À propos des débats et des polémiques sur l'Académie platonicienne, cf. James Hankins, « The myth of the Platonic Academy of Florence », in *Renaissance Quarterly*, n° 44, 1991, p. 429-475 ; cf. aussi, Arnaldo Della Torre, *Storia dell'Accademia Platonica di Firenze* (1902), Turin, Bottega d'Erasmo, 1968 ; Arthur Field, *The Origins of the Platonic Academy of Florence*, Princeton University Press, 1988.

7. Frances A. Yates, *Les Académies en France au XVI$^e$ siècle*, trad. de T. Chaucheyras, Paris, PUF, 1996 (*The French Academies of the Sixteenth Century* [1947, Warburg Institute], Londres, Routledge & Kegan Paul, 1988).

8. Il existe un remarquable catalogue d'exposition sur le cardinal Bessarion et son influence en Italie : Gianfranco Fiaccadori, éd., *Bessarione e l'Umanesimo*, Naples, Vivarium, 1994 ; dans sa préface, Giovanni Pugliese Caratelli, suivant en cela Raymond Klibansky, dit que les textes grecs, platoniciens ou néoplatoniciens, qu'a utilisés Nicolas de Cuse, lui ont été fournis par Bessarion. Le catalogue inclut une très large bibliographie sur la question et la période. Tout particulièrement, à propos de Nicolas de Cuse, cf. Alexandre Koyré, *Du monde clos à l'univers infini*, trad. de Raissa Tarr, Paris, Gallimard, 1962, p. 17-43 (*From the Closed World to the Infinite Universe*, Baltimore, Johns Hopkins University Press, 1957) ; H. Blumenberg, *La légitimité des temps modernes*, trad. de Marc Sagnol *et al.*, Paris, Gallimard, 1999, p. 546-623 (*Die legitimität der Neuzeit*, Suhrkamp, 1966). D'autre part, sur la question, on peut toujours consulter la deuxième partie

(« Il ritorno di Platone ») de l'ouvrage de E. Garin, *Umanisti Artisti Scienziati*, Rome, Editore Riuniti, 1989, p. 93-149.

9. Sur le retour des Grecs, cf. A. Grafton et Ann Blair, éd., *The Transmission of Culture in Early Modern Europe*, Philadelphie, University of Pennsylvania Press, 1990 ; A. Grafton *et al.* éd., *The Uses of Greek and Latin*, Londres, The Warburg Institute, 1988 ; A. Grafton et Lisa Jardine, *From Humanism to the Humanities*, Londres, Duckworth, 1986 ; E. Garin, *L'educazione in Europa 1400-1600 : problemi e programmi*, Bari, Laterza, 1957, et du même, *L'Umanesimo italiano*, Rome-Bari, Laterza, 1952 (1993). Et récemment, Jean-Christophe Saladin, *La bataille du grec à la Renaissance*, Paris, Les Belles Lettres, 2000,

10. Chez Ficin, comme chez Alberti, l'éloge du siècle présent (un nouvel âge d'or) accompagne le développement de la recherche qui est vue comme un dévoilement de la vérité : « Notre siècle, tel un âge d'or, a ramené à la lumière les arts libéraux qui étaient presque éteints : grammaire, poésie, rhétorique, peinture, sculpture, architecture, musique, et l'ancienne exécution de chansons à la lyre orphique. [...] Et, accomplissant ce que révéraient par-dessus tout les anciens, il a uni la sagesse et l'éloquence, la prudence et les arts militaires. [...] Et grâce à toi, ô Paul, il semble avoir perfectionné l'astronomie. Et à Florence, il a ramené la doctrine platonicienne de l'obscurité à la lumière » (lettre de Ficin à Paulus Middelburgensis, citée par F.A. Yates, *op. cit.*, p. 5).

11. L'impact de l'arrivée de l'imprimé a été résumé par Roger Chartier, « La culture de l'imprimé », in *Les usages de l'imprimé*, R. Chartier, éd., Paris, Fayard, 1987, p. 7-20 : « [La définition de la culture de l'imprimé] s'attache aux transformations profondes apportées dans tous les domaines de la vie publique ou intime, de l'existence spirituelle ou matérielle par la découverte puis l'emploi multiplié d'une nouvelle technique de reproduction des textes. Celle-ci, à l'évidence, permet une circulation de l'écrit à l'échelle inédite, à la fois parce qu'elle abaisse le coût de fabrication du livre, désormais réparti sur les mille ou quinze cents exemplaires d'un même tirage, et non plus supporté par une unique copie, et parce qu'elle abrège les délais de sa production, fort longs au temps du livre copié à la main. [...] De là, dans les villes au moins, dans les villes d'abord, l'entrée massive d'un nouveau moyen de communication qui modifie les pratiques — de dévotion, de divertissement, d'information, de connaissance — et qui redéfinit les rapports que les hommes et les femmes entretiennent avec le sacré, les pouvoirs et leur communauté » (p. 7).

12. Q. Skinner, *Les fondements de la pensée politique moderne*, *op. cit.*, p. 171-178.

13. *Ibid.* Cf. aussi Nicolai Rubinstein, *The Government of Florence under the Medici (1434-1494)*, Oxford, 1966, dont Skinner partage les idées.

14. En effet, Trajano Boccalini, dans ses *Raguagli del Parnasso* (1612-1613), condamne le « gouvernement d'un seul homme » à plusieurs reprises. Comme par exemple dans cet « Advis » où les citoyens de Mitilène, après la mort de leur prince qui n'a pas laissé d'héritier, se demandent quelle forme de gouvernement choisir. Bien que Boccalini fasse l'éloge

d'une république libre, le récit de la liberté dans la République de Venise fait peur aux citoyens de Mitilène, et ils optent, encore une fois, pour la monarchie. Boccalini tout au long de son livre illustre bel et bien la raison d'État (sur la raison d'État, cf. l'article de M. Gauchet, in Yves-Charles Zarka, éd., *Raison et déraison d'État*, Paris, PUF, 1994). À la suite des procès fictifs qui se déroulent au Parnasse, Machiavel (Advis LIV), pour avoir écrit une « recette de tyrannie », et Bodin (LXIV), pour avoir soutenu la liberté de conscience, sont condamnés et brûlés. Or le Tasse reçoit les faveurs du dieu Apollon contre les critiques de Lodovico Castelvetro qui évoque la *Poétique* d'Aristote (entre-temps, le pauvre Aristote est enchaîné). Cf. Trajan Buccalin, *Les cent premières nouvelles et advis de Parnasse*, trad. de Thomas de Fougasses, Paris, A. Périer, 1615. Le livre de Boccalini soutient en effet que le temps présent est plus calamiteux que le passé ; dans ce sens, Boccalini est un *hoggidiano* (sur l'« hoggidianisme », voir *infra*, p. 102).

15. Pour une histoire « parallèle » sur le statut du latin, cf. Françoise Waquet, *Le latin ou l'empire d'un signe* XVI^e^-XX^e^ *siècle*, Paris, Albin Michel, 1998.

16. Cf. Carlo Dionisotti, *Gli Umanisti e il Volgare Fra Quattro et Cinquecento*, Florence, Felice Le Monnier, 1968.

17. Cf. E. Garin, *Il ritorno dei filosofi antichi*, Naples, Istituto Italiano per gli Studi Filosofici, 1994, p. 11-52.

18. *Ibid.*, p. 35-40.

19. *Ibid.*, p. 40, n. 21, 22, 23.

20. Guillaume Budé, *De Philologia* (1532), cité par Marie-Madelaine de la Garanderie, *Christianisme et lettres profanes*, Paris, Champion, 1995 (2e édition), vol. II, p. 60.

21. Erwin Panofsky, *La Renaissance et ses avant-courriers dans l'art occidental*, trad. de Laure Verron, Flammarion / Idées & Recherches, 1990, p. 37, et aussi p. 13-39 (*Renaissance and Renascences in Western Art*, Stockholm, 1960).

23. *Se hâter lentement : Alde Manuce et Érasme*

1. Giovanni Orlandi, éd., *Aldo Manuzio Editore : Dediche, Prefazioni, Note ai testi*, 2 vol., avec une introduction de C. Dionisotti, Milan, Il Polifilo, 1975.

2. Cf. Martin Lowry, *Le monde d'Alde Manuce*, trad. de Sheila Mooney et François Dupuigrent Desroussilles, Paris, Promodis, 1990 (*The World of Aldus Manutius, Business and Scholarship in Renaissance*, Londres, Blackwell, 1979).

3. C'est Bembo qui prépare l'édition de la *Grammaire* de Jean Lascaris qui va paraître en 1495 ; *De Aetna* de Bembo est publié en 1496 ; deux ans plus tard les *Œuvres* de Politien et une *Oraison* de Reuchlin.

4. *La grammaire grecque* d'Urbano di Belluno publiée en 1498 est dédiée à Pic par Alde. Cf. G. Orlandi, éd., *op. cit.*, vol. II, p. 210.

5. C. Dionisotti, « Introduzione », in G. Orlandi, éd., *op. cit.*, p. XX. Dionisotti ne cache pas son étonnement (p. XIX) devant le fait qu'Alde n'inclut pas *la Rhétorique* et *la Poétique* dans le corpus des œuvres d'Aristote.

6. G. Orlandi, éd., *op. cit.*, vol. II, p. 205-206.

7. *Ibid.*, p. 198.

8. La charte de cette académie est traduite par Ambroise Firmin-Didot, *Alde Manuce et l'hellénisme à Venise*, Paris, Firmin-Didot, 1875, p. 43 (citée par J.-C. Saladin, *op. cit.*, p. 97). Il est assez frappant de voir dans ce court texte, qui porte le nom de « Nomos », tout un vocabulaire d'une République (des lettres) naissante : décréter une loi, défendre, sanctionner, expulser, siéger, désigner par les suffrages, en public, étranger, se soumettre, résister à la loi, troubler l'ordre, assemblée, élections, etc.

9. Érasme, « *Festina lente* », in *Œuvres, Les Adages et autres textes*, Jean-Claude Margolin *et al.*, éd., Paris, Robert Laffont / Bouquins, 1992, p. 109-141.

10. *Ibid.*, p. 112.

11. *Ibid.*, p. 113.

12. *Ibid.*

13. Vers la fin de l'*Adage*, Érasme revient sur le problème des passions, *ibid.*, p. 139 : « Une autre manière d'appliquer cette maxime, c'est quand nous suggérons que les passions de l'âme doivent être, pour ainsi dire, contenues par les freins de la raison. C'est ainsi que Platon divise l'âme humaine en trois parties, la raison, la colère et la concupiscence ; et il estime que l'essentiel de la philosophie réside en ceci, à savoir que les passions obéissent à la raison comme elles le feraient pour un roi : c'est pour cela précisément qu'il en fixe le siège dans le cerveau, comme dans une véritable citadelle. Les péripatéticiens, dont le porte-étendard est Aristote, pensent que les passions sont des impulsions de l'esprit, ou encore des stimulants d'origine naturelle qui nous invitent à la pratique de la vertu, en dépit de l'opposition affichée par des stoïciens, et particulièrement par Sénèque dans les livres qu'il a écrits à l'intention de Néron sur la colère. Car ils pensent que des passions de cette nature, loin d'apporter à la vertu le moindre avantage, lui sont au contraire nuisibles. Et pourtant eux-mêmes ne s'opposent pas à cette idée que, dans l'esprit du sage que nous imaginons, demeurent des impulsions primitives, qui anticipent généralement sur la présence de la raison, et dont on ne peut jamais extirper les racines. Mais elles sont aussitôt rejetées par la raison, à moins que l'on ne consente à les suivre. C'est ce qu'a voulu insinuer Homère quand, au premier livre de l'*Iliade*, il montre Pallas se tenant derrière Achille et retenant son bras déjà prêt à brandir son épée. Aussi, ces violentes impulsions de l'âme, aura-t-on raison de les appeler "dauphin" et "ancre" la sagesse modératrice. »

14. *Ibid.*, p. 119-121.

15. *Ibid.*, p. 123.

16. *Ibid.*, p. 124.

17. *Ibid.*, p. 126.

18. *Ibid.*

19. *Ibid.*, p. 129.

20. *Ibid.*, p. 130-132.

21. Cf. Ann Moss, « Literary imitation in the sixteenth century : writers and readers, Latin and French », *The Cambridge History of Literary Criticism*, vol. III, *op. cit.*, p. 107-118 ; Colette Nativel, « La théorie de l'imitation au XVII^e siècle en rhétorique et en peinture », *Le XVII^e siècle*, avril-juin 1992, n° 175, p. 157-168 ; aussi, cf. Jean Lafond *et al.*, éd., *Le modèle à la Renaissance*, Paris, Vrin, 1986.

22. Érasme, *Le Cicéronien* (extraits), in *Œuvres*, *op. cit.*, p. 427-433. Pour la traduction complète, cf. *Le Cicéronien*, in Érasme, *La philosophie chrétienne*, introduction, trad. et notes de P. Mesnard, Paris, Vrin, 1970, p. 257-358. Voici le sens du *Cicéronien* selon P. Mesnard : « Il ne s'agit donc pas, pour un chrétien moderne, de s'engoncer dans le paganisme périmé de tel écrivain classique, mais au contraire de reconnaître dans les épigones d'un passé très valable des gens qui regardaient vers le christianisme et en pratiquaient déjà les vertus. Socrate, Cicéron, s'ils vivaient aujourd'hui parmi nous, se reconnaîtraient chrétiens et peut-être les trouverait-on dignes d'une canonisation officielle. Le véritable cicéronien ne sera donc pas le cuistre qui consume son existence à singer Cicéron, mais l'humaniste qui fait briller la lumière d'Évangile à travers les facettes d'une culture classique » (p. 21).

23. Érasme, *Le Cicéronien*, in *Œuvres*, *op. cit.*, p. 432.

24. *Ibid.*, p. 433. Cf. aussi lettre d'Érasme à Guillaume Budé, 23 mars 1527, in *La correspondance d'Érasme*, Aloïs Gerlo, éd., vol. VI, Bruxelles, University Press, 1977, p. 566-568 : « J'apprends que le Roi très chrétien soutient décidément les bonnes études. [...] Seul est à mes yeux cicéronien véritable celui qui me recrée toute l'âme de Cicéron » ; et aussi lettre d'Érasme à Philippe Melanchthon, 6 juin 1536, *ibid.*, vol. XI, p. 430-433 : « Nul doute que l'instrument ne soit mis en branle par Satan qui préférerait que tous fussent cicéroniens plutôt que chrétiens. » N. 14 : « Érasme pense au songe fameux où le Seigneur reprocha à saint Jérôme, grand lecteur des auteurs classiques, d'être plus cicéronien que chrétien (Jérôme, *Lettre à Eustochius*, XXII, 30). Érasme avait abondamment commenté ce passage dans sa première édition des *Opera Hieronymi* (1516) en minimisant la portée de ce rêve. Dans la seconde édition (1528) cette scolie a disparu car elle faisait la part trop belle aux cicéroniens qu'il attaque cette même année dans le *Ciceronianus* (cf. Telle, *L'Erasmianus sive Ciceronianus d'Étienne Dolet*, in *Travaux d'humanisme et Renaissance*, CXXXVIII, Genève, Droz, 1974, p. 422). »

25. De l'*Institution du prince chrétien* (*ASD*, IV, 1), cité dans le *Dictionnaire*, in *Œuvres*, *op. cit.*, p. CXXXIII (qui cite à partir de P. Mesnard, *L'essor de la philosophie politique au XVI^e siècle*, Paris, Vrin, 1952, p. 98).

24. *Acheminement vers la Querelle*

1. Pour l'importance des polémiques et des disputes en vue de convaincre et de persuader, dans cette culture humaniste naissante, héritée probablement des notions scolastiques des *quæstiones* et *disputationes*, cf. C. Vasoli,

*La dialettica e la retorica dell'Umanesimo*, Milan, Feltrinelli, 1968, surtout le premier chapitre sur « Antichi contro moderni » qui met en scène un tout autre débat, qui trouve ses racines dans le progrès de la dialectique (ou logique) des « barbares britanniques ». Et aussi, cf. Bruno Neveu, *L'erreur et son juge*, Naples, Istituto Italiano per gli Studi filosofici, 1993, p. 129 *sq.*, « Antiquitas Redux ».

2. G.F. Pico della Mirandola et P. Bembo, *op. cit.*, p. 19.

3. *Ibid.*, p. 40.

4. Jacques Barchilon, « Charles Perrault contestataire-polémiste », in *Ordre et contestations au temps des classiques,* R. Duchêne et Pierre Ronzeaud, éd., t. II, Paris-Seattle-Tübingen, Biblio 17, 1992, p. 55-62.

5. Ezio Raimondi, « Note Biografiche », in *La Prosa nel Seicento*, Milan, Rizzoli, 1976, p. 265.

6. Don Secondo Lancellotti, *L'Hoggidi, ovvero il mondo non peggiore ne più calamitoso del passato*, Venise, G. Guerigli, 1623, et *L'Hoggidi, ovvero gli ingegni non inferiori a'passati*, Venise, G. Guerigli, 1636. Pour la vie et l'œuvre de Lancellotti, avec des textes inédits, cf. Marta Savini, *Vita in prosa e in versi*, Rome, Silva, 1971.

7. Cf. Don Secondo Lancellotti, *L'Orvietano per gli hoggidiani, cioè per quelli che patiscono del male dell'hoggidianismo*, Paris, T. Pepingué, 1631. Le livre est dédidé à Richelieu, mais il y a aussi deux poèmes, l'un dédié à Campanella et l'autre à Guillaume Bautru. Lancellotti est mort à Paris en 1643. Cf. aussi, son livre plus ou moins autobiographique, *Chi l'indovina è savio, ovvero la prudenza humana fallacissima*, Venise, G. Guerigli, 1640. Il est à noter que Lancellotti dit avoir écrit un livre intitulé *Acus Nautica* (une sorte d'encyclopédie en vingt-cinq volumes, plus de trente mille articles) qui est son chef-d'œuvre. Ce livre n'a jamais vu le jour. On sait qu'il a existé, puisque Lancellotti cherchait un éditeur à Paris, tout en demandant l'aide des frères Dupuy.

8. Alessandro Tassoni, *Pensieri e scritti preparatori*, Pietro Puliatti, éd., Modène, Edizione Panini, 1986.

9. *Ibid.*, p. 842.

10. *Ibid.*, p. 934. Cf. l'intéressant article d'Alfredo Giannini qui cherche les affinités entre les livres de Tassoni et de Villalón, « Il libro X dei *Pensieri Diversi* di A. Tassoni e la *Ingeniosa comparación de lo antiguo con lo presente* di Cristóbal de Villalón », *Revue historique*, XLI, 1917, p. 634-672.

25. *Regards actuels sur la République des lettres*

1. Krzysztof Pomian, « Le passé : de la foi à la connaissance », *Le Débat*, n° 24, mars 1983, p. 151-168 ; repris dans *Sur l'histoire*, Paris, Gallimard / Folio Essais, 1999, p. 81-120.

2. Arnaldo Momigliano, *Problèmes d'historiographie ancienne et moderne,* Paris, Gallimard / Bibliothèque des Histoires, 1983, p. 246.

3. Cf. R. Koselleck, *Le règne de la critique, op. cit.,* p. 92. Ainsi que K. Pomian, « De la lettre au périodique : la circulation des informations dans les

milieux des historiens au XVII^e siècle », in *Organon*, 10, 1974, p. 39. Et surtout, Élisabeth Labrousse, *Pierre Bayle, hétérodoxie et rigorisme*, La Haye, Martinus Nijhoff, 1964, p. 28.

4. M. Fumaroli, *L'âge de l'éloquence*, *op. cit.*, p. 19.

5. Un siècle plus tard, Condorcet consacrera un chapitre entier aux effets de l'imprimé et l'élargissement des frontières de la réceptivité : « Huitième époque / Depuis l'invention de l'imprimerie, jusqu'au temps où les sciences et la philosophie secouèrent le joug de l'autorité », in *Esquisse d'un tableau historique des progrès de l'esprit humain* (1793), Yvon Belaval éd., Paris, Vrin, 1970.

6. T. Cave, *op. cit.*, p. 420 : « Érasme, Montaigne et les humanistes anglais ont écrit pour un âge pendant lequel les livres ont commencé à être considérés non pas comme des objets privilégiés composant une bibliothèque idéale (comme c'est le cas dans la fameuse tour de Montaigne) mais comme des marchandises disponibles, rapidement diffusées et affectées à des usages divers et souvent imprévus. »

7. Expression de Bacon, citée par A. Momigliano, *op. cit.*, p. 255.

8. Philippe Ariès, *Le temps de l'histoire* (1951), Paris, Seuil, 1986, p. 175.

9. *Ibid.*, p. 173.

10. Cf. le catalogue d'exposition qui a eu lieu à Biella (Italie) : Francesco Solinas, éd., *I segreti di un collezionista. Le straordinarie raccolte di Cassiano del Pozzo 1588-1657*, Rome, Edizioni de Luca, 2001.

11. Michel de Certeau, « L'opération historique », in *Faire de l'histoire*, t. I, dir. Jacques Le Goff et Pierre Nora, Paris, Gallimard, 1974, p. 24-25.

12. Gabriel Guéret, auteur de *La guerre des auteurs anciens et modernes*, Paris, chez Théodore Girard, 1671, et du *Parnasse réformé*, Paris, Thomas Jolly, 1668.

13. Alain Viala, « Les palmarès de la Querelle », in *D'un siècle à l'autre : Anciens et Modernes*, *op. cit.*, p. 174-175.

14. La Bruyère, « Chap. XII / De la Mode », in *Les caractères* (1688), Tours, A. Mame et fils, 1896, p. 233 : « Quelques-uns par une intempérance de savoir, et par ne pouvoir se résoudre à renoncer à aucune sorte de connaissance, les embrassent toutes et n'en possèdent aucune : ils aiment mieux savoir beaucoup que de savoir bien, et être faibles et superficiels dans diverses sciences que d'être sûrs et profonds dans une seule. [...] D'autres ont la clef des sciences, où ils n'entrent jamais : ils passent leur vie à déchiffrer les langues orientales et les langues du nord, celle des deux Indes, celle des deux pôles et celle qui se parle dans la lune. Les idiomes les plus inutiles, avec les caractères les plus bizarres et les plus magiques, sont précisément ce qui réveille leur passion et qui excite leur travail : ils plaignent ceux qui se bornent ingénument à savoir leur langue, ou tout au plus la grecque et la latine. Ces gens lisent toutes les histoires et ignorent l'histoire ; ils parcourent tous les livres, et ne profitent d'aucun ; [...] ils plient sous le faix ; leur mémoire en est accablée, pendant que leur esprit demeure vide. »

15. Un autre témoin de cette attitude est Jean-Baptiste Dubos, secrétaire de l'Académie française et fidèle correspondant de Pierre Bayle : « [...] et je

vous dirai ici qu'il [le prince de Conti] aime les lettres autant que ce héros [son oncle], et que sa passion brillerait davantage, si l'érudition n'était pas hors de mode. On dit qu'il est de même en vos quartiers ; à dire vrai, il serait difficile que dans les conjonctures présentes les choses allassent autrement » (lettre de Jean-Baptiste Dubos à Pierre Bayle datée de 27 avril 1696 in *Choix de la correspondance inédite de Bayle*, Émile Gigas, éd., Copenhague, 1890, p. 257). Cf. aussi, Blandine Barret-Kriegel, *Les historiens et la monarchie*, vol. 2 : *La défaite de l'érudition*, Paris, PUF, 1988, p. 271-306.

26. *Les académies, II*

1. M. Fumaroli, « La République des lettres (1) », in *Annuaire du Collège de France 1987-88*, Paris, p. 417-434 ; p. 429 pour la citation.

2. Comme l'a montré P. Villey, *Les sources italiennes de la « Défense et illustration »*, Paris, Champion, 1969 ; et à propos de S. Speroni, cf. H. Baron, « The Querelle of the Ancients and the Moderns », in *op. cit.*, p. 108 *sq.*

3. Cf. J.-R. Armogathe, « Le groupe de Mersenne et la vie académique parisienne », *Le* XVIIe *siècle*, avril-juin 1992, n° 175, p. 131-140.

4. Sur ce moment de passage d'une culture de l'Italie en France, une des études la plus pointue est toujours celle de P.O. Kristeller, « Between the Italian Renaissance and the French Enlightenment : Gabriel Naudé as an Editor », in *Renaissance Quarterly*, XXXII, I, printemps 1979, p. 41-72. Or Kristeller ne mentionne pas du tout Lancellotti qui rentre avec Naudé en France. D'autre part il serait important de voir, puisque Naudé le mentionne dans ses lettres, ce qu'est devenu l'exemplaire de *De pensieri diversi* de Tassoni qu'il a emmené avec lui. Puisqu'une rumeur court dans la République des lettres de l'époque sur le fait que l'infatigable traducteur Baudoin l'a traduit mais qu'il n'a jamais publié. Baudoin était un membre de l'Académie française, ainsi que Desmarets de Saint-Sorlin. G. Naudé joue le rôle d'un passeur culturel entre l'Italie et la France. Il est très attentif aux nouveaux livres. D'ailleurs, je pense que la naissance du journalisme (de Théophraste Renaudot) est due, en grande partie, à cette « avidité de nouveautés ». Naudé, d'ailleurs, cite Renaudot, in *Lettres de G. Naudé à Jacques Dupuy (1632-1652)*, Philip Wolfe, éd., Edmonton, Lealta / Alta Press, 1982 : « Pour les nouvelles de ce pays, elles seront envoyées si particulièrement au médecin Renaudot par les correspondants qu'il a ici qu'il serait superflu de vous les étaler en cette lettre » (lettre XVI, 9 septembre 1638, p. 61). Cf. aussi Gabriel Naudé, *Lettres inédites écrites d'Italie à Peiresc (1632-1636)*, Philippe Tamizey de Larroque, éd., Paris, Léon Techener, 1887 : « Quand il me viendra quelque autre nouveauté par les mains, je ne manquerai à ce qui sera de mon devoir, et à reconnaître par ces petits services, puisque je ne le puis pas par d'autres, les infinies obligations que je vous ai » (30 novembre 1635, p. 34). Sur l'« essor » de ces académies, cf. A. Viala, *Naissance de l'écrivain*, Paris, Minuit / Le Sens Commun, 1985, p. 15-50.

5. Cf. H. Merlin-Kajman, *L'excentricité académique*, Paris, Les Belles Lettres, 2001 ; cf. aussi M. Fumaroli, « La Coupole », in *Trois institutions litté-*

*raires*, Paris, Gallimard / Folio Essais, 1994, p. 9-109. Cf. aussi Christian Jouhaud, *Les pouvoirs de la littérature*, Paris, Gallimard / Essais, p. 11 *sq*.

6. *Le siècle de Louis le Grand*, inséré à la fin du *Parallèle des Anciens et des Modernes* (I, 23, après la pagination normale). Christian Michel analysera cet aspect de la Querelle, et avec pertinence : « Les enjeux historiographiques de la Querelle des Anciens et des Modernes », in *La monarchie absolutiste et l'histoire en France*, Ch. Grell et François Laplanche, éd., Paris, Presses de l'université Paris-Sorbonne, 1987, p. 139-54.

7. Boileau, « Remerciement à Messieurs de l'Académie Françoise », in *Œuvres complètes. Dialogues..., op. cit.*, p. 189. Pour la place du roi dans l'histoire, cf. Louis Marin, *Le portrait du roi*, Paris, Minuit, 1981, p. 49-107, et Orest Ranum, *The Artisans of Glory*, University of North Carolina Press, 1980, p. 258-277.

8. Boileau, « Discours sur le style des inscriptions » (1684-1686), in *Œuvres complètes. Dialogues. Réflexions critiques. Œuvres diverses*, Ch.-H. Boudhors, éd., Paris, Les Belles Lettres, 1960, *op. cit.*, p. 193. Il faut noter que la Querelle des Inscriptions précède la Querelle de 1687. Sur Charpentier, cf. Ch. Perrault, *Parallèle des Anciens et des Modernes, op. cit.*, III, 6-7. Le déroulement de cette Querelle s'est fait avec quelques ouvrages, à partir de 1676. Cf. Boileau, *Œuvres complètes, op. cit.*, p. 327-328, n. 4. En 1676 P. Jean Lucas publie son *De monumentis publicis latinè inscribendis*, la même année Amable de Bourzeys publie son *Discours en faveur des inscriptions des monuments publics faites en latin*, et les réponses de l'abbé P. Tallement, *Discours sur la nécessité de faire en françois les inscriptions des monuments publics* et de Charpentier, *Défense de la langue Françoise pour l'inscription de l'arc de triomphe* datent de la même année. La *Considération en faveur de la langue Françoise, contre le discours Latin du Père Lucas*, de Marolles est publiée l'année suivante, et enfin on assiste à la publication du livre de Charpentier, *De l'excellence de la langue Françoise*, 2 tomes, en 1683.

9. Cf. Roger Hahn, *The Anatomy of a Scientific Institution. The Paris Academy of Sciences 1666-1803*, Berkeley, University of California Press, 1971.

10. Sur la relation de Mabillon avec la Petite Académie, cf. O. Ranum, *op. cit.*, p. 261, n. 83.

11. Cité par Ch. Grell, *L'histoire entre érudition et philosophie*, Paris, PUF, 1993, p. 241.

27. *Le temps, ce grand sculpteur*

1. Rémi Brague a de sérieuses réserves à propos de la formule : cf. *Du temps chez Platon et Augustin*, Paris, PUF / Quadrige, 1982, p. 11-72.

2. Platon, *Timée*, trad. d'Albert Rivaud, Paris, Les Belles Lettres, 1925 (2e édition), 37d-38 a.

3. À propos des sphères, voir le livre de Michel-Pierre Lerner, *Le monde des sphères*, vol. 1, Paris, Les Belles Lettres / L'Âne d'or, 1991.

4. Aristote, *Physique*, trad. d'Annick Stevens, notes de Lambros Couloubaritis, Paris, Vrin, 1999.
5. Plotin, *Troisième Ennéade*, trad. d'Émile Bréhier, Paris, Les Belles Lettres / Classiques en poche, 1999.

28. *Le temps qui se tend vers l'éternité*

1. Paul Ricœur, *Temps et récit*, vol. 1 : *L'intrigue et le récit historique*, Paris, Seuil, 1983, p. 17-65. J'ai décidé de ne pas suivre la nouvelle traduction de la Pléiade pour ne pas enfreindre l'élaboration de Ricœur qui a utilisé la version de la Bibliothèque augustinienne, t. XIV, trad. d'E. Tréhorel et G. Bouissou, A. Solignac, éd., Paris, Desclée de Brouwer, 1962, p. 270-343.
2. P. Ricœur, *op. cit.*, p. 25.
3. *Ibid.*, p. 32.
4. *Ibid.*, p. 36.
5. *Ibid.*, p. 39.
6. *Ibid.*, p. 44.
7. *Ibid.*, p. 46-47.
8. *Ibid.*, p. 51.
9. *Ibid.*, p. 55.
10. *Ibid.*, p. 56.

29. « *Je suis dégoûté de la nouveauté* »

1. Alain Rey, *Dictionnaire historique de la langue française*, 3 vol., Paris, Le Robert, 1998.
2. Étienne Pasquier, *Pourparlers* (1581), Béatrice Sayhi-Périgot, éd., Paris, Honoré Champion, 1995, p. 89-90 (fol. 89 r°). Dans le même sens, cf. Étienne Pasquier, *Les recherches de la France* (1560), 3 vol., Marie-Madelaine Fragonard et François Roudaut, éd., Paris, Honoré Champion, 1996 (cette édition suit l'édition augmentée de 1665) : « Il n'y a rien qu'il faille tant craindre en une République que la nouveauté. Le grand Législateur Charondans, en l'une des Loix qu'il bailla aux Thoriens, ordonna par article exprés, que si quelqu'un voulait apporter quelque Loy nouvelle, il y vint avec le licol, c'estait à dire que si la Loy estoit refusée du peuple, il se tint asseuré d'estre pendu et estranglé, pour avoir voulu innover à l'ancienneté » (vol. II, p.1558).
3. Cf. É. Pasquier : «... peuple naturellement disposé à novalitez... » ; «... les Genois, non moins desireux de nouveautez que les Napolitains, trouverent moyen pendant l'absence de Jean de se soustraire de la protection des François » (*Les recherches de la France*, *op. cit.*, vol. II, p. 1306).
4. Cf. les ouvrages de Denis Crouzet, *Les guerriers de Dieu*, Paris, Champ Vallon, 1990, et *La nuit de Saint-Barthélemy*, Paris, Fayard, 1994.

5. Montaigne, « De la coutume et de ne changer aisément une loi reçue », I, 23, *Les Essais* (éd. de 1595), Jean Céard (éd.), Paris, La Pochotèque / Le Livre de poche, 2001, p. 182.

6. *Ibid.*, p. 182-183. Un autre passage qui va dans le même sens, de l'« Apologie de Raimond de Sebonde », II, 12, *ibid.*, p. 868 : « Je vous conseille en vos opinions et en vos discours, autant qu'en vos mœurs, et en toute autre chose, la modération et la tempérance, et la fuite de la nouveauté et de l'étrangeté. Toutes les voies extravagantes me fâchent. » À propos de la Réforme, cf. aussi *ibid.*, p. 692.

7. *Ibid.*

8. *Ibid.*, p. 237. Cf. aussi la suite : « Comme aux accoutrements, c'est pusillanimité, de se vouloir marquer par quelque façon particulière et inusitée. De même au langage, la recherche des phrases nouvelles, et des mots peu connus, vient d'une ambition scolastique et puérile. Puissé-je ne me servir que de ceux qui servent aux halles à Paris ! » (p. 266).

9. *Ibid.*, p. 181.

10. « De l'amitié », I, 27, *ibid.*, p. 300.

11. *Ibid.*, p. 301. Cf. La Boétie, *Discours de la servitude volontaire*, Miguel Abensour et Marcel Gauchet, éd., Paris, Payot, 1976.

12. Montaigne, « Des lois somptuaires », I, 43, *Les Essais, op. cit.*, p. 441.

13. « Apologie de Raimond de Sebonde », II, 12, *ibid.*, p. 758.

14. *Ibid.*, p. 780.

15. Pour la survivance du stoïcisme chez Montaigne, cf. Pierre-François Moreau, éd., *Le retour des philosophies antiques à l'âge classique*, t. I : *Le stoïcisme*, Paris, Albin Michel, 1999.

16. Montaigne, « Apologie de Raimond de Sebonde », II, 12, *Les Essais, op. cit.*, p. 783. Cf. l'article de R. Popkin qui confirme cette attitude de Montaigne à l'égard des sciences, « Scepticisme... », in *op. cit.*, A. Mothu, éd., p. 105-116.

17. Montaigne, « À demain les affaires », II, IV, *Les Essais, op. cit.*, p. 581. Cf. le chapitre « Curiosité, nouveau et nouveauté » du livre d'Hélène Merlin-Kajman, *L'absolutisme dans les lettres et la théorie des deux corps*, Paris, Honoré Champion, 2000, p. 239-247, où elle cite (p. 242) un passage de Guez de Balzac sur la nouveauté associée à la curiosité : « C'est un vice que de savoir trop de nouvelles. L'ancienne morale l'a condamné : les *Caractères* de Théophraste ne l'oublient pas. Et s'il est vrai ce qu'on a dit autrefois, QU'IL NE FAUT PAS ÊTRE CURIEUX DANS LA RÉPUBLIQUE D'AUTRUI, quelle audace est-ce, je vous prie, quel attentat à un citoyen du bas monde, à un habitant de la terre, de se mêler si avant des choses supérieures et des affaires du ciel ? [...] Vous avez ouï parler d'un royaume où c'est crime de lèse-majesté de regarder le roi au visage [...] Il me semble que Dieu mériterait bien autant de cérémonie [...] Il gouverne tout seul toutes choses. » (Balzac, *Socrate chrétien*, in *Les Œuvres*, Valentin-Conrart, éd., Paris, T. Jolly, 1665, t. II, p. 222).

18. Montaigne, « Apologie de Raimond de Sebonde », II, 12, *Les Essais, op. cit.*, p. 776. La curiosité constitue un des concepts fondamentaux du livre de H. Blumenberg, *La légitimité des temps modernes*, *op. cit.*, p. 257-516. Il nous montre comment à travers les âges le concept de curiosité de

*vice* se transforme en *vertu*. Cf. aussi Maria Tasinato qui analyse le concept chez Apulée et Augustin, *La curiosité*, trad. de Jean-Paul Manganaro, Lagrasse, Verdier, 1999 (*La curiosità*, Nuova Pratiche Editore, 1994). Cf. aussi le livre de Susan James qui l'évoque à travers les passions, *Passion and Action*, Oxford, Clarendon Press, p. 189-191 (dans le livre de James, il y a aussi un excellent passage sur le nouveau, le familier, l'admiration et la grandeur : p. 169-180).

19. Montaigne, « Apologie de Raimond de Sebonde », II, 12, *Les Essais, op. cit.*, p. 776.

30. *Montaigne ou la quête du bonheur...*

1. Montaigne, « Des cannibales », I, 30, *Les Essais, op. cit.*, p. 332.
2. « Apologie de Raimond de Sebonde », II, 12, *ibid.*, p. 766.
3. « De l'inconstance de nos actions », II, 1, *ibid.*, p. 536.
4. « Apologie de Raimond de Sebonde », II, 12, *ibid.*, p. 766.
5. « De l'inégalité qui est entre nous », I, 42, *ibid.*, p. 431.
6. « Des vaines subtilités », I, 54, *ibid.*, p. 505.
7. « Apologie de Raimond de Sebonde », II, 12, *ibid.*, p. 695.
8. M. Gauchet, *Le désenchantement du monde, op. cit.*, p. 19-20. En guise d'exemple, entre autres, ce passage des *Essais*, II, 12, *op. cit.*, p. 702-703 : « Car ce monde est un temple très saint, dedans lequel l'homme est introduit, pour y contempler les statues, non ouvrées de mortelle main, mais celle que la divine pensée a fait sensibles, le Soleil, les étoiles, les eaux et la terre, pour nous représenter les intelligibles [...] Or nos raisons et nos discours humains, c'est comme la matière lourde et stérile : la grâce de Dieu en est la forme ; c'est elle qui y donne façon et le prix. »
9. Sur la conception du temps, cf. Françoise Joukovsky, *Montaigne et le problème du temps*, Paris, Nizet, 1972.
10. Montaigne, « Apologie de Raimond de Sebonde », II, 12, *Les Essais, op. cit.*, p. 930.
11. *Ibid.*
12. *Ibid.*, p. 931.
13. *Ibid.*, p. 931-932.
14. Toutes les citations précédentes sont tirées de l'« Apologie de Raimond de Sebonde », *ibid.*, p. 883-884 ; ainsi que cet extrait qui les complète : « Avant que les principes qu'Aristote a introduit fussent en crédit, d'autres principes contentaient la raison humaine, comme ceux-ci nous contentent à cette heure. Quelles lettres ont ceux-ci, quel privilège particulier, que le cours de notre invention s'arrête à eux, et qu'à eux appartient pour tout le temps advenir la possession de notre créance ? Ils ne sont non plus exempts du boute-hors qu'étaient leurs devanciers. Quand on me presse d'un nouvel argument, c'est à moi à estimer que ce à quoi je ne puis satisfaire, un autre y satisfera. Car de croire toutes les apparences, desquelles nous ne pouvons nous défaire, c'est une grande simplesse. Il en adviendrait par là que tout le vulgaire, et nous sommes tous du vulgaire, aurait sa

créance contournable, comme une girouette : car son âme étant molle et sans résistance serait forcée de recevoir sans cesse, autres et autres impressions, la dernière effaçant toujours la trace de la précédente. [...] On dit qu'un nouveau venu, qu'on nomme Paracelse, change et renverse tout l'ordre des règles anciennes, et maintient que, jusqu'à cette heure, elle n'a servi qu'à faire mourir les hommes. Je crois qu'il vérifiera aisément cela. Mais de mettre ma vie à la preuve de sa nouvelle expérience, je trouve que ce ne serait pas grand'sagesse » (*ibid.*, p. 884-885).

31. *Bossuet et Fénelon contre la nouveauté*

1. Bossuet, *Oraisons funèbres*, Jacques Truchet, éd., Paris, Classiques Garnier, 1988, p. 125. La suite du texte de Bossuet est exemplaire en ce qui concerne les méfaits de la nouveauté.
2. *Ibid.*, p. 118.
3. Pierre du Moulin, *Nouveauté du papisme, opposée à l'antiquité du vrai christianisme* (1627), Genève, Pierre Chouët, 1633 (3$^{e}$ édition).
4. Nicolas Charpy de Sainte-Croix, *L'ancienne nouveauté de l'Écriture sainte ou l'Église triomphante en terre*, Paris, 1657.
5. Sieur de Bonneval (Antoine Arnauld), *Remarques sur les principales erreurs d'un livre intitulé « L'ancienne nouveauté de l'Écriture sainte ou l'Église triomphante en terre »*, Paris, chez P. Prome, 1665 : « Un des principes les plus importants de nostre religion, & qui empesche le plus qu'elle ne soit corrompuë par toutes sortes d'inventeurs de nouveautez, est que nous ne devons point interpreter l'Écriture sainte à notre fantaisie mais en prendre le sens dans la tradition perpetuelle de l'Évangile, par laquelle nous avons recue l'Écriture mesme. [...] Ainsi rien ne nous divise tant d'avec les heretiques, que la profession que nous faisons d'expliquer l'Écriture sainte selon le sens des Peres, & de rejeter comme des novateurs, ceux qui veulent fonder de nouveaux dogmes sur les paroles des prophetes & des apostres, en les expliquant contre le sens unanime des saints docteurs. C'est ce que le concile de Trente a expressément deffendu dans la quatriéme seance. »
6. Bossuet, *op. cit.*, p. 126.
7. Bossuet, « Lettre à Ph. Du Bois », in *Correspondance de Bossuet*, t. VII, Charles Urbain et Eugène Levesque, éd., Paris, Hachette, 1913, p. 365. À propos des accusations de « nouveauté » de Bossuet, cf. Jacques Le Brun, *La spiritualité de Bossuet*, Paris, Klincksieck, 1972, p. 638-640 et 658-662.
8. Fénelon, *Avis à une dame de qualité*, in *Œuvres*, 2 vol., J. Le Brun, éd., Paris, Gallimard / Pléiade, 1983, vol. II, p. 1130.
9. Fénelon, *Mémoires politiques*, XI, XVII (1702), *ibid.*, vol. II, p. 1123.
10. Fénelon, *Discours prononcé au sacre de l'électeur de Cologne* (1707), *ibid.*, vol. II, p. 955.
11. Fénelon, *Dialogues sur l'éloquence en général* (1718) (rédigés en 1684), *ibid.*, vol. I, p. 6.
12. Fénelon, *Explication des maximes des saints*, article XLV (1697), *ibid.*, vol. I, p. 1094. Un autre exemple, tiré du même texte : « Parler ainsi, c'est

parler suivant l'esprit de la tradition, et suivant les maximes des saints les plus éloignés de toute nouveauté et de toute illusion » (article XXI, *ibid.*, vol. I, p. 1061).

13. Fénelon, *De l'éducation des filles* (1687), *ibid.*, vol. I, p. 134.

14. *Ibid.*, p. 152.

32. *Un Dieu cinématographe ?*

1. La « sotte entreprise » est l'écriture des *Essais*. L'étrangeté et la nouveauté sont associées encore une fois dans le chapitre 12 du livre II. Montaigne, à propos de la traduction du livre de Sebonde, dit ainsi : « C'était une occupation bien étrange et nouvelle pour moi... » (*Les Essais*, *op. cit.*, p. 693).

2. « De l'affection des pères aux enfants », II, 8, *ibid.*, p. 611.

3. Robert Burton, *Anatomie de la mélancolie* (*The Anatomy of Melancholy*, 1621), 3 vol., trad. de Bernard Hoepffner, avec la collaboration de Catherine Goffaux, avec une préface de J. Starobinski et une postface de J. Pigeaud, Paris, José Corti, 2000, vol. I, p. 23-24.

4. Lynn Thorndike, « Newness and craving for novelty in seventeenth-century science and medicine », *Journal of the History of Ideas*, vol. XII, n° 4, octobre 1951, p. 584-598 ; l'article a été repris dans Aaron Noland et Philip P. Wiener, éd., *Roots of Scientific Knowledge*, New York, Basic Books, 1957, p. 443-457. Cf. aussi Lynn Thorndike, *Science and Thought in the Fifteenth Century*, New York, Columbia University Press, 1929 (p. 18 sur « moderns and ancients », 19-20 sur les inventions).

5. Sur la *Poetria nova*, cf. Charles Méla, « Poetria nova et Homo novus », in *Modernité au Moyen Âge : le défi au passé*, Charles Méla et Brigitte Cazalles, Genève, Droz, 1990, p. 207-232.

6. L. Thorndike, « Newness... », *op. cit.*, p. 584. Cf. aussi, P. Rossi, *La Nascita della scienza moderna in Europa*, Rome-Bari, Laterza, 1997, p. 58-60.

7. L'histoire aussi n'échappe pas à la mode. Selon le tableau non exhaustif que Jean-Robert Armogathe a pu établir à partir des ouvrages cités dans l'article de Thorndike, la répartition de ces 147 livres dont les titres contiennent le mot « nouveau » est aussi significative que le fait lui-même. La répartition est la suivante : 64 titres jusqu'en 1650, puis de 1650 à 1690 78 titres, et pour les dix dernières années du XVII^e^ siècle il n'y a que 5 titres. Il faut donc souligner cet accroissement, apparemment galopant à partir de 1650, de même que la chute brutale vers la fin du siècle. Voir J.-R. Armogathe, « Une ancienne Querelle », *op. cit.*, p. 815.

8. Ch. Perrault, *Le siècle de Louis le Grand*, in *Parallèle des Anciens et des Modernes*, *op. cit.*, t. I, p. 9-10 (après la pagination normale, à la fin du volume).

9. Charles Perrault, *Pensées chrétiennes* (1694-1702), Jacques Barchilon et Catherine Velay-Valentin, éd., Paris-Seattle-Tübingen, Biblio 17, 1987, p. 48-49.

10. *Ibid.*, p. 49. Mais lisons aussi ces phrases sur l'*en-deçà* de Dieu : « Il ne me paraît pas possible de concevoir que le monde eût pu être créé plus tôt qu'il ne l'a été, car ce serait concevoir qu'il y aurait pu avoir du temps avant la création du monde, ce qui ne se peut, puisque le temps n'est autre chose que la durée du moment de quelque chose, laquelle chose suppose sa création. Que si l'on dit que le premier moment du temps aurait pu commencer plus avant dans l'Éternité, cela est encore incompréhensible, puisque l'Éternité n'est qu'un moment sans commencement et sans fin. On peut répondre que le moment où nous sommes n'en aurait pas été plus éloigné du premier moment, parce que tous ces moments se tiennent les uns aux autres comme les chaînons d'une chaîne dont l'un des bouts sera toujours également distant de l'autre bout quelque part qu'on la place. »

11. *Ibid.*, p. 55.

33. *La* nova *est-elle* Ke-sing *?*

1. Or, comme dans le cas de la coupole de Brunelleschi, l'affaire est un peu plus complexe : selon Alexandre de Humboldt, on note treize apparitions d'étoiles nouvelles de 134 av. J.-C. jusqu'à la *nova* de Tycho. Une bonne partie de ces apparitions (six, pour être exact) figuraient dans la collection chinoise de Ma Tuan-lin, traduite pour la première fois en une langue occidentale dans la deuxième moitié du XVIIIe siècle. Donc, six de ces neuf apparitions furent inconnues des Occidentaux ; les étoiles de 945 et de 1264 (apr. J.-C.) sont rapportées par l'astronome bohémien Cyprianus Leovitius dont Tycho connaissait les écrits (celle de 1012 devait encore dormir dans un manuscrit jusqu'à la première moitié du XVIIe siècle). Ces deux apparitions avaient eu lieu aussi dans la constellation de Cassiopée qui devaient inciter les astronomes et Tycho à discuter si la *nova* était ou non une réapparition d'une même étoile ; finalement, Tycho va opter pour la nouveauté. D'ailleurs, Tycho, selon Humboldt, discuta avec Cardan de l'origine de la *nova* (pour pouvoir l'associer à l'étoile des Mages), mais finalement cette solution semble insoutenable (la discussion se trouve au premier tome de l'*Opera omnia* de Tycho Brahé édité par J. L. E. Dreyer, Libraria Gyldendaliana, 1913-1929 ; je remercie Anthony Grafton de m'avoir indiqué ce point). Cf. A. de Humboldt, *Cosmos* (1845), traduit de l'allemand par H. Faye et Ch. Galusky, 2 vol., Paris, chez Gide et Baudry, 1846-1848 ; j'ai utilisé une réédition de cette traduction publiée aux éditions Utz en 2000 (2 vol.) ; sur les étoiles nouvelles, cf. vol. II, p. 845-877.

2. Ch. Perrault, *Le siècle de Louis le Grand, op. cit.*, p. 8 après la pagination normale.

3. Ce paragraphe s'inspire des pages de P. Rossi, *La Nascita..., op. cit.*, p. 92-93 ; p. 93 pour la citation.

4. G. Galilei, *Siderius Nuncius. Le messager céleste* (1610), trad. de l'italien par I. Pantin, Paris, Les Belles Lettres, 1992.

5. P. Rossi, *La Nascita..., op. cit.*, p. 111. Cf. aussi Eugenio Garin, « Galileo : gli scandali della nuova filosofia », *Nuncius*, 8, 1993, p. 417-430.

6. Pour les exclamations de Kepler devant la nouveauté de la découverte de Galilée, cf. J. Kepler, *Dissertatio* (1610) et *Narrratio* (1611), édition et trad. en italien d'E. Pasoli et G. Tabarroni, Turin, Bottega d'Erasmo, 1972 : « Galilée [...] a voulu entrer en discussion avec moi par lettres sur la question du nouveau type d'astronomie... » ; « désorienté par la nouveauté de la chose » (p. 17) ; « l'autorité de Galilée, qui dérive de l'exactitude de son jugement et de la perspicacité de son esprit » (p. 19) ; « Néanmoins telle sera ta gloire, comme Copernic et moi après lui, nous avons démontré aux Anciens qu'ils se trompaient dans la manière dont ils croyaient que les cinq corps étaient exprimés dans le monde, en lui substituant une nouvelle théorie authentique et véridique » (p.61).

7. Cf. B. Goldstein, « Galileo's account of astronomical miracles in the Bible : a confusion of sources », *Nuncius*, 5, 1990, p. 3-16.

8. Très élogieux à propos de Copernic, Perrault est toujours un peu prudent sur l'héliocentrisme (IV, 28-31).

9. G. Galilei, *Dialogo dei Massimi Sistemi* (1632), F. Flora, éd., Milan-Naples, Riccardo Ricciardi Editore, 1953 ; 2e édition, Milan, Oscar Mondadori-Grandi Classici, 1996, p. 52-53 ; cf. aussi, p. 99 et 357.

10. Voici comment le poète John Donne décrit ce fait dans son *An Anatomy of the World*, Londres, S. Macham, 1611, p. 205-218 : « Et la nouvelle philosophie révoque tout en doute / L'élément feu est complètement mis hors jeu / Le soleil est perdu, comme la terre, et aucune intelligence humaine / Ne peut bien le diriger à l'endroit où le chercher. / Et les hommes avouent volontiers que ce monde est dépassé / Quand, dans les planètes et dans le firmament / Ils recherchent tant de nouveauté ; ils voient que tout / S'est à nouveau disloqué à nouveau en atomes. / Tout cela est en pièces, toute cohérence est partie, / Il y a seulement du stock et des relations ; / Prince, sujet, père, fils, autant de choses oubliées, / Car chaque homme seul pense qu'il doit / Être un phœnix et qu'il ne peut donc être / Rien de ce qu'il est, mais être lui. »

34. *Les bornes de l'Antiquité & de la Nouveauté*

1. Pour d'autres exemples d'usage du mot « nouveauté », cf. Ch. Perrault, I, 3-4, 95 ; II, 46, 75, 237 ; III, 16-17, 149, 230, 289, 306.

2. André Dacier, *La Poétique d'Aristote (traduction et remarques critiques)*, Amsterdam, 1692, p. 36. Pour un autre exemple, cf. la réponse du père Mersenne à la « Question X », *Les Questions théologiques, physiques, morales et mathématiques*, Paris, chez Henry Guenon, 1643 (nouvelle édition : Mersenne, *Questions inouïes*, Paris, Fayard, 1985, p. 245).

3. P. R. Rapin, *Du grand et du sublime dans les mœurs*, Paris, S. Mabre-Cramoisy, 1686, p. 3-5.

4. P.-D. Huet, *Huetiana ou pensées diverses*, Paris, J. Estienne, 1722, p. 34.

5. F. Hartog, « Entre les Anciens et les Modernes, les sauvages », *Gradhiva*, n° 11, 1992, p. 23-30.

6. J.-F. Lafitau, *Mœurs des sauvages américains comparées aux mœurs des premiers temps* (1724) ; une édition abrégée en format de poche, avec une introduction par E. H. Lemay, est publiée chez FM / La Découverte, Paris, 1983.

7. Michel de Certeau, « Histoire et anthropologie chez Lafitau », in *Naissance de l'ethnologie*, C. Blankaert, éd., Paris, Cerf, 1985, p. 63-89 et 87. Cf. aussi, Ph. Borgeaud, « Le problème du comparatisme en histoire des religions », *Revue européenne des sciences sociales, Cahiers Vilfredo Pareto*, t. XXIV, n° 72, Genève, Droz, 1986, p. 59-73. Sur le frontispice du livre de Lafitau, cf. P. Vidal-Naquet, « Les jeunes, le cru, l'enfant grec et le cuit », in *Le chasseur noir*, Paris, La Découverte / Textes à l'Appui, 1983, p. 117-207.

8. Boileau, *Œuvres complètes*, Paris, Gallimard / Pléiade, 1966, p. 257.

35. *La navigation antique*

1. Cf. A. Grafton, *New Worlds Ancient Texts. The Power of Tradition and the Shock of Discovery*, Cambridge (Mass.), Harvard University Press, 1992.

2. Cf. Francis Bacon, *Du progrès et de la promotion des savoirs* (*Advancement of Learning*, 1605), trad. de M. Le Dœuf, Paris, Gallimard / Tel, 1991, p. 103.

3. Cemal Bali Akal, *Modern Düşüncenin Doğuşu*, Ankara, Dost Kitabevi, 1997.

4. Alessandro Tassoni, *De pensieri diversi* (1608), Lib. III, IX, Venise, 1676, p. 55.

5. Pour le rôle joué, du XVIe au XVIIIe siècle, par le quatrième Livre d'Esdras (ou Ezra), à propos de la parenté imaginée entre les Juifs et les Indiens d'Amérique, cf. F. Schmidt et A. Desreumaux, éd., *Moïse géographe : recherches sur les représentations juives et chrétiennes de l'espace*, Paris, Vrin, 1988.

6. P.-D. Huet, *Demonstratio Evangelica* (Paris, 1679), Amsterdam, Janssonio-Waesbergios, 1680, p. 103. Sur le syncrétisme de Huet, cf. A. Niederst, « Comparatisme et syncrétisme religieux de Huet », in S. Guellouz, éd., *Pierre-Daniel Huet (1630-1721)*, actes du colloque de Caen, Paris-Seattle-Tübingen, Biblio 17, 1994, p. 75-82.

7. Ici, je vais suivre le livre de G. Gliozzi, *Adamo e il nuovo mondo*, Florence, La Nuova Italia Editrice, 1977, p. 49-60 (*Adam et le nouveau monde*, trad. de P. Gabellone et A. Estève, avec une préface de F. Lestringant, Lecques, Théétèt, 2000).

8. J. de Acosta, *Histoire naturelle et morale des Indes occidentales* (1590), trad. de Jacques Rémy-Zéphir, Payot, 1979. En effet le premier livre de l'ouvrage est entièrement consacré aux Anciens et à leur savoir. Pourtant, une chose essentielle : Acosta, comme Perrault, défend le savoir religieux contre les opinions des Modernes. Apparemment si les Anciens (religieux) ont besoin de cette défense, il est évident que les défenseurs prennent en compte le jugement des Modernes réclamant la faillite de tout savoir ancien ; de là, ils proposent des interprétations. Par exemple le chapitre 8 du

livre I d'Acosta devance Perrault : « De la Raison invoquée par saint Augustin pour nier les Antipodes ».

9. *Ibid.*, I, 23, p. 65-67 : « Que l'opinion de tous ceux qui affirment que les Indiens descendent des Juifs est fausse. »

10. G. Gliozzi, *op. cit.*, p. 69-72.

11. André Thevet, *La cosmographie universelle*, Paris, G. Chaudière, 1575, t. II, livre XXIII, p. 1022. Dans ce passage Thevet rapporte ces mots en hébreu, mais se contente de les laisser ainsi en indiquant qu'il laisse le déchiffrement aux spécialistes. Sur Thevet et les cosmographes, cf. F. Lestringant, *L'atelier du cosmographe ou l'image du monde à la Renaissance*, Paris, Albin Michel / Bibliothèque de Synthèse, 1991.

12. Je mentionne l'édition italienne de *The Fall of Naturel Men*, Cambridge University Press, 1982, à laquelle A. Pagden a ajouté un chapitre inédit sur Lafitau : A. Pagden, *La Caduta dell'Uomo Naturale*, Einaudi, 1989, p. 256-270. Pourtant on sait bien que Lafitau lisait Huet, puisqu'il cite *Demonstratio Evangelica* (d'ailleurs pas trop souvent). A. Pagden soutient que Lafitau doit beaucoup à Huet, pourtant il n'explique pas l'itinéraire.

13. P.-D. Huet, *Demonstratio Evangelica*, *op. cit.*, p. 104. Or, dans son *Huetiana* (*op. cit.*, p. 21), il attribue la découverte directement à Colomb, sans mentionner les Anciens. Cf. aussi son *Histoire du commerce et de la navigation des Anciens*, publiée sans nom d'auteur en 1716 (mais écrite sans doute du vivant de Colbert, donc avant 1683 et qui d'ailleurs lui est dédiée).

14. G. Gliozzi, *op. cit.*, p. 247-285. Dans ce débat la navigation est directement associée au savoir des Anciens. Selon A. Thevet, le fait de pratiquer le savoir des Anciens aurait retardé la navigation : (*Les singularités de la France antarctique*, Paris, chez les héritiers de Maurice de la Porte, 1558, p. 168). Et aussi, chap. 19 : « Que non seulement tout ce qui est sous la ligne est habitable, mais aussi tout le monde est habité, contre l'opinion des anciens » (p. 35-37).

15. J. Bodin, *op. cit.*, p. 298 : « Et, si l'on y regarde de plus près, il n'est pas douteux que nos découvertes n'égalent et souvent ne surpassent celles des Anciens. Est-il par exemple quelque chose de plus admirable que l'aimant ? Les Anciens l'ont pourtant ignoré ainsi que son usage merveilleux, et ils ont dû se cantonner dans le bassin méditerranéen... » Bodin, du point de vue technique, accorde toute la supériorité à « aujourd'hui ». Et il accuse sévèrement les « vieillards » d'être chantres de décadence et de catastrophe.

16. Loys Le Roy, *De la vicissitude ou variété des choses* (1575), Paris, À l'Olivier de Pierre l'Huillier, 1583, livre X, p. 216. Presque la totalité du livre de Le Roy est consacrée à la confrontation des Anciens et des Modernes, son intention se trouve être résumée aux titres des chapitres : livre X, « De la puissance savoir, et autre excellence de ce siècle » ; livre XI, « Comparaison de ce Siècle avec les Précédant plus illustres, pour savoir en quoi il leur est supérieur, inférieur ou égal, & premièrement touchant la militie moderne avec l'ancienne, Grecque & Romaine ». Sur Le Roy, cf. C.-G. Dubois, *op. cit.*, p. 79-93.

17. D'après G. Gliozzi, *op. cit.*, p. 267.

18. Tommaso Campanella, *La Cité du soleil* (*Città del Sole*, 1632), trad. de A. Tripet, introduction de Luigi Firpo, Genève, Droz, 1972, p. 60.

19. Le même thème existe aussi chez Bodin, *op. cit.*, p. 70 : « [...] tous les hommes sont reliés entre eux et participent merveilleusement à la République universelle, comme s'ils ne formaient qu'une seule et même cité. »

20. Cf. aussi le poème *Quinquina* de La Fontaine, in *Œuvres diverses*, Paris, Gallimard / Pléiade, 1951.

21. Charles Perrault, *Les hommes illustres*, Paris, chez A. Dezallier, 1697, p. 46.

36. *Entre les Siamois et les Chinois, saint Augustin*

1. En ces années, 1686, 1687 et 1688, les Siamois sont très à la mode, grâce à une ambassade venue en France en 1686. Le récit de voyage de cette ambassade est publié dans le *Mercure galant* en quatre livraisons à partir d'octobre 1686 jusqu'à janvier 1687. Déjà, le numéro de juillet 1686 était majestueusement consacré à une *Relation de voyage au Siam* du chevalier de Chaumont. En 1688, sans attendre, N. Gervaise publiera une *Histoire naturelle et politique du royaume de Siam*, Paris, chez C. Barbin.

2. « Les Siamois croient encore aujourd'hui que la Terre est toute plate, & disent qu'il y a une grande montagne au milieu de la Terre, derrière laquelle le Soleil va se coucher, & qu'il tourne autour de cette montagne pendant la nuit, pour venir gagner au matin l'endroit où il se lève » (IV, 70). Or l'ambassadeur du Siam ne montre aucun signe de scandale devant les globes de la bibliothèque de la Sorbonne. Il reconnaît bien la Terre et il indique de son doigt là où se trouve son pays (cf. *Mercure galant*, janvier 1687, t. II, p. 224).

3. Saint Augustin, *La Cité de Dieu*, in *Œuvres*, t. 33-37, B. Dombart et A. Kalb, éd., trad. de G. Combès, Paris, Desclée de Brouwer, 1959-1960 ; sur les antipodes et la conception du monde de saint Augustin, t. 36, p. 212-215 ; 712-717.

4. L'article « Chinois » du *Dictionnaire* de L. Moreri partage les mêmes opinions avec Perrault. Je cite l'édition de 1726 : « [Les Chinois] sont bien éloignés de mériter les éloges qu'on leur donne, puisqu'ils ont ignoré l'optique, les proportions, & tout ce qui est nécessaire pour la peinture, l'architecture, & généralement tout ce qui sert à perfectionner les beaux-arts ; [...] Pour l'invention de la boussole, il y a lieu de croire qu'on a eu tort de la leur attribuer, puisqu'ils n'en ont point fait d'usage, & qu'ils ne naviguaient pas par hauteurs » (*Le Grand Dictionnaire*, Paris, 1759, t. 3, p. 626a). Sur la conception du monde des Siamois, on voit la même chose (cf. art. « Siamois », *ibid.*, t. 9, p. 407b).

37. *Les Turcs, tribus perdues et paysans français*

1. Cf. l'excellent article de J. Hankins, « Renaissance Crusaders », in *Humanism and Platonism in the Italian Renaissance*, vol. I : *Humanism*, Rome, Edizioni di Storia e Letteratura, 2003, p. 293-426.

2. F. Lestringant, « L'obsession turque », in *Guillaume Postel 1581-1981*, actes du colloque international d'Avranche, J.-Cl. Margolin, éd., Paris, Éditions de la Maisnie, 1988. Cf. aussi l'article suivant de F. Secret, « Postel et l'origine des Turcs ».

3. Il ira même jusqu'à proposer à François Ier la *Concordia Mundi*, la concorde universelle, l'union des républiques chrétiennes et des mahométans (l'Empire ottoman) sous le joug du roi de France ; selon lui, entre les deux ennemis, il n'y a pas de divergences essentielles.

4. G. Postel, *Histoire et considération de l'origine, loy, et...*, in *De la République des Turcs*, *op. cit.*, p. 18 (la pagination recommence à chaque nouvelle partie du livre, celle-ci est la deuxième).

5. *Ibid.*, p. 19-20.

6. *Ibid.*, livre I, p. 1.

7. Antoine Galland, « Discours pour servir de Préface », in d'Herbelot, *Bibliothèque orientale*, Paris, Compagnie des Libraires, 1697.

8. Antoine Galland, *Orientaliana*, Paris, A. Brunet, 1701.

9. Cf. à ce sujet les sentiments de Casaubon, *Polibio*, édition bilingue, latin-italien, de la préface de Casaubon à sa traduction latine des *Histoires* de Polybe (1609) par G.F. Brussich, Palerme, Sellerio Editore, 1991, p. 94.

10. A. Momigliano, « Polybius between the English and the Turks », in *Sesto Contributo*, Rome, Edizioni di Storia e Letteratura, 1980, p. 125-141.

11. *Ibid.*, p. 139.

12. Entre 1603 et 1605 Monteverdi publie les quatrième et cinquième livres de *Madrigaux*. Dans la préface du cinquième livre, il répond au critique Artusi en insérant le terme *seconda pratica*. Artusi en effet l'accusait de commettre des irrégularités dans son usage de dissonance dans les madrigaux. La réponse de Monteverdi consiste en ceci : il ne se limite pas aux normes musicales de *prima pratica* mais prend en considération le texte et ses exigences dans les procédés musicaux qu'il utilise. Le débat va se poursuivre avec plusieurs publications. Cf. par exemple les écrits de C. Scacchi *et al.*, *Polemics on the « Musica Moderna »*, trad. en anglais par T. Carter, Cracovie, Musica Iagellonica Katedra historii i teorii muzyki uniwersytetu jagiellonskiego, 1993.

13. Ce texte est réédité comme appendice, in H. Gillot, *op. cit.*, p. 576-591.

14. Louis Marin, *Le récit est un piège*, Paris, Minuit, 1978, p. 117-143.

38. *De l'autorité, II*

1. Pour un point de vue divergent (en ceci que l'*historia magistra* ne s'inscrit pas dans sa perspective), mais non fondamentalement différent, cf. les

pages importantes et bien riches en exemples de la thèse de B. Magné, *op. cit.*, p. 701-708, « Raison et Autorité ».

2. René Descartes, « Règles pour la direction de l'esprit » (1628), in *Œuvres et lettres*, A. Bridoux, éd., Paris, Gallimard / Pléiade, 1953, p. 38.

3. H. Arendt, « Qu'est-ce que l'autorité ? », in *op. cit.*, p. 121-185. Cet article vient juste après celui sur le concept d'histoire. Pour un survol de l'histoire du concept, cf. G. Leclerc, *Histoire de l'autorité*, Paris, PUF / Sociologie d'aujourd'hui, 1996.

4. H. Arendt, *op. cit.*, p. 126.

5. *Ibid.*, p. 157.

6. *Ibid.*

7. *Ibid.*, p. 163.

8. Emmanuel Kant, « Réponse à la question : qu'est-ce que les Lumières ? » (1784), trad. de Heinz Wismann, in *Œuvres philosophiques*, Ferdinand Alquié, éd., Paris, Gallimard / Pléiade, vol. 2, 1985, p. 207-217. Sur l'histoire de cette devise, cf. l'article très pertinent de C. Ginzburg, « L'Alto e il Basso », in *Miti Emblemi Spie*, Turin, Einaudi, p. 107-132 (*Mythes, emblèmes, traces*, trad. de M. Aymard, Paris, Flammarion, 1989). Cf. aussi Michel Foucault, « Qu'est-ce que les Lumières ? » (1984), in *Dits et écrits*, t. II : *1976-1988*, Paris, Gallimard / Quarto, 2001, p. 1381-1397.

9. Fontenelle, *Digression sur les Anciens et les Modernes* (1688), in *Œuvres complètes*, A. Niderst, éd., t. II, Fayard, 1991, p. 420.

10. Descartes, *Discours de la méthode* (1637), in *Œuvres et lettres*, *op. cit.*, p. 128-129.

11. *Ibid.*, p. 136.

12. Alexis de Tocqueville, *De la démocratie en Amérique* (1835-1840), vol. 2, Paris, Garnier-Flammarion, 1981, p. 399. Il se trouve que la phrase de Tocqueville est aussi citée par Hannah Arendt, « Préface », in *op. cit.*, p. 16.

13. Descartes, *Discours de la méthode*, *op. cit.*, p. 133-134. Cf. aussi l'étrange dialogue intitulé *La recherche de la vérité par la lumière naturelle* (*ibid.*, p. 875-901) qui préfigure (et qui s'attache à celui de Galilée) le *Parallèle* de Perrault. La composition du dialogue remonte à l'année 1641 ; on voit effectivement trois personnages rassemblés dans une maison de campagne, Épistemon, Poliandre et Eudoxe. Épistemon est celui qui a appris dans les écoles et qui est resté fidèle à l'aristotélisme ; Poliandre n'a rien appris dans les livres mais il a beaucoup voyagé. Eudoxe, c'est Descartes lui-même. À un moment du dialogue, Eudoxe accuse Épistemon avec ces termes : « Celui qui est, comme lui, plein d'opinions et embarrassé de cent préjugés, se confie difficilement à la seule lumière naturelle car il a déjà pris l'habitude de céder à l'autorité plutôt que d'ouvrir les oreilles à la seule voix de la raison. Il interroge les autres et pèse ce qu'ont écrit les anciens plutôt qu'il ne se consulte lui-même sur le jugement qu'il doit porter. Bien plus, de même que dès l'enfance il a pris pour la raison ce qui ne reposait que sur l'autorité de ses précepteurs, de même maintenant il présente son autorité pour la raison et il cherche à se faire payer par les autres le même tribut qu'il a payé autrefois » (p. 898).

14. A. Baillet, *Vie de Descartes*, VIII, 10, cité par H. Rigault, *op. cit.*, p. 51. Cf. aussi F.E. Guyer, « C'est nous qui sommes les anciens », *Modern Language Notes*, vol. 36, n° 5, mai 1921, p. 257-264.

15. F. Bacon, *Novum organum* (1620), I, 84, trad. de M. Malherbe et J.-M. Pousseur, Paris, PUF / Épiméthée, 1986, p. 144 : « C'est en effet la vieillesse et le grand âge du monde qui doivent être tenus pour la véritable antiquité ; et il faut les attribuer à notre époque, non à l'âge plus jeune du monde, qui fut celui des anciens. Car cet âge, qui est par rapport à nous le plus ancien et le plus avancé, fut par rapport au monde le plus nouveau et le plus précoce. »

16. Jean Desmarets de Saint-Sorlin, *Traité pour juger des Poëtes Grecs, Latins & François*, Paris, C. Cramoisy, 1673, p. 9 (ce livre est inséré dans la troisième édition du *Clovis*).

39. *L'enfance du monde*

1. Fontenelle, *Sur l'histoire*, in *Œuvres complètes*, *op. cit.*, t. III, p. 176.

2. Pascal, « Préface pour le Traité du vide », in *Œuvres complètes*, Louis Lafuma, éd., Paris, Seuil / Intégrales, 1963, p. 230-232. Sur la place de Pascal dans la phase antérieure de la Querelle, cf. J.-J. Demorest, « Pascal and the Querelle », *Yale French Studies*, n° 38, mai 1967, p. 243-250.

3. Pascal, *op. cit.*, p. 230.

4. *Ibid.*, p. 231.

5. Pascal, *Pensées*, 505-206, in *op. cit.*, p. 574.

6. Boileau, *Réflexions critiques* (1694), VII, in *Œuvres complètes*, Les Belles Lettres, *op. cit.*, p. 94.

7. C. Borghero, « Les philosophes face à l'histoire », in *Pratiques et concepts de l'histoire*, Ch. Grell et J.-M. Dufays, éd., Paris, Presses de l'université de Paris-Sorbonne, 1990, p. 77.

8. « Lettre de M. Arnauld à M. Perrault, 5 mai 1694 », in Boileau, *Œuvres complètes*, t. IV, Garnier, *op. cit.*, p. 124-138 ; p. 125 pour la citation.

9. *Ibid.*, p. 129.

10. Antoine Arnauld et Pierre Nicole, *La Logique ou l'Art de penser* (1662 / 1683), III, XX, b, 8, Paris, PUF, 1965, p. 288-289.

40. « *Nos Rois sont nos astres...* »

1. Cf. P. Zoberman, éd., *Les panégyriques du roi*, Paris, Presses de l'université Paris-Sorbonne, 1991.

2. Versailles est décrite en ces termes dans le poème de Perrault : « Ce n'est pas un Palais, c'est une Ville entière, / Superbe en sa grandeur, superbe en sa matière ; / Non, c'est plutôt un monde, où du grand Univers / Se trouvent rassemblés les miracles divers » (*Le siècle de Louis le Grand*, *op.*

*cit.*, p. 16). Cf. aussi, G. Sabatier, *Versailles ou la figure du roi*, Paris, Albin Michel, 1999.

3. A. Chastel, *L'art français*, t. III, Paris, Flammarion, 1995, p. 176 ; sur Versailles, p. 179-195.

4. Cf. les pages que consacre F. Waquet au temps français comme un temps de perfection par rapport au temps italien qui souffre du poids d'un passé exemplaire dans *Le modèle français et l'Italie savante (1660-1750)*, Rome, École française de Rome, 1989, p. 297-388. Cf. aussi, B. Magné, *op. cit.*, p. 12-19.

5. Une des compositions rectangulaires du plafond de l'Escalier aux Versailles représente « Louis XIV réformant la justice » peint par Ch. Le Brun. Cf. *Le Brun à Versailles*, catalogue d'exposition, Paris, Réunion des musées nationaux, 1985, p. 33.

6. Dès 1660, le jeune roi s'identifie à Alexandre le Grand et le thème entre dans l'imaginaire royal. Cf. M. Gareu, *Charles Le Brun*, Paris, Hazan, 1992, p. 33. Entre 1662 et 1668, Le Brun réalisa les fameuses batailles d'Alexandre à partir desquelles les tapisseries de l'*Histoire d'Alexandre* allaient être faites aux Gobelins. En effet, le poème de Perrault, *La peinture* (1668), destiné à Le Brun, proposait d'utiliser directement le roi comme modèle de lui-même au lieu d'Alexandre (introduction et notes de J.-L. Gautier-Gentès, Genève, Droz, 1992). En 1665, Racine écrit son *Alexandre le Grand*. Dans son épître dédicatoire, conscient de son entreprise, il répète cette comparaison : « Je ne me contente pas d'avoir mis à la tête de mon ouvrage le nom d'Alexandre, j'y ajoute encore celui de VOTRE MAJESTÉ, c'est-à-dire que j'assemble tout ce que le siècle présent et les siècles passés nous peuvent fournir de plus grand. [...] et déjà VOTRE MAJESTÉ est arrivé au comble de la gloire par un chemin plus nouveau et plus difficile que celui par où Alexandre y est monté » (*Théâtre complet*, J. Morel et A. Viala, éd., Paris, Garnier, p. 69-70). D'ailleurs, en septembre 1690, le roi, malade, se fait lire par Racine du Plutarque ; il n'est pas étonnant que la *Vie* choisie soit celle d'Alexandre. À propos d'Alexandre, cf. Ch. Grell et Ch. Michel, *L'École des princes, ou Alexandre disgracié. Essai sur la mythologie monarchique de la France absolutiste*, Paris, Les Belles Lettres, 1988. Pour les travaux historiographiques de Racine, cf. Racine, *Œuvres complètes*, t. II, R. Picard, éd., Paris, Gallimard / Pléiade, 1966, p. 193-334.

7. Pour la représentation du Louis par les acteurs de la Querelle, cf. N. Ferrier-Caverivière, *L'image de Louis XIV dans la littérature française de 1660 à 1715*, Paris, PUF, 1981, p. 251-279.

8. D. Bouhours, *Pensées ingénieuses des Anciens et des Modernes* (1689), La Haye, M. Roguet, 1721, p. 141-142.

9. Cité in, P. Zoberman, éd., *op. cit.*, p. 370.

10. *Ibid.*, p. 101.

11. Sur le symbolisme du soleil, cf. E. Garin, *Le zodiaque de la vie, op. cit.*, p. 28-31 ; le septième chapitre du livre d'I. Lavin sur l'image berninienne du Roi-Solei, *Past-Present. Essays on Historicism in Art from Donatello to Picasso*, Berkeley, University of California Press, 1993 ; sur les « Devises pour

les tapisseries du Roi-Soleil », cf. Marc Fumaroli, *L'École du silence*, Paris, Flammarion, 1996, p. 423-445.

12. Cf. M.-R. Jung, *Hercule dans la littérature française du XVIe siècle*, Genève, Droz, 1966.

13. A. Chastel, *op. cit.*, p. 55-56.

14. *Le Brun à Versailles*, *op. cit.*, p. 37.

15. Desmarets de Saint-Sorlin, *Le triomphe de Louis XIV et de son siècle*, Paris, J. Le Gras, 1674. À propos de ce poème et du siècle de Louis chez Desmarets, cf. G. Hall, « Desmarets de Saint-Sorlin's *Le triomphe de Louis et de son siècle* : the modern position », in *Actes de Baton Rouge*, Selma A. Zebouni, éd., Biblio 17, n° 25, Paris-Seattle-Tübingen, 1986, p. 243-253 ; de G. Hall, on peut aussi lire, « Le siècle de Louis le Grand. L'évolution d'une idée », in *D'un siècle à l'autre : Anciens et Modernes*, *op. cit.*, p. 43-52.

16. Desmarets de Saint-Sorlin, *La défense de la poësie et de la langue françoise : adressée à M. Perrault*, Paris, chez N. Le Gras et C. Audinet, 1675, p. 29.

17. Ch. Perrault, *Les hommes illustres*, *op. cit.*, p. I.

18. Fontenelle, *Digression sur les Anciens et les Modernes*, in *Œuvres complètes*, *op. cit.*, t. II, p. 421.

41. *Le génie, ingénieux, industrieux*

1. En effet, le programme du « sublime » en matière de création, introduit par Boileau avec la traduction du pseudo-Longin, n'est guère loin de cette définition. Cf. L. Marin, « Le sublime dans les années 1670 : un je ne sais quoi ? », in *Actes de Baton Rouge*, *op. cit.*, p. 185-201. Nous disposons d'une nouvelle édition de la traduction de Boileau, avec une longue introduction de F. Goyet, cf. Longin, *Traité du sublime*, Paris, Le Livre de Poche, 1995. Pour une autre traduction, cf. Longin, *Du sublime*, trad. de J. Pigeaud, Paris, Rivages, 1991. Cf. J. Logan, « Longinus and the Sublime », in *The Cambridge History of Literary Criticism*, vol. III, *op. cit.*, p. 529-539.

2. Il est à noter qu'au XVIIe siècle *génie*, *ingénieux*, *industrieux* et *malin* se confondent. « L'ingénieux Ulysse », dit Racine ; ne retrouve-t-on pas Ulysse *polumêtis* si on retraduit l'expression de Racine ? Faut-il penser que le génie puisse se traduire par la *mêtis* grecque ? Et pourquoi pas (cf. F. Hartog, *Mémoire d'Ulysse*, *op. cit.*) ? Selon les mots de J.-P. Vernant, « seule la supériorité en *mêtis* y apparaît capable de conférer à une suprématie l'universalité et la permanence qui en font véritablement un pouvoir souverain. Le roi du ciel doit disposer, en dehors et au-delà de la force brutale, d'une intelligence habile à prévoir au plus loin, à tout machiner à l'avance, à combiner, en sa prudence, moyens et fins jusque dans le détail de telle sorte que l'avenir soit sans surprise, rien ni personne ne pouvant plus prendre le dieu à l'improviste ni le trouver démuni » (art. « Théogonie et mythes de souveraineté », in Y. Bonnefoy, éd., *Dictionnaire des mythologies*, vol. II, Paris, Flammarion, 1981, p. 493). Quant au *Genivus* romain, « ou bien il est responsable de notre naissance (*ut genitur nobiscum*), ou bien il naît en même temps que

nous (*una genitur nobiscum*), ou bien il nous accueille et nous protège après notre naissance (*nos genitos suspicit ac tutatur*) », (*ibid.*, vol. I, p. 863). D'ailleurs, Auguste associe le culte de son propre *Genivus* à celui des Lares, dans tous les carrefours de Rome : ainsi, on comprend pourquoi l'expression « routes nouvelles » revient sans cesse dans la définition du génie. C'est dans ce sens-là et à juste titre que J.A. Maravall parle, dans son dernier chapitre (*La cultura del barroco, op. cit.*), des affinités entre les ingénieurs, le génie et la nouveauté.

3. Comparer avec l'Épître de La Fontaine, *op. cit.* : « Et, faute d'admirer les Grecs et les Romains, / On s'égare en voulant tenir d'autres chemins ». Sur l'originalité, cf. R. Mortier, *L'originalité*, Genève, Droz, 1982, particulièrement p. 31-74 (sur le génie, originalité et imitation). À propos de génie, cf. aussi l'introduction et les trois premiers chapitres du livre de Roger de Piles, *L'idée du peintre parfait* (1699), avec une préface de X. Carrère, Paris, Le Promeneur, 1993, p. 13-31.

4. Fontenelle, *Digression sur les Anciens et les Modernes*, in *Œuvres complètes, op. cit.*, t. II, p. 421.

5. Fontenelle, *Sur l'histoire, ibid.*, t. III, p. 177-178.

6. Cf. J. Dagen, *L'histoire de l'esprit humain dans la pensée française de Fontenelle à Condorcet*, Paris, Klincksieck, 1977.

42. *La critique : l'antiquité dissociée de la vérité*

1. Cf. A. Pizzorusso, « L'idea di "critica" nel seicento francese », *Intersezioni*, V, n° 1, avril 1985, p. 49-61.

2. Cf. B. Neveu, *L'erreur et son juge, op. cit.*, et aussi, du même auteur, *Érudition et religion aux XVII^e et XVIII^e siècles*, Paris, Albin Michel, 1994.

3. Sur Scaliger, cf. A. Grafton, *Joseph Scaliger : A Study in the History of Classical Scholarship,* vol. II : *Historical Chronology*, Oxford, Clarendon Press, 1993.

4. Sur toutes ces questions cf. F. Laplanche, *L'écriture, le sacré et l'histoire*, Amsterdam, APA-Holland University Press, 1986, et pour la citation, p. 242-243.

5. *Ibid.*, p. 223.

6. Fontenelle, *Sur l'histoire*, in *Œuvres complètes, op. cit.*, t. III, p. 176.

7. Richard Simon, *Histoire critique du Vieux Testament*, Rotterdam, R. Leers, 1685, préface, p. II : « On répondra aussi très-facilement par ce même principe, à toutes les conséquences fausses et pernicieuses que Spinosa a prétendu tirer de ces changements ou additions, pour décrier l'autorité des Livres divins. »

8. F. Laplanche, *op. cit.*, p. 373.

9. *Ibid.*, p. 374. Pour la relation de la vérité et de l'antiquité, ainsi que la controverse de Buxtorf et de Cappel, cf. *ibid.*, p. 223-242 ; 310 ; 558. Pour le rôle très important de Simon dans la critique historique, cf. l'article « Richard Simon » de J. Le Brun, *Supplément au Dictionnaire de la Bible*, fascicule 71, t. XII, Paris, Letouzey & Ané, 1996, p. 1353-1383.

10. F. Laplanche, « La controverse religieuse au XVIIe siècle et la naissance de l'Histoire », in *La controverse religieuse et ses formes*, A. Le Boulluec, éd., Paris, Cerf, 1995, p. 378.

11. Malebranche, *De la recherche de la vérité* (1674), in *Œuvres*, t. I, Paris, Gallimard / Pléiade, 1979, p. 213-214.

12. P. R. Rapin, *La comparaison de Thucydide et de Tite-Live* (1677), Paris, F. Muguet, 1681, p. 175-176. Cf. N. Hepp, « Esquisse du vocabulaire de la critique littéraire de la Querelle du Cid à la Querelle d'Homère », *Romanische Forschungen*, n° 69, 1957, p. 333-334. Perrault connaît les écrits de Rapin, puisqu'il les cite : *Parallèle*, III, 18.

13. N. Hepp, *ibid.*, p. 335 *sq.*, sur le panorama de la critique vers la fin du XVIIe et au début du XVIIIe siècle.

14. Cf. par exemple, Gassendi, *Vie et mœurs d'Épicure*, S. Taussig, éd., Paris, Alive, 2001.

15. Sur la traduction d'Houdar de La Motte, cf. l'ouvrage de référence sur le sujet, N. Hepp, *Homère en France au XVIIe siècle*, *op. cit.*, p. 629-756.

16. Cf. R.C. Knight, *Racine et la Grèce*, Paris, Nizet, 1974, p. 74 *sq*.

43. *La traduction et le public*

1. F. Hartog, *Le miroir d'Hérodote*, *op. cit.*, p. 249-259.

2. Pierre Perrault, « Avertissement », in A. Tassoni, *Le sceau enlevé*, 2 t., Paris, J.B. Coignard, 1678.

3. À ce sujet, cf. H. Merlin, *Public et littérature en France au XVIIe siècle*, Paris, Les Belles Lettres, 1994.

4. Cf. aussi Charles Perrault, *L'apologie des femmes*, Paris, J.B. Coignard, 1694. En guise d'exemple de l'attitude des défenseurs des Anciens, on peut lire le début de la lettre de La Fontaine à sa femme : « Vous n'avez jamais voulu lire d'autres voyages que ceux des chevaliers de la Table Ronde ; mais le nôtre mérite bien que vous le lisiez. Il s'y rencontrera pourtant des matières peu convenables à votre goût [...] Il pourra même arriver, si vous goûtez ce récit, que vous en goûterez après de plus sérieux. [...] vous auriez de quoi vous désennuyer toute votre vie, pourvu que ce soit sans intention de rien retenir, moins encore de rien citer. Ce n'est pas une bonne qualité pour une femme d'être savante ; et c'en est une très mauvaise d'affecter de paraître telle. » (*Lettres à sa femme* (1663), Paris, Seuil / L'École des lettres, 1995, p. 9.)

5. Perrault en cela continue l'éloge des femmes que Desmarets avait entrepris dans l'« Advis au lecteur » du *Clovis*.

6. N. Perrot d'Ablancourt est un des traducteurs que Perrault estime. À propos de d'Ablancourt, cf. le recueil de ses préfaces critiques, *Lettres et préfaces critiques*, R. Zuber, éd., Paris, Librairie Marcel Didier, 1972.

7. Bayle, art. « Amphitryon », *op. cit.*, vol. I, p. 342, n. H : « Son [Andromaque] dialogue avec Hector dans le VIe livre de l'*Iliade* est un des meilleurs morceaux de ce Poëme. C'est le jugement qu'en a fait M. Perrault. Il a mis ce dialogue en vers François : il lut sa Version à l'Académie Françoise,

quand on y reçut M. l'Abbé Fénelon, cette lecture fut précédée d'un petit Discours très bien tourné, il protesta qu'il reconnaissait Homère pour le plus excellent, le plus vaste, & le plus beau génie, que la Poésie ait jamais eu ; & qu'afin de persuader les incrédules, qu'il l'honore selon son mérite, il avait traduit cet endroit de l'*Iliade*. Il avoue qu'il en a retranché quelque digressions, qui lui semblaient trop languissantes. Voilà le défaut d'Homère : il est trop grand parleur, & trop naïf : grand génie d'ailleurs, & si fécond en belles idées, que s'il vivait aujourd'hui, il ferait un Poème épique, où il ne manquerait rien. Il n'aurait garde de donner à Andromaque, parmi les plaintes qu'elle fait de la mort de son mari, cette réflexion, que le petit Astyanax ne mangerait plus sur les genoux de son père la moelle & la graisse des moutons. »

8. Cf. N. Hepp, *Homère en France au XVII^e siècle, op. cit.* Les textes essentiels (d'Houdar de La Motte, d'Anne Dacier, de Fénelon, de J.-F. de Pons, de J. Terrasson, etc.) de cette seconde Querelle sont reproduits dans l'anthologie éditée par A.-M. Lecoq ; par commodité je me réfère à cet ouvrage : *La Querelle des Anciens et des Modernes*, *op. cit.*, p. 450-635.

44. *La poésie maîtresse de vie ?*

1. Cf., en guise d'exemple, Boileau, *Réflexions critiques* X, in *Œuvres complètes,* Les Belles Lettres, *op. cit.*, p. 174 : « De sorte que le Livre de Moïse est en même temps le plus éloquent, le plus sublime, le plus simple de tous les Livres. » C'est à partir de cette conception du sublime qu'une querelle s'établit entre Huet et Boileau. Sur cette querelle, cf. G. Declercq, « Boileau-Huet, la querelle du *Fiat Lux* », in S. Guellouz, éd., *op. cit.*, p. 237. Quant au statut de Moïse dans les traités de la poétique du XVI^e siècle, cf. Francis Goyet, éd., « Introduction », *Traités de poétique et de rhétorique de la Renaissance*, Paris, Le Livre de Poche, 1990, p. 27 : « Mais il [le ton des poètes de la Pléiade] choque profondément les Anciens Sébillet et Aneau. L'inspiration antique et païenne s'oppose en effet à une inspiration moralisatrice et chrétienne alors beaucoup plus puissante qu'on ne pourrait l'imaginer aujourd'hui. Pour Sébillet, la source de l'inspiration remonte non pas à Homère mais à Moïse, “premier divin prêtre, premier conducteur du divin peuple, et premier divin Poète”. »

2. En guise d'exemple, Anne Dacier, « Préface », *L'Iliade d'Homère, traduite en français avec des remarques* (1711), Amsterdam, aux dépenses de la Compagnie, 3 vol., 1712, p. 17 : « Bien loin que les fictions d'Homère doivent le rendre méprisable, en le laissant regarder comme impie et dangereux, elles doivent au contraire le rendre considérable & le faire regarder très-utile pour la conformité de ses idées avec les vérités. Conformité très-remarquable, & dont on peut faire un grand usage dans l'explication de nos Livres saints. » Cf. N. Hepp, *Homère en France au XVII^e siècle, op. cit.* Cf. du même auteur, *Deux amis d'Homère au XVII^e siècle. Textes inédits de P. Pelisson et de C. Fleury*, Paris, Klincksieck, 1970. Cf. aussi Ch. Grell, « La Querelle homérique et ses incidences sur la connaissance historique », in *D'un*

*siècle à l'autre, op. cit.*, p. 19-30 : « La guerre de Troie était donc considérée comme un événement historique, comme un fait authentique. Il convenait dès lors, pour utiliser le témoignage d'Homère, d'en préciser la nature et la valeur, en d'autres termes de montrer comment la poésie épique pouvait refléter ou déformer la vérité » (p. 21).

3. Cf. F. Goyet, *op. cit.*, p. 28.

4. Quintilien, *Institution oratoire*, X, 1, 28, 29 (j'utilise la traduction de J. Cousin, Paris, Les Belles Lettres, t. VI, 1979, p. 78-79). Cf. aussi la traduction de M. Casevitz, in F. Hartog, *L'histoire d'Homère à Augustin, op. cit.*, p. 165-167.

5. Quintilien, *op. cit.*, X, 1, 31.

6. A. Fouger, *Historia proxima poetis : l'influence de la poésie épique sur le style des historiens latins de Salluste à Ammien Marcellin*, thèse de 3ᵉ cycle, université de Paris IV, 1996.

7. *Ibid.*, p. 430.

8. F. Hartog, *Le miroir d'Hérodote*, *op. cit.*, p. V-XIV.

9. F. Hartog, « Les figures grecques de l'historien », in N. Loraux et C. Miralles, éd., *Figures de l'intellectuel en Grèce ancienne*, Paris, Belin, 1998. Cf. aussi G. Nagy, « Early Greek views of poets and poetry », in *The Cambridge History of Literary Criticism*, vol. I : *Classical Criticism*, G.A. Kennedy, éd., Cambridge University Press, 1989, p. 1-77, et du même auteur, *Le meilleur des Achéens*, trad. de l'anglais par N. Loraux et J. Carlier, Paris, Seuil / Des travaux, 1994 (*The Best of Achaeans*, 1980, Baltimore, Johns Hopkins University Press, 1997).

10. Pétrarque, « Triomphe du temps », in *Poésies*, trad. de F.L. de Gramont, Paris, P. Masgana Éditeur, 1842, p. 307.

11. J. Peletier, *Art poétique*, in F. Goyet, éd., *op. cit.*, p. 225 ; cf. aussi le traité de T. Sébillet, *ibid.*, p. 53-56, et aussi Ronsard, *Abrégé de l'art poétique*, *ibid.*, p. 431-435. Ces définitions ne diffèrent guère de celle d'Horace, *Épîtres*, *op. cit.*, livre II, I, 125-140. Pour la signification de la poésie chez Salutati, cf. G. Margiotta, *op. cit.*, p. 55.

12. César Ripa, article « Histoire, LXXVI », in *Iconologie ou explication de plusieurs images, emblèmes et autres figures hiéroglyphiques*, trad. de J. Baudoin, Paris, Jacques de Bie, 1636. Lecteur de la reine Marguerite, membre de l'Académie française, ami de Marolles et de Desmarets, traducteur de Bacon, Jean Baudoin est une figure importante de la première moitié du XVIIᵉ siècle français.

13. Petrarca, *Canzoniere*, in *Opere*, *op. cit.*, p. 60.

14. Ch. Perrault, *Mémoires de ma vie*, *op. cit.*, p. 134. Pour un commentaire judicieux de ce passage, cf. C. Jouhaud, *op. cit.*, p. 152-161.

15. A. Momigliano, « The place of Ancient Historiography in Modern Historiography », *Entretiens sur l'Antiquité classique*, XXVI, 1979, Vandœuvres-Genève, Fondation Hardt, 1980, p. 127-157.

16. H.R. Jauss, « La "modernité" dans la tradition littéraire et la conscience d'aujourd'hui », *op. cit.* ; de Jauss, cf. aussi « Tradition, innovation and aesthetic experience », *The Journal of Aesthetics and Art Criticism*, vol. 46, n° 3, p. 375-388.

17. Cf. l'article de J.-P. Cavaillé, « Galanterie et histoire de l'"antiquité moderne". Jean Chapelain, De la lecture des vieux romans, 1647 », *Le XVII^e^ siècle*, juillet-septembre 1998, vol. 200, n° 3, p. 387-415.

18. Cf. J. Seznec, *La survivance des dieux antiques* (1940), Paris, Flammarion, 1980, et particulièrement p. 308-325.

19. En guise d'exemple, cf. A. Piccolomini, *Il libro della Poetica d'Aristotele*, Sienne, 1572, et aussi *Annotationi nel libro della Poetica d'Aristotele*, Vinegia, 1572 ; L. Castelvetro, *Poetica d'Aristotele vulgarizzata et sposta*, Bâle, 1576, et F. Buonamici, *Discorsi Poetici nella Accademia Fiorentina in difesa d'Aristotile*, Florence, 1596. Cf. aussi l'article de D. Javitch, « The assimilation of Aristotle's Poetics in sixteenth-century Italy », *The Cambridge History of Literary Criticism*, vol. III, *op. cit.*, p. 53-65 ; en effet, Javitch me confirme quant au débat sur le sens et les usages du mot « èthos » à partir de la *Poétique* d'Aristote : « C'est pourquoi l'*èthos* est associé à la présentation de types moraux exemplaires » (p. 57).

20. Racine, *Principes de la tragédie*, E. Vinaver, éd., Éditions de l'université de Manchester, 1944.

21. Aristote, *La Poétique*, *op. cit.*

45. *Les mœurs, ou encore de la vertu*

1. A. Dacier, *op. cit.*, p. 16.

2. *Ibid.*, p. 18-19.

3. Cf., sur Achille, P. R. Rapin, *Discours académique sur la comparaison entre Virgile et Homère*, Paris, T. Jolly, 1668, p. 31 : « Le héros d'Homère (Achille), d'une si grande réputation et si vanté dans tous les siècles, est un abrégé d'imperfections et de vices. »

4. A. Dacier, *op. cit.*, p. 32.

5. *Ibid.*, p. 70.

6. *Ibid.*, p. 71.

7. La Bruyère, *Les caractères*, *op. cit.* Pour une bibliographie détaillée de l'œuvre de La Bruyère, cf. G. Mongrédien, *La Bruyère. Recueil des textes et des documents contemporains*, Paris, CNRS, 1979. Pour les commentaires de Perrault sur ce livre (II, 176-180).

8. Aristote, *La Poétique*, *op. cit.*, p. 262.

9. *Ibid*, p. 157.

10. Or cela pose un problème dans le texte de la *Poétique* même. Aristote n'exige-t-il pas en même temps la ressemblance ? « La ressemblance est précisément ce qui limite les excès possibles de la transformation en mieux », disent Dupont-Roc et Lallot. L'activité mimétique ne consistait-elle pas à « rendre la forme propre » ? Et cette forme propre n'est-elle pas l'*èthos*, en un sens ?

11. Racine adopte un point de vue un peu différent de celui de Dacier, dans les deux préfaces d'*Andromaque* (1668 et 1673), cf. *Théâtre complet*, *op. cit.*, p. 130-131.

12. Cf. aussi les réponses de Boileau à Perrault sur les qualités des héros d'Homère dans les *Réflexions critiques* III et V, in *Œuvres complètes,* Les Belles Lettres, *op. cit.*, p. 61-74 et 77-84.

13. Le passage en question, auquel Racine se réfère lui aussi dans sa préface à *Andromaque*, se trouve dans l'*Art poétique*, V, 119-121.

14. Aristote, *La Poétique*, *op. cit.*, p. 262.

15. *Ibid.*, p. 268.

16. *Ibid.*, p. 268-269.

17. Selon M. Soriano, la raison d'être des contes tient à ce même motif. Cf. « Introduction », in Ch. Perrault, *Contes*, *op. cit.*, 1989, p. 22. Cf. aussi, G.A. Kennedy, « Christianity and Criticism », *The Cambridge History of Literary Criticism*, vol. I, *op. cit.*, p. 330-347.

18. Cf. les pages que consacre E. Bury à la question avec une attention particulière à la notion de *paideia* dans la Querelle des Anciens et des Modernes : « L'honnêteté en question : pour ou contre "la vertu des païens" », *Littérature et politesse*, Paris, PUF, 1996, p. 128-168.

19. À propos du merveilleux chrétien et de Desmarets et plus généralement sur les « visages du divin », cf. Thomas Pavel, *L'art de l'éloignement*, Paris, Gallimard / Folio Essais, 1996, p. 59-147.

20. Saint Jérôme, grand lecteur des classiques, fait un rêve alors qu'il a la fièvre : le Christ l'accuse devant un tribunal d'être plus cicéronien que chrétien (*Lettre à Eustochius*, XXII, 30), cité in Érasme, *La correspondance d'Érasme*, *op. cit.*, vol. XI, p. 430-433.

46. *Le procès des fables*

1. Sur la correspondance de Fontenelle et de l'abbé Bignon, cf. F. Blechet, « Fontenelle et l'abbé Bignon », *Corpus*, n° 13, 1990, p. 51-62.

2. Cf. B. Barret-Kriegel, *Les historiens et la monarchie,* vol. 1 : *Jean Mabillon*, Paris, PUF, 1988.

3. Ch. Grell, *L'histoire entre érudition et philosophie*, *op. cit.*, p. 33.

4. Cf. É. Labrousse, *Inventaire critique de la correspondance de Pierre Bayle*, Paris, Vrin, 1961.

5. Cf. S. Taussig, « Les correspondances savantes comme une utopie », in P.-F. Moreau et A. McKenna éd., *Libertinage et philosophie au XVII^e^ siècle*, vol. 6, Saint-Étienne, Publications de l'université de Saint-Étienne, 2002, p. 37-53.

6. « Je ne puis oublier la satisfaction avec laquelle j'ai changé un billet de banque de vingt livres pour vingt volumes des Mémoires de l'Académie des Inscriptions ; et il n'aurait pas été facile de se procurer, par un autre emploi de la même somme, un fonds si étendu et si durable de plaisirs intellectuels » (*Mémoires de Gibbon, suivis de quelques ouvrages posthumes et de quelques lettres du même auteur*, recueillis et publiés par lord Sheffield, traduits de l'anglais par M. Marignié, 2 vol., Paris, chez le directeur de la Décade philosophique, an V, cité par Claude Nicolet, « Des belles-lettres à l'érudition : l'Antiquité gréco-romaine à l'Académie au XVIII^e^ siècle », *Comp-*

*tes rendus de l'Académie des inscriptions et belles-lettres*, fasc. IV, novembre-décembre 2001).

7. Ch. Grell et C. Volpilhac-Auger, éd., *Nicolas Fréret. Légende et vérité*, Oxford, Voltaire Foundation, 1994 ; cf. aussi le numéro consacré à *Nicolas Fréret* de la revue *Corpus*, n° 29, 1995, toujours sous la direction de C. Volpilhac-Auger.

8. Sur cette deuxième phase de l'Académie, cf. B. Barret-Kriegel, *Les historiens et la monarchie*, vol. 3 : *Les Académies de l'histoire*, Paris, PUF, 1988, p. 171-264.

9. Cl. Nicolet, *op. cit.*

10. Déjà chez Bacon, on voit la même attitude : F. Bacon, *La sagesse des anciens* (*De sapientia veterum*, 1623), trad. de J.-P. Cavaillé, Paris, Vrin, 1997 ; mais aussi, cf. L.G. de Donville, éd., *La mythologie au XVII*e *siècle*, actes du colloque de Marseille, Presses universitaires de Nice, 1982.

11. Cf. l'excellent livre de P. Rossi, *I segni del tempo. Storia della terra e storia delle nazioni da Hooke a Vico*, Milan, Feltrinelli, 1979, et tout particulièrement le deuxième chapitre, « I tempi della storia umana », p. 150-226.

12. Cité d'après l'édition suivante : abbé Banier, *Explication historique des fables*, 3 t., Paris, 1715.

13. *Ibid.*, « Préface » (n. p.).

14. Cf. J. Starobinski, « Fable et mythologie », in *Dictionnaire des mythologies, op. cit.*, vol. I, Y. Bonnefoy, éd., p. 390-400. Cf. le premier chapitre du livre de M. Detienne, *L'invention de la mythologie*, Paris, Gallimard / Tel, 1981.

15. Banier, *op. cit.*, « Préface » (n. p.).

16. *Ibid.*, p. 6-9.

17. Voir aussi N. Fréret, « Réflexions sur l'étude des anciennes histoires, & sur le degré de certitude de leurs preuves », in *Mémoires de l'Académie*, t. VI, Paris, 1749, p. 146-189. Ce texte est repris dans N. Fréret, *Mémoires académiques*, Paris, Fayard / Corpus, 1996.

18. Fontenelle, *De l'origine des fables* (1724), édition critique de J.R. Carré, Paris, Librairie F. Alcan, 1932, p. 4. Cf. aussi C. Pouloin, « Fontenelle et la vérité des Fables », *Corpus*, n° 13, 1990, p. 35-50.

19. Cf. A. Niderst, *Fontenelle*, Plon, 1991, p. 74-77.

20. Fontenelle, *De l'origine des fables, op. cit.*, p. 11-14.

21. Banier, *op. cit.*, p. 14.

22. *Ibid.*, p. 31.

23. On retrouvera l'altération due à la transmission non seulement chez Fontenelle mais aussi chez R. Simon à propos de la transmission de l'Écriture. Cf. R. Simon, *Histoire critique du Vieux Testament, op. cit.* : « On ne peut pas douter, que les vérités contenues dans l'Écriture Sainte ne soient infaillibles, & d'une autorité divine, puisqu'elles viennent immédiatement de Dieu, qui ne s'est servi en cela du ministère des hommes, que pour être ses Interprètes. [...] Mais comme les hommes ont été les dépositaires des Livres Sacrés, aussi bien que tous les autres Livres, et que les premiers Originaux ont été perdus ; il était en quelque façon impossible qu'il n'y arrivât

plusieurs changements, tant à cause de la longueur du temps, que par la négligence des Copistes » (livre I, chap. 1, p. 1).

24. Fontenelle, *De l'origine des fables*, *op. cit.*, p. 37.
25. Banier, *op. cit.*, p. 31.
26. *Ibid.*
27. Fontenelle, *Sur l'histoire*, in *Œuvres complètes*, t. III, *op. cit.*, p. 174-179.
28. Banier, *op. cit.*, p. 49.
29. Fontenelle, *De l'origine des fables*, *op. cit.*, p. 33-34.
30. Banier, *op. cit.*, p. 30.

47. *Quand la vérité de l'histoire se cache sous la fable*

1. P. Tournemine, « Projet d'un ouvrage sur l'origine des fables », in *Mémoires de Trévoux*, novembre-décembre 1702, p. 84-95 ; les citations suivantes sont tirées de ces pages. Cf. aussi Julie Boch, *Les Dieux désenchantés*, Paris, H. Champion, 2002, p. 451-454.
2. C'est ici, à propos de la mort, que les vraies affinités avec la future Science nouvelle se dessinent : cf. G. Vico, *La science nouvelle* (*Principi di scienza nuova*, 1744), trad. d'A. Pons, Paris, Fayard, 2001, p. 15, 131, 133, 248-249. À propos de la mort et des pratiques funéraires qui la transforment en un culte des ancêtres (qui constitue le fondement de la cité), cf. F. de Coulanges, *La Cité antique*, préface de F. Hartog, Paris, Flammarion / Champs, 1984, et les pages que consacre F. Hartog à *La Cité antique*, in *Le XIX*[e] *siècle et l'histoire* (PUF, 1988), Paris, Seuil / Points Histoire, 2001, p. 33-48.
3. P. Tournemine, *op. cit.*, p. 99.
4. P. Tournemine, « Seconde Partie », in *Mémoires de Trévoux*, addition aux mémoires de novembre-décembre 1702, p. 6-7.
5. *Ibid.*, p. 7.
6. *Ibid.*, p. 21-22.
7. *Ibid.*, p. 2.
8. P. Tournemine, « Explication d'une médaille », in *Mémoires de Trévoux*, février 1703, p. 260.
9. Cf. aussi le commentaire de J.-R. Carré, in Fontenelle, *De l'origine des fables*, *op. cit.*, p. 41.
10. J. de Montlyard, *Mythologie*, Rouen, Jean Osmont, 1611.
11. Montlyard, « À Monseigneur le Prince », *ibid.*
12. *Ibid.*
13. F. Hartog, *Régimes d'historicité*, *op. cit.*

48. *Quelques mots pour conclure...*

1. G. Vico, *La science nouvelle* (1744), *op. cit.*, § 6, p.11.
2. *Ibid.*, § 902-903, p. 40.

3. Ce culte du nouveau se traduit également par l'expansion de la presse, avec la *Gazette* de Théophraste Renaudot, qui s'était impliqué dans la Querelle avec ses « Conférences ». Voir L.M. Richardson, « The "Conférences" of Théophraste Renaudot : an episode in the Quarrel of the Ancients and Moderns », *Modern Language Notes*, vol. 48, n° 5, mai 1933, p. 312-316. Cette publication marque la naissance du journalisme avec le culte de la « nouvelle ». Du côté de la littérature, de la *novella* à la *nouvelle* et au *novel* (roman), l'exploration se fait de plus en plus en profondeur des gouffres et abîmes de l'humain. Déjà, Hölderlin, en essayant de répondre à sa propre question : « De quel point de vue faut-il considérer l'Antiquité ? », soutenait qu'en « ce qui fait le fondement originel *de toutes les œuvres, de tous les actes des hommes, nous nous sentons égaux et unis à tous, si grands ou si petits soient-ils* ». Mais malheureusement la suite du texte, qui concerne la voie particulière « qui est la nôtre », demeure incomplète (Hölderlin, « De quel point de vue faut-il considérer l'Antiquité ? », in *Œuvres*, Ph. Jaccottet, éd., Paris, Gallimard / Pléiade, 1967, p. 594-595).

4. *Ibid.*

5. Sur la Querelle du sujet au XXe siècle et son maigre bilan, voir Vincent Descombes, *Le complément de sujet. Enquête sur le fait d'agir de soi-même*, Paris, Gallimard, 2004.

6. Malebranche, *Entretiens sur la métaphysique et sur la religion*, XIII, 9, in *Conversations chrétiennes*, G. Rodis-Lewis, éd., Paris, Gallimard / Essais, 1994, p. 486.

7. Ch. B. Schmidt, « Perennial Philosophy : from Agostino Steuco to Leibniz », in W.J. Connell, éd., *Renaissance Essays*, vol. II, University of Rochester Press, 1993, p. 58-85. Cf. aussi le livre récent de Pierre Hadot, *Le voile d'Isis*, Paris, Gallimard, 2004.

## INDEX DES NOMS

Avertissement : les renvois aux notes comportent des éléments bibliographiques.

## REMERCIEMENTS

Les recherches qui ont présidé à cet ouvrage ont bénéficié du soutien chaleureux d'Yves Bonnefoy, qui les a accompagnées *dans le leurre du seuil*, pour lequel ma reconnaissance est profonde. Je remercie également, pour leurs conseils pertinents, François Hartog, qui, au cours des années, à la croisée des chemins, au *bivium*, a toujours indiqué le bon chemin à prendre, ainsi que Roger Chartier, Marcel Gauchet, Quentin Skinner, Françoise Waquet, Maurice Olender et Tullio Gregory. Une bourse du ministère français des Affaires étrangères a rendu possibles les recherches à l'EHESS ainsi qu'une autre, de la Foundation for Intellectual History, la rédaction finale : je remercie sa présidente, Constance Blackwell. Entre les deux, j'ai passé deux semestres à la Scuola di Alti Studi de la Fondazione San Carlo (Modène) qui ont rendu possible la compréhension de la phase italienne de la Querelle. Sans l'aide minutieuse de Sylvie Taussig, ce travail n'aurait pas eu cette forme : qu'elle soit ici remerciée. Merci encore à ceux et celles qui ont apporté leur concours pendant les divers moments de la rédaction : Chryssanthi Avlami, Alberta Paramico, Clément Baude, Jean Pinquié, Cemal Bali Akal et Aydn Uğur.

Si la recherche est devenue *livre*, c'est avec l'aide d'Éric Vigne.

Je remercie enfin mes parents, Gönül et Nevzat Yılmaz, et Claudia Mattalucci qui m'a appris la vérité des vers de W.B. Yeats : « ... everything outside us is / *Mad as the mist and snow*. »

La mémoire de Bilge Karasu, ami et grand écrivain, qui m'avait aidé à rédiger les toutes premières pages d'une idée vague qui allait devenir ce livre, traverse ces pages.

# *nrf essais*

*NRF Essais n'est pas une collection au sens où ce mot est communément entendu aujourd'hui ; ce n'est pas l'illustration d'une discipline unique, moins encore le porte-voix d'une école ni celui d'une institution.*

*NRF Essais est le pari ambitieux d'aider à la défense et restauration d'un genre :* l'essai. *L'essai est exercice de pensée, quels que soient les domaines du savoir : il est mise à distance des certitudes reçues sans discernement, mise en perspective des objets faussement familiers, mise en relation des modes de pensée d'ailleurs et d'ici. L'essai est une interrogation au sein de laquelle la question, par les déplacements qu'elle opère, importe plus que la réponse.*

Éric Vigne

*(Les titres précédés d'un astérisque ont originellement paru dans la collection* Les Essais.*)*

Raymond Abellio *Manifeste de la nouvelle Gnose.*

* Theodor W. Adorno *Essai sur Wagner* (*Versuch über Wagner* ; traduit de l'allemand par Hans Hildenbrand et Alex Lindenberg).

Svetlana Alpers *L'atelier de Rembrandt. La liberté, la peinture et l'argent* (*Rembrandt's Enterprise. The Studio and the Market* ; traduit de l'anglais [États-Unis] par Jean-François Sené).

Svetlana Alpers *La création de Rubens* (*The Making of Rubens* ; traduit de l'anglais [États-Unis] par Jean-François Sené).

Bronislaw Baczko *Comment sortir de la Terreur. Thermidor et la Révolution.*

Bronislaw Baczko *Job mon ami. Promesses du bonheur et fatalité du mal.*

Alain Bancaud *Une exception ordinaire. La magistrature en France 1930-1950.*

Gilles Barbedette *L'invitation au mensonge. Essai sur le roman.*

Jean-Pierre Baton et Gilles Cohen-Tannoudji *L'horizon des particules. Complexité et élémentarité dans l'univers quantique.*

Pierre Birnbaum *Géographie de l'espoir. L'exil, les Lumières, la désassimilation.*

Michel Blay *Les raisons de l'infini. Du monde clos à l'univers mathématique.*

Luc Boltanski *La condition fœtale. Une sociologie de l'engendrement et de l'avortement.*

Luc Boltanski et Ève Chiapello*Le nouvel esprit du capitalisme.*

Luc Boltanski et Laurent Thévenot *De la justification. Les économies de la grandeur.*

Jorge Luis Borges *Entretiens sur la poésie et la littérature* suivi de *Quatre essais sur J. L. Borges* (*Borges the Poet* ; traduit de l'anglais [États-Unis] par François Hirsch).

Pierre Bouretz *Les promesses du monde. Philosophie de Max Weber.*

Pierre Bouretz *Témoins du futur. Philosophie et messianisme.*

* Michel Butor *Essais sur les Essais.*

Robert Calasso *Les quarante-neuf degrés* (*I quarantanove gradini* ; traduit de l'italien par Jean-Paul Manganaro).

* Albert Camus *Le mythe de Sisyphe. Essai sur l'absurde.*

* Albert Camus *Noces.*

Pierre Carrique *Rêve, vérité. Essai sur la philosophie du sommeil et de la veille.*

Barbara Cassin *L'effet sophistique.*

* Cioran *La chute dans le temps.*

* Cioran *Le mauvais démiurge.*

* Cioran *De l'inconvénient d'être né.*

* Cioran *Écartèlement.*

* Jean Clair *Considérations sur l'état des beaux-arts. Critique de la modernité.*

Élisabeth Claverie *Les guerres de la Vierge. Une anthropologie des apparitions.*

Robert Darnton *Édition et sédition. L'univers de la littérature clandestine au XVIIIe siècle.*

Philippe Delmas *Le bel avenir de la guerre.*

Daniel C. Dennett *La stratégie de l'interprète. Le sens commun et l'univers quotidien* (*The Intentional Stance* ; traduit de l'anglais [États-Unis] par Pascal Engel).

Vincent Descombes *Le complément de sujet. Enquête sur le fait d'agir de soi-même.*

Jared Diamond *Le troisième chimpanzé. Essai sur l'évolution et l'avenir de l'animal humain* (*The Third Chimpanzee. The Evolution and Future of the Human Animal* ; traduit de l'anglais [États-Unis] par Marcel Blanc).

Jared Diamond *De l'inégalité parmi les sociétés. Essais sur l'homme et l'environnement dans l'histoire* (*Guns, Germs, and Steel. The Fates of Human Societies* ; traduit de l'anglais [États-Unis] par Pierre-Emmanuel Dauzat).

Alain Dieckhoff *L'invention d'une nation. Israël et la modernité politique.*

Michel Dummett *Les sources de la philosophie analytique* (*Ursprünge der analytischen Philosophie* ; traduit de l'allemand par Marie-Anne Lescourret).

* Mircea Eliade *Briser le toit de la maison. La créativité et ses symboles* (textes traduits de l'anglais par Denise Paulme-Schaeffner et du roumain par Alain Paruit).

* Mircea Eliade *Occultisme, sorcellerie et modes culturelles* (*Occultism, Witchcraft and Cultural Fashions* ; traduit de l'anglais [États-Unis] par Jean Malaquais).

Pascal Engel *La norme du vrai. Philosophie de la logique.*

* Etiemble et Yassu Gauclère *Rimbaud.*

Gérard Farasse *L'âne musicien. Sur Francis Ponge.*

Jean-Marc Ferry *La question de l'État européen.*

Alain Finkielkraut *La mémoire vaine. Du crime contre l'humanité.*

Michael Fried *La place du spectateur. Esthétique et origines de la peinture moderne* (*Absorption and Theatricality. Painting and Beholder in the Age of Diderot* ; traduit de l'anglais [États-Unis] par Claire Brunet).

Michael Fried *Le réalisme de Courbet. Esthétique et origines de la peinture moderne II* (*Courbet's Realism* ; traduit de l'anglais [États-Unis] par Michel Gautier).

Michael Fried *Le modernisme de Manet. Esthétique et origines de la peinture moderne III* (*Manet's Modernism or, The Face of Painting in the 1860s* ; traduit de l'anglais [États-Unis] par Claire Brunet).

Ilan Greilsammer *La nouvelle histoire d'Israël. Essai sur une identité nationale.*

Pierre Guenancia *L'intelligence du sensible. Essai sur le dualisme cartésien.*

Jürgen Habermas *Droit et Démocratie. Entre faits et normes* (*Faktizität und Geltung. Beiträge zur Diskurstheorie des Rechts und des demokratischen Rechtsstaats* ; traduit de l'allemand par Rainer Rochlitz et Christian Bouchindhomme).

Jürgen Habermas *Vérité et justification* (*Wahrheit und Rechtfertigung. Philosophische Aufsätze* ; traduit de l'allemand par Rainer Rochlitz).

Jürgen Habermas *L'avenir de la nature humaine. Vers un eugénisme libéral ?* (*Die Zukunft der menschlichen Natur. Auf dem Weg zu einer liberalen Eugenik ?* ; traduit de l'allemand par Christian Bouchindhomme).

Pierre Hadot *Le voile d'Isis. Essai sur l'histoire de l'idée de Nature.*

François Hartog *Mémoire d'Ulysse. Récits sur la frontière en Grèce ancienne.*

Stephen Hawking et Roger Penrose *La nature de l'espace et du temps* (*The Nature of Space and Time* ; traduit de l'anglais [États-Unis] par Françoise Balibar).

Nathalie Heinich *États de femmes. L'identité féminine dans la fiction occidentale.*

Raul Hilberg *Exécuteurs, victimes, témoins. La catastrophe juive 1933-1945* (*Perpetrators Victims Bystanders. The Jewish Catastrophe 1933-1945* ; traduit de l'anglais [États-Unis] par Marie-France de Paloméra).

Raul Hilberg *Holocauste : les sources de l'histoire* (*Sources on Holocaust Research* ; traduit de l'anglais [États-Unis] par Marie-France de Paloméra).

Christian Jouhaud *Les pouvoirs de la littérature. Histoire d'un paradoxe.*

Ian Kershaw *Hitler. Essai sur le charisme en politique* (*Hitler* ; traduit de l'anglais par Jacqueline Carnaud et Pierre-Emmanuel Dauzat).

Ben Kiernan *Le génocide au Cambodge 1975-1979. Race, idéologie et pouvoir* (*The Pol Pot Regime. Races, Power, and Genocide in Cambodia under the Khmer Rouge, 1975-79* ; traduit de l'anglais [États-Unis] par Marie-France de Paloméra).

* Alexandre Koyré *Introduction à la lecture de Platon* suivi de *Entretiens sur Descartes.*

Julia Kristeva *Le temps sensible. Proust et l'expérience littéraire.*

Thomas Laqueur *La fabrique du sexe. Essai sur le corps et le genre en Occident* (*Making Sex. Body and Gender from the Greeks to Freud* ; traduit de l'anglais [États-Unis] par Michel Gautier).

J.M.G. Le Clézio *Le rêve mexicain ou la pensée interrompue.*

Jean-Marc Lévy-Leblond *Aux contraires. L'exercice de la pensée et la pratique de la science.*

Jacqueline Lichtenstein *La tache aveugle. Essai sur les relations de la peinture et de la sculpture à l'âge moderne.*

* Gilles Lipovetsky *L'ère du vide. Essais sur l'individualisme contemporain.*

Gilles Lipovetsky *Le crépuscule du devoir. L'éthique indolore des nouveaux temps démocratiques.*

Gilles Lipovetsky *La troisième femme. Permanence et révolution du féminin.*

Nicole Loraux *Les expériences de Tirésias. Le féminin et l'homme grec.*

Nicole Loraux *La voix endeuillée. Essai sur la tragédie grecque.*

Giovanni Macchia *L'ange de la nuit. Sur Proust* (*L'angelo della notte ; Proust e dintorni* ; traduit de l'italien par Marie-France Merger, Paul Bédarida et Mario Fusco).

Christian Meier *La naissance du politique* (*Die Entstehung des Politischen bei den Griechen* ; traduit de l'allemand par Denis Trierweiler).

Jonathan Moore (sous la direction de) *Des choix difficiles. Les dilemmes moraux de l'humanitaire* (*Hard Choices. Moral Dilemmes in Humanitarian Intervention* ; traduit de l'anglais [États-Unis] par Dominique Leveillé).

Pierre Pachet *La force de dormir. Essai sur le sommeil en littérature.*

Thomas Pavel *La pensée du roman.*

* Octavio Paz *L'arc et la lyre* (*El arco y la lira* ; traduit de l'espagnol [Mexique] par Roger Munier).

* Octavio Paz *Conjonctions et disjonctions* (*Conjunciones y Diyunciones* ; traduit de l'espagnol [Mexique] par Robert Marrast).

* Octavio Paz *Courant alternatif* (*Corriente alterna* ; traduit de l'espagnol [Mexique] par Roger Munier).

* Octavio Paz *Deux transparents. Marcel Duchamp et Claude Lévi-Strauss* (*Marcel Duchamp, Claude Lévi-Strauss o el nuevo Festín de Esopo* ; traduit de l'espagnol [Mexique] par Monique Fong-Wust et Robert Marrast).

* Octavio Paz *Le labyrinthe de la solitude* suivi de *Critique de la pyramide* (*El laberinto de la soledad* ; *Posdata* ; traduit de l'espagnol [Mexique] par Jean-Clarence Lambert).

* Octavio Paz *Marcel Duchamp : l'apparence mise à nu* (*Apariencia desnuda, la obra de Marcel Duchamp. El Castillo de la Pureza. * water writes always in * plural* ; traduit de l'espagnol [Mexique] par Monique Fong).

Philip Pettit *Républicanisme. Une théorie de la liberté et du gouvernement* (*Republicanism. A Theory of Freedom and Government* ; traduit de l'anglais par Patrick Savidan et Jean-Fabien Spitz).

Jackie Pigeaud *L'Art et le Vivant.*

Joëlle Proust *Comment l'esprit vient aux bêtes. Essai sur la représentation.*

Hilary Putnam *Représentation et réalité* (*Representation and Reality* ; traduit de l'anglais [États-Unis] par Claudine Engel-Tiercelin).

David M. Raup *De l'extinction des espèces. Sur les causes de la disparition des dinosaures et de quelques milliards d'autres* (*Extinction, Bad Genes or Bad Luck ?* ; traduit de l'anglais [États-Unis] par Marcel Blanc).

Jean-Pierre Richard *L'état des choses. Études sur huit écrivains d'aujourd'hui.*

Rainer Rochlitz *Le désenchantement de l'art. La philosophie de Walter Benjamin.*

Rainer Rochlitz *Subversion et subvention. Art contemporain et argumentation esthétique.*

Rainer Rochlitz *L'art au banc d'essai. Esthétique et critique.*

* Emir Rodriguez Monegal *Neruda le voyageur immobile* (*El Viajero inmovil* ; traduit de l'espagnol par Bernard Lelong).

Marc Sadoun *De la démocratie française. Essai sur le socialisme.*

Marc Sadoun (sous la direction de) *La démocratie en France*, tome 1 : *Idéologies* ; tome 2 : *Limites*.

Elias Sanbar Figures de Palestinien. *Identité des origines, identité de devenir*.

Jean-Paul Sartre *Vérité et existence*.

Jean-Marie Schaeffer *L'art de l'âge moderne. L'esthétique et la philosophie de l'art du XVIII^e siècle à nos jours*.

Jean-Marie Schaeffer *Les célibataires de l'art. Pour une esthétique sans mythes*.

Dominique Schnapper *La communauté des citoyens. Sur l'idée moderne de nation*.

Dominique Schnapper *La relation à l'Autre. Au cœur de la pensée sociologique*.

Dominique Schnapper *La démocratie providentielle. Essai sur l'égalité contemporaine*.

Jerome B. Schneewind *L'invention de l'autonomie. Une histoire de la philosophie morale moderne* (*The Invention of Autonomy. A History of Modern Moral Philosophy* ; traduit de l'anglais [États-Unis] par Jean-Pierre Cléro, Pierre-Emmanuel Dauzat et Évelyne Meziani-Laval).

John R. Searle *La redécouverte de l'esprit* (*The Rediscovery of the Mind* ; traduit de l'anglais [États-Unis] par Claudine Tiercelin).

John R. Searle *La construction de la réalité sociale* (*The Construction of Social Reality* ; traduit de l'anglais [États-Unis] par Claudine Tiercelin).

Jean-François Sirinelli (sous la direction de) *Histoire des droites en France*, tome 1 : *Politique*, tome 2 : *Cultures*, tome 3 : *Sensibilités*.

Wolfgang Sofsky *Traité de la violence* (*Traktat über die Gewalt* ; traduit de l'allemand par Bernard Lortholary).

Wolfgang Sofsky *L'ère de l'épouvante. Folie meurtrière, terreur, guerre* (*Zeiten des Schreckens. Amok, Terror, Krieg* ; traduit de l'allemand par Robert Simon).

Jean Starobinski *Le remède dans le mal. Critique et légitimation de l'artifice à l'âge des Lumières*.

George Steiner *Réelles présences. Les arts du sens* (*Real Presences. Is there anything* in *what we say ?* ; traduit de l'anglais par Michel R. de Pauw).

George Steiner *Passions impunies* (*No passion spent* ; traduit de l'anglais par Pierre-Emmanuel Dauzat et Louis Évrard).

George Steiner *Grammaires de la création* (*Grammars of creation* ; traduit de l'anglais par Pierre-Emmanuel Dauzat).

George Steiner *Maîtres et disciples* (*Lessons of the Masters* ; traduit de l'anglais par Pierre-Emmanuel Dauzat).

* Salah Stétié *Les porteurs de feu et autres essais.*

Ian Tattersall *L'émergence de l'homme. Essai sur l'évolution et l'unicité humaine* (*Becoming Human. Evolution and Human Uniqueness* ; traduit de l'anglais [États-Unis] par Marcel Blanc).

* Miguel de Unamuno *L'essence de l'Espagne* (*En torno al Casticismo* ; traduit de l'espagnol par Marcel Bataillon).

Jean-Marie Vaysse *L'inconscient des Modernes. Essai sur l'origine métaphysique de la psychanalyse.*

Patrick Verley *L'échelle du monde. Essai sur l'industrialisation de l'Occident.*

Paul Veyne *René Char en ses poèmes.*

Michael Walzer *Traité sur la tolérance* (*On Toleration* ; traduit de l'anglais [États-Unis] par Chaïm Hutner).

Bernard Williams *L'éthique et les limites de la philosophie* (*Ethics and the Limits of Philosophy* ; traduit de l'anglais par Marie-Anne Lescourret).

Yosef Hayim Yerushalmi *Le Moïse de Freud. Judaïsme terminable et interminable* (*Freud's Moses. Judaism Terminable and Interminable* ; traduit de l'anglais [États-Unis] par Jacqueline Carnaud).

*Composition Nord Compo.*
*Achevé d'imprimer par la*
*Société Nouvelle Firmin-Didot*
*à Mesnil-sur-l'Estrée, le 8 novembre 2004.*
*Dépôt légal : novembre 2004.*
*Numéro d'imprimeur : 70756.*

ISBN 2-07-073374-2/Imprimé en France.

**124614**